L'Union soviétique survivra-t-elle en 1984?

Dans la même collection :

Collection *Pluriel*
dirigée par Georges Liébert

ANDREI AMALRIK

L'Union soviétique survivra-t-elle en 1984 ?

Nouvelle édition

LE LIVRE DE POCHE

L'Union soviétique
survivra-t-elle
en 1984 ?

« Voici un citoyen soviétique de trente et un ans qui, en dehors de toute idéologie, avec une extraordinaire liberté d'esprit parle, simplement et sans détour, de l'avenir de son pays, du Parti communiste, de la bureaucratie, de la société soviétique. Renouant avec un certain ton scientifique qu'on croyait perdu depuis cinquante ans, Amalrik se penche en entomologiste sur une société sans espoir : la sienne.

« Il se livre à une étude serrée du régime et des oppositions actuelles en U.R.S.S., envisage les chances d'instauration d'une légalité à l'occidentale dans une société bloquée par la bureaucratie et historiquement étrangère à la tradition démocratique.

« Dans une seconde partie, Amalrik étudie les perspectives des relations avec la Chine. Il croit qu'une guerre est inévitable entre les deux géants du monde

communiste vers 1975-1980 et prévoit la chute du
régime soviétique avant 1985.

« *C'est la première fois depuis cinquante ans*
qu'un Russe parle de la sorte. »

C'est en ces termes que les Editions Fayard [1] pré-
sentaient en 1970 *L'Union soviétique survivra-t-elle*
en 1984 ? Dans sa préface très dense et très fouillée,
Alain Besançon soulignait plus précisément l'originalité du livre et de son auteur : parti pris de froideur dans l'analyse, démarche résolument empirique,
allure détachée de l'argumentation, concision... :
autant de traits fort peu « russes » qui montraient que
les expériences de Andreï Amalrik et ses tribulations,
avaient abouti « à un épanouissement non de son
affectivité mais de sa raison ».

Malgré de maigres comptes rendus dans la presse
française lors de sa parution [2], l'ouvrage fut rapide-

---

1. Plus précisément François Furet, le directeur de la
Collection « Le Monde sans frontières » dans laquelle parut
le livre. Un certain nombre d'ouvrages importants sur le
monde soviétique ont été publiés dans cette collection aujour-
d'hui disparue : *Les Juifs en Union soviétique* par Ben Ami,
Antisémitisme sans Juifs et *L'Europe des Balkans après*
Staline par Paul Lendvai, *Victoire d'une défaite* (Budapest,
1956) par Miklos Molnar, *La Russie contestataire*, documents
de l'opposition soviétique (1971), *L'Establishment soviétique*
par Michael Morozow.

2. ... A l'exception de *L'Express* qui publia la synthèse de
son manuscrit le 3 novembre 1969 (p. 69, 70, 71). *Le Monde*
annonça brièvement la sortie du livre dans la rubrique
« Vient de paraître » du « Monde des livres » du 14 mars
1970 : « Par un jeune écrivain, le procès du régime bureaucratique en U.R.S.S. et une réflexion sur son futur. » *Le*
Nouvel Observateur, un peu plus longuement dans la rubrique « A ne pas manquer cette semaine » du 16 mars 1970,
puis dans « Pour lire en vacances » le 6 juillet 1970.

ment considéré comme un classique de la « soviétologie » dans le même temps qu'il devenait introuvable. Andreï Amalrik espérait que les « soviétologues » prêteraient à son document « autant d'attention que des ichtyologues à un poisson qui se mettrait à parler » : les problèmes soulevés, les questions posées dans son livre sont entrés dans la réflexion courante des observateurs de l'U.R.S.S. en bousculant au passage quelques préjugés, mythes ou tabous tenaces. L'Europe occidentale n'était pas seule à connaître une « crise de société » voire « de civilisation » : derrière la façade sur-armée et silencieuse de l'empire soviétique des tensions graves travaillaient « la patrie du socialisme » et menaçaient de la pousser au tombeau de la Russie des tsars.

Sept ans ont passé ; le diagnostic n'a rien perdu de son actualité [1]. Une nouvelle édition s'imposait et dans une collection à grande diffusion qui permette au livre de toucher un vaste public. Nous l'avons augmentée des textes les plus significatifs écrits par Andreï Amalrik jusqu'à son départ d'U.R.S.S. le 15 juillet 1976. Eclairés par une postface d'Alain Besançon, ces textes permettent de suivre l'itinéraire d'un jeune intellectuel russe, d'une espèce nouvelle, mais qui se rattache à une tradition jadis vivace en Russie.

Andreï Amalrik appartient en effet, comme Andreï Sakharov, à la famille libérale qui fut — on l'oublie trop ou on l'ignore — la principale tendance poli-

---

1. En témoigne, par exemple, l'ouvrage récent de Emmanuel Todd : *La Chute finale*, essai sur la décomposition de la sphère soviétique, Laffont, 1976.

tique en Russie jusqu'à la Révolution. La liberté placée au-dessus de la nation, le sort des Russes préféré d'instinct à celui de l'Empire... telles sont, comme le montre Alain Besançon, les originalités salubres de Andreï Amalrik. Il rejoint en outre par la voie directe un terrain où se retrouvent presque tous les opposants au régime actuel, qu'ils soient socialistes ou slavophiles : celui du droit à l'heure où retentit de tous côtés en U.R.S.S., plus fortement qu'à aucun moment de son histoire, un appel au droit.

G. L.

Andreï Amalrik

« Ce qui m'est arrivé semble à la fois
monstrueusement absurde et parfaitement
naturel... (ce) n'est ni surprenant, ni excep-
tionnel dans mon pays. Mais c'est ce qui en
fait l'intérêt. »

Voyage involontaire en Sibérie. Préface.

Andreï Alexievitch Amalrik est né à Moscou en
1938, dans une famille d'origine française [1]. Après des
études secondaires agitées, il fait des études d'histoire, en 1960, puis en 1962-1963, à l'Université de
Moscou d'où il est exclu pour un mémoire peu orthodoxe sur les origines de l'Etat russe : *Les Normands*

---

1. Le père de son arrière-grand-père « arriva en Russie au
milieu du siècle dernier venant d'une ville du sud de la
France, Avignon, qui fut jadis résidence papale » (*Voyage
involontaire en Sibérie*, écrit en 1967, traduit en français et
publié en 1970, chez Gallimard dans la Collection « Témoins »,
p. 200).

et la Russie de Kiev, qui lui vaut d'être interrogé
deux fois par le K.G.B. [1].

Avant et après ses études à l'Université, il exerce
divers métiers : cartographe, ouvrier du bâtiment,
correcteur dans un journal, garçon de laboratoire,
éclairagiste dans un studio, modèle d'artiste, traducteur, chronométreur de courses automobiles, journaliste, répétiteur en mathématiques. Pour pouvoir
garder son père et sa tante, gravement malades, il
ne prend aucun travail fixe qui puisse être inscrit
sur son « livret de travail » et tombe donc sous le
coup du décret (promulgué en 1960) « sur le renforcement de la lutte contre les individus ayant une
forme de vie antisociale et parasitaire ».

Espionné par ses voisins et surveillé par la police
pour ses relations avec des artistes d'avant-garde et
des étrangers, il est arrêté en mars 1965 et incarcéré
à la prison Boutirskaïa. Parmi les manuscrits saisis
à son domicile, cinq pièces de théâtre écrites en
1963-1964 [2] lui valent une nouvelle inculpation : les
pièces présentant « en plus d'un antisoviétisme évident, un caractère pornographique accusé ». Andreï

------

1. Sur le caractère peu orthodoxe de ce mémoire, voir ce
qu'écrit Alain Besançon dans sa préface, *infra*, p. 50-51.

Désireux de faire parvenir son travail au professeur danois
Stender-Petersen, spécialiste des questions slaves, Amalrik
avait réussi à déposer son manuscrit à l'ambassade du Danemark à Moscou... qui l'envoya au K.G.B. (Cf. *Voyage involontaire en Sibérie, op. cit.*, p. 72).

2. Traduites et publiées chez Gallimard en 1974, Collection
« Du monde entier » sous le titre de l'une d'entre elles :
Les quatorze amants de l'affreuse Mary-Ann ; avec un bref
avant-propos de Andreï Amalrik : « Quelques mots sur moi-
même en tant qu'écrivain dramatique. »

Amalrik est jugé et condamné à deux ans et demi de déportation en Sibérie, avec obligation de s'astreindre à des travaux physiques, mais sans confiscation de biens.

Après un transit de dix jours à la prison de Sverdlovsk — une des étapes les plus importantes sur la route de la déportation — il arrive fin juin, à Krivocheïno, via Novossibirsk et Tomsk. Il travaille alors comme homme de peine dans un kolkhoze où il découvre l'arriération et l'inefficacité de l'agriculture collectivisée, l'apathie et la passivité de la paysannerie russe. Il fera avec lucidité et humour le récit de ses expériences dans *Voyage involontaire en Sibérie*, témoignage d'un intellectuel russe, d'une espèce nouvelle, qui lutte solitairement contre l'arbitraire et le mensonge, sans s'illusionner sur la force de l'action collective et sans croire à celle de l'idéologie [1].

---

1. « ... Andreï Amalrik est le contraire d'un esprit narcissique et gémissant », écrit Claude Roy, lors de la parution du livre. « Il ne relate pas ses malheurs pour s'apitoyer ou apitoyer : juste pour préciser les circonstances incontestables où le jettent son originalité d'esprit, son insouciance des dangers, son irrespect total des autorités constituées [...], la curiosité des êtres, l'envie de comprendre comment marche la société, le désir d'améliorer son fonctionnement l'emportent de beaucoup en Amalrik, sur l'indignation devant ce qu'on lui fait subir.

[...] Ni la dureté et l'imbécillité de la répression qu'il subit ni l'absence totale d'illusions d'une réflexion d'historien, n'émoussent jamais chez Amalrik la vivacité de l'esprit, la curiosité du regard, le sens de l'humour et l'envie de comprendre. Sur la vie quotidienne du peuple, sur le délabrement de l'économie, la stagnation de l'agriculture, sur l'oppression des masses soviétiques par la nouvelle classe bureaucratique,

En septembre 1965, son père étant décédé, Andreï
est autorisé à assister à son enterrement à Moscou.
Il s'y marie avec une jeune femme peintre Guselle,
d'origine tatare et de religion musulmane, qui le
suit dans son exil. Elle est obligée de le quitter en
mars 1966, sous peine d'être inculpée pour infraction
au régime des passeports et de perdre son « inscription » à Moscou [1]. La Cour suprême de la République

---

sur l'organisation policière de la société soviétique, Amalrik
apporte un témoignage extraordinairement vivant, précis et
documenté.

[...] Etre Soviétique, vouloir son peuple heureux, être
lucide, seul, dire la vérité ; être persécuté et, par-dessus le
marché, ne pas se faire d'illusions. Oui, cela mérite bien
de se faire mettre en prison. » (L'homme le plus seul au
monde... *Le Nouvel Observateur*, 7-12-1970).

1. « *L'inscription* est un mot terrible. Souvent, je l'ai
entendu prononcer, et souvent je l'ai prononcé moi-même.
Pour ceux qui ignorent ce que ce mot veut dire je vais tenter
de l'expliquer.

« *Selon les lois soviétiques en vigueur, chaque citoyen
désirant s'installer quelque part de façon définitive ou provisoire, est tenu, dans les trois jours suivant son arrivée, de
faire une déclaration au commissariat de police local.* Après
quoi, on inscrit sur son passeport qu'il est temporairement
ou définitivement inscrit à telle adresse. Mais il est tenu,
préalablement, de se désinscrire de son lieu d'habitation précédent. Cette mesure bureaucratique se transforme, pour des
centaines de milliers de personnes, en tragédie. Le fait de
donner ou non l'autorisation de s'inscrire dépend uniquement
de la police ou plus exactement des innombrables circulaires
auxquelles celle-ci est obligée de se référer. La raison d'un
refus peut être, premièrement, que la ville où l'on veut
s'établir est déjà suffisamment peuplée. Ceci joue surtout
pour les grandes villes. Deuxièmement, il peut s'agir d'une
région comportant des installations ultra-secrètes, ou encore
attenant à une frontière. Troisièmement, l'appartement où
l'on envisage de s'installer peut ne pas remplir les conditions

socialiste fédérative de Russie ayant cassé son jugement, Andreï Amalrik est libéré avant terme, le 29 juillet, et obtient l'autorisation de s' « inscrire » à Moscou le 2 novembre suivant.

Il devient alors journaliste et travaille comme pigiste à l'agence de presse Novosti où il se spécialise dans le théâtre et la peinture, tout en commençant à exprimer ses premières analyses sur l'approche d'une crise du système soviétique [1].

---

de salubrité légales. Cinquièmement, il peut s'agir d'une des mille raisons qui peuvent naître dans le cerveau d'un bureaucrate.

« Tout ceci constitue autant de limitations à la liberté des individus. Un homme qui sort de prison se voit refuser la réinscription à son ancien domicile, pour la simple raison qu'il a subi une condamnation. S'il a encore de la famille qui y habite, il peut avoir la chance d'obtenir une inscription provisoire, mais en cas de récidive, le refus est systématique et sans appel. Cela devient, en fait, une mesure répressive bien plus terrible qu'une déportation dans un camp. Une déportation est limitée dans le temps, un refus bureaucratique ne l'est jamais.

« Ainsi, on sépare les hommes de leur femme, les fils de leur mère, les gens du midi doivent trouver du travail dans le nord et les gens du nord, partir dans le midi. Qu'arrive-t-il si quelqu'un se voit refuser l'inscription et décide de passer outre et d'aller vivre avec les siens ? Il recevra deux ou trois avertissements, puis il sera jugé en application de l'article 138 du Code pénal de la R.S.F.S.R., enfermé dans un camp, au sortir duquel il aura encore moins de chances qu'avant d'obtenir la fameuse inscription. Il y a ainsi des gens qui vivent sans être inscrits de façon chronique, et qui chroniquement vont pour cela en prison. On les appelle des gens « de grenier » — car, vivant sans toit, ils sont supposés se terrer dans les greniers. » (*Voyage involontaire en Sibérie, op. cit.*, p. 76-77).

1. Voir la note 1 de la première partie du présent volume, *infra*, p. 143.

En juillet 1968, il se livre avec sa femme à une démonstration devant l'ambassade de Grande-Bretagne à Moscou, pour protester contre les livraisons d'armes au gouvernement fédéral du Nigéria, et tenter d'attirer l'attention de ses concitoyens sur la situation misérable de la population du Biafra. Sur instruction du K.G.B., à la fin de l'année, il est renvoyé de l'agence Novosti et devient facteur.

Fréquentant de nouveau les milieux étrangers de Moscou, Andreï Amalrik travaille à la rédaction de *L'Union soviétique survivra-t-elle en 1984 ?* qu'il compte alors publier sous forme d'articles. Une note ayant parue à ce sujet dans la presse étrangère (en particulier, l'*International Herald Tribune* du 31 mars 1969) il est inquiété par le K.G.B. qui perquisitionne chez lui le 7 mai, et lui confisque une série de documents [1].

Arrêté le 29 mai 1970 au village d'Akoulovo où il réside alors, il est jugé les 12 et 13 novembre à Sverdlovsk. Il plaide non-coupable et le tribunal le condamne à trois ans d'emprisonnement, au régime sévère, pour « diffusion d'informations nuisibles au régime soviétique » (art. 190-1 du Code pénal de la République Socialiste Fédérative de Russie).

Incarcéré à Novossibirsk, il est atteint d'une méningo-encéphalite purulente en mars 1971 et passe plusieurs semaines dans un demi-coma, paralysé et amnésique. Il est alors reconnu invalide de deuxième classe (« incapable de travailler mais peut se soigner

---

1. *Ibid.*

lui-même ») et envoyé au village de Talaya dans le camp de Kolyma.

Transféré, en août-septembre 1972, à la prison de Lefortovo à Moscou pour participer aux interrogatoires concernant l'affaire Yakir et Krassine, il refuse de déposer [1]. Il est renvoyé à Talaya puis, le 1er avril 1973, incarcéré à la prison de Magadan où il est à nouveau interrogé sans plus de succès.

Le 17 mai, quatre jours avant l'expiration de sa peine, on lui annonce qu'il va être inculpé une nouvelle fois, en vertu de l'article 190. Jugé les 13, 14 et 15 juillet, il plaide non-coupable et est condamné à trois années d'emprisonnement en régime sévère. Andreï Amalrik fait alors la grève de la faim et, en novembre, la Cour suprême de la République socialiste fédérative de Russie commue sa peine en trois années d'exil à Magadan. Comme il a déjà passé six mois en prison (de mai à novembre) et qu'une journée de prison équivaut à trois journées d'exil, sa peine prend fin le 6 mai 1975, et il rentre à Moscou le 12 mai.

En juin, l'autorisation spéciale de résider à Moscou, chez sa femme (portée sur le passeport intérieur de tout Moscovite) lui est refusée et il doit s' « inscrire » avec de grandes difficultés dans le district de Borovsk.

Invité par de nombreuses universités étrangères (Harvard, Utrecht, etc.), Andreï Amalrik dépose une demande de visa pour un séjour temporaire à l'étranger ; il ne prend donc aucun emploi puisque

---

1. Voir, pour plus de détails, la note 41 de la deuxième partie du présent volume, *infra*, p. 289.

tout Soviétique qui demande un visa est automatiquement licencié.

Le 22 juillet, séjournant chez sa femme, il est prévenu par la police qu'il sera de nouveau emprisonné s'il ne quitte pas Moscou dans un délai de soixante-douze heures. Andreï et Guselle Amalrik quittent la capitale et voyagent, logeant chez des amis, jusqu'au 5 septembre où ils décident de rentrer à Moscou.

Le 13, dans la nuit, Andreï Amalrik est arrêté et avisé qu'il a trois jours pour quitter la capitale sous peine d'être condamné à un an de prison. On le menace aussi de l'envoyer dans un hôpital psychiatrique. Relâché le 14, il est assigné à résidence forcée à Vorsino, sans sa femme [1].

Il retourne à Moscou, où il est arrêté ; gardé à vue quelques heures, puis relâché en octobre et, de nouveau, en décembre. Trois jours avant l'ouverture du XXVᵉ Congrès du P.C. soviétique, le 20 février 1976, au soir, sortant d'un dîner chez un diplomate américain, Andreï Amalrik est arrêté, éloigné de Moscou vingt-quatre heures. Au retour, il est menacé de mort par des agents du K.G.B. [2]. On l'avertit qu'il va être envoyé en travail forcé à Kalouga.

En avril, après une nouvelle arrestation, il reçoit un visa pour Israël, le privant, lui et sa femme, de la nationalité soviétique, avec ordre de quitter

---

1. Il a raconté cette arrestation dans une interview exclusive donnée à l'envoyé spécial permanent du *Figaro* à Moscou. (*Le Figaro*, 15-9-1975.)

2. Andreï Amalrik a fait le récit de cette arrestation ; de larges extraits en ont été publiés dans *L'Express* du 14 juin 1976.

l'U.R.S.S. avant le 17 mai. Le délai est prolongé jusqu'au 6 juillet, puis jusqu'au 15.

Le 15 juillet 1976, Andreï et Guselle Amalrik quittent Moscou et arrivent à Amsterdam.

Andreï Amalrik est actuellement l'hôte de l'Université d'Utrecht où il étudie l'histoire.

Sommaire

Avertissement 21

Avant-propos, d'Andreï Amalrik 25

PRÉFACE D'ALAIN BESANÇON 35

PREMIÈRE PARTIE

L'UNION SOVIÉTIQUE SURVIVRA-T-ELLE EN 1984 ? ... 87

   Notes 141

DEUXIÈME PARTIE

ARTICLES ET LETTRES 1967-1976 161

   I. Au rédacteur en chef des *Izvestia* (18 décembre 1967) 163

II. Lettre ouverte à Anatole Kouznetsov (1er novembre 1969) 171

III. A la rédaction des journaux *New York Times, Washington Post, Los Angeles Times, Times, Le Monde, Het Parool* (décembre 1969) 187

IV. *Je veux qu'on me comprenne bien* (janvier 1970) 191

V. A la rédaction du *Spiegel* (2 avril 1970)   209

VI. Correspondants étrangers à Moscou (avril 1970) 215

VII. Dernière déclaration au tribunal de Sverdlovsk (novembre 1970) 237

VIII. Y a-t-il des prisonniers politiques en U.R.S.S. ? (janvier 1976) 241

IX. Les idéologies dans la société soviétique (7 février 1976) 249

Notes 271

Postface d'Alain Besançon 299

Avertissement

C'EST une bonne idée de rééditer ou d'éditer les textes qu'Amalrik écrivit en captivité. J'appelle captivité les années passées en Union soviétique. Celles qu'il passa en prison ou en déportation furent des aggravations temporaires d'un état permanent de non-liberté.

J'ai rencontré Amalrik à l'état libre. Il est sorti de ses épreuves non pas recru et brisé, mais, comme ceux qui ont tenu le coup, en pleine forme, paraissant plus jeune qu'il n'est, caustique et sceptique, voltairien ou tchaadaevien comme on voudra, décidé à affronter dans les meilleures conditions cette nouvelle épreuve de l'exil. Je suis convaincu qu'il en fera un fécond usage.

Mais l'éditeur a eu raison de tirer une sorte de bilan de la première et décisive période de sa création intellectuelle. Celle-ci continue et il n'y a pas de doute qu'il ne traiterait pas aujourd'hui les mêmes sujets de la même manière. Raison de plus pour fixer un stade de la réflexion politique sur l'U.R.S.S., celui de sa renaissance qui accompagna la retombée des réformes avortées de Khrouchtchev.

Sur ce pays, sur les régimes qui lui ressemblent, nous ne manquons pas d'informations. Nous manquons de compréhension. En ces matières, savoir n'est rien, comprendre est tout. Il n'y a pas vraiment de secrets, mais il y a une difficulté incroyable à saisir des données au fond assez offertes et évidentes, à les ordonner à partir d'un principe d'intelligibilité. Il ne suffit pas d'être courageux, ni de s'indigner contre l'injustice. Il faut faire marcher sa tête, se donner du mal intellectuellement, résister par l'intelligence aux subtiles séductions d'une intoxication de la raison. Car ce qui est redoutable, pour ce régime, ce n'est pas l'homme qui s'oppose, c'est l'homme qui comprend.

Cet homme, Amalrik, parmi les premiers, l'a été. Avec moins de risques, j'ai voulu l'être à sa suite et c'est pourquoi l'éditeur me fait l'honneur de rééditer aussi les préfaces que j'écrivis en 1970 pour son premier livre, et en 1974 pour une réédition qui n'eut pas lieu et qui advient aujourd'hui.

Voici donc un *dossier*, auquel le lecteur voudra bien attacher un caractère *historique*, car dans la découverte progressive du communisme soviétique qui subsistera jusqu'à ce que l'enchantement qu'il fait peser sur l'entendement humain soit tout à fait levé, Amalrik — et son humble préfacier — n'ont pas dit leur dernier mot.

ALAIN BESANÇON.

(Novembre 1976.)

Avant-propos

J'ai été heureux d'apprendre qu'on allait rééditer mon livre en France. La première édition remonte à 1970 ; pendant que j'étais en prison, le monde n'est pas resté immobile. Je me proposais donc de relire mon texte attentivement, de le corriger et de le compléter. Mais mon ami le professeur van het Reve [1] m'en dissuada en faisant valoir que ce petit livre était devenu à sa manière un « document historique ». En ce sens il n'y avait pas lieu de le reviser, car ce

---

1. Professeur de langues et de littérature russe à l'Université de Leyden depuis 1957, Karel van het Reve a été, de 1967 à 1968, correspondant à Moscou du quotidien néerlandais *Het Parool*. Auteur de plusieurs ouvrages sur la vie et la littérature soviétiques, il a aussi traduit en néerlandais l'œuvre de Tourgueniev et plusieurs livres de Tolstoï et de Tchékov. Karel van het Reve est le secrétaire général de la Fondation Alexandre Herzen, à Amsterdam, qui a représenté Andreï Amalrik en Occident et continue de représenter d'autres dissidents russes. (*Note de l'éditeur*.)

serait comme si quelqu'un — fût-ce Staline en personne — avait entrepris de corriger après coup les « géniales paroles du camarade Staline »...

Il est vrai que Staline n'hésitait pas à se corriger ainsi lui-même, au gré des besoins fluctuants de la conjoncture. Il suffit, pour s'en convaincre, de comparer les éditions successives de ses articles. Aurais-je mieux senti la conjoncture que ne la sentait le camarade Staline ? Serais-je plus sûr de moi qu'il ne l'était ? Quoi qu'il en soit, je constate, en relisant mon texte, qu'il peut être réimprimé tel quel. Je suis d'accord avec presque tout ce que je disais en 1969 et il me semble que les événements des sept dernières années ont confirmé mon analyse.

Je tiens pourtant à faire quelques réserves.

Tout d'abord, je ne voudrais pas qu'on puisse déceler dans mon livre une sorte de « joie perverse [1] » ou le désir d'assister à l'écroulement de l'Union soviétique. Mon but est de montrer — ce que je fais sans doute d'une manière quelque peu dramatique — les périls qui menacent l'U.R.S.S. Mon vœu est qu'elle réussisse, en se donnant de nouvelles structures démocratiques et en pratiquant une politique étrangère clairvoyante, à éviter l'effondrement, dans l'anarchie et la guerre.

Secondement, ce livre n'autorise pas à conclure — comme l'ont prétendu les *apparatchiki* — que toute la population de l'U.R.S.S. est « antisoviétique ». Il va sans dire que si une fraction de la population ne soutenait pas activement le régime, tandis

---

1. Le mot russe *zloradstvo* que l'auteur emploie ici entre guillemets n'a d'équivalent qu'en allemand : la fameuse *Schadenfreude*. (*Note des traducteurs.*)

qu'une autre partie, numériquement très importante, l'accepte passivement, il n'aurait pas survécu plus de soixante ans. Mais le soutien dont il bénéficie subit une érosion de plus en plus forte.

Troisièmement, ce que je dis de la non-mobilité de la société russe a été jugé contestable. J'ai fait depuis, à ce sujet, un certain nombre d'observations contradictoires qui m'amènent à penser qu'il vaudrait mieux parler de « mobilité strictement contrôlée ».

Quatrièmement, il faut avouer qu'en parlant de « pays sans foi, sans traditions, sans culture », je me suis laissé emporter par la passion. La Russie a eu, elle a toujours des traditions, une foi, une culture — mais elle tend, par un curieux dédoublement, soit à s'en détacher tout à fait, soit au contraire à les ériger en barrière qui la sépare du reste de la planète.

Enfin cinquièmement, il me semble que j'ai trop rapproché les échéances. J'ai à la fois sous-estimé la souplesse des dirigeants soviétiques et surestimé le rythme du réarmement chinois, tant nucléaire que conventionnel.

La « détente », l'aide économique de l'Occident et la « soupape de sécurité » que représente l'émigration contrôlée dans d'étroites limites, permettent aux dirigeants soviétiques de prolonger les conditions qui assurent la quasi-stabilité du régime. Après cinq années de « gel » post-khrouchtchevien — c'est à la fin de cette période que j'écrivis mon livre — le régime a infléchi une fois de plus sa politique étrangère dans le sens d'un « dégel » modéré. Il est vrai que ce qui fond, dans ce « dégel », n'est pas tant l'U.R.S.S. que l'Occident.

Et pourtant, même avec l'aide des partisans occidentaux de la « détente », le régime ne réussit à maintenir guère plus qu'une apparence de stabilité. On n'arrête pas le mouvement de l'histoire : la vraie stabilité consiste à aller consciemment de l'avant et non à faire du sur-place sur commande.

Les partisans occidentaux de la « détente » ne tiennent pas suffisamment compte de la connexion qui existe en Russie entre l'expansion extérieure et la stabilité intérieure. L'expansion est l'idée qui nourrit le messianisme de nos philosophes : c'est la raison d'être, la mission historique de la Russie. Dès que la politique d'expansion subit des revers sérieux — comme pendant la guerre de Crimée ou le conflit russo-japonais — sonne l'heure des réformes ou des révolutions. En revanche, le progrès de l'expansion permet d'effacer, pourrait-on dire, les difficultés intérieures. Ainsi, le succès de l'intervention en Angola a non seulement permis de compenser les effets de la mauvaise récolte en 1975, mais a fait pencher la balance en faveur du régime.

J'ai sous-estimé la durée des étapes, mais l'appréciation des tendances était juste. L'alternative, pour le régime, est bien toujours la même : soit une libéralisation progressive, soit la réorientation vers une dictature nationaliste, une sorte de national-socialisme russe — avec, peut-être, un pouvoir militaire.

L'armée, si elle ne sert pas à des opérations d'envergure à l'extérieur, constitue en puissance un grave danger intérieur. On peut interpréter dans ce sens la récente nomination d'un civil au poste de ministre de la Défense — c'est la première fois que cette fonction n'est pas confiée à un militaire ; et la promotion, intervenue aussitôt après, du chef du Parti et du nouveau ministre au rang de maréchal [1]. Mais il existe aussi d'autres tendances au sein de l'armée ; nombreux sont en effet les officiers qui font partie de l'opposition.

L'opposition — culturelle, religieuse, nationale et « légaliste » — a survécu, malgré la répression, l'émigration et le « repentir » de certains. Le Mouvement démocratique, devenu le Mouvement pour les droits de l'homme, a recruté de nouveaux partisans fort actifs. C'est ainsi que s'est créé, il y a seulement quelques mois, un groupe de travail pour l'application des accords d'Helsinki, sous la direction du professeur Iouri Orlov [2].

Dans son ensemble cependant, la « classe moyenne » demeure paralysée par le sentiment de sa propre impuissance. Aux faiblesses qui sont les siennes et dont j'ai déjà parlé dans le livre, j'aimerais ici ajouter le manque de culture — au sens où la « culture » implique certaines valeurs morales. Mais de nos jours en Russie, ce qu'on entend géné-

---

1. Dimitri Oustinov a succédé au maréchal Gretchko, décédé, comme ministre de la Défense, le 29 avril 1976, puis il a été promu maréchal de l'Armée Rouge le 30 juillet. Né en 1908, membre du Parti communiste depuis 1927, commissaire du peuple à l'industrie d'armement de 1941 à 1957, membre du Comité central à partir de 1952, membre suppléant du Bureau politique depuis 1965, il a été élu membre de plein droit lors du XXVe Congrès.
Léonid Brejnev a été promu maréchal le 7 mai 1976. (*Note de l'éditeur.*)

2. Savant physicien, proche de Sakharov, Iouri Orlov n'a jusqu'à présent connu ni l'emprisonnement, ni le camp de concentration, ni l'asile psychiatrique. (*Note de l'éditeur.*)

ralement par « culture » se ramène essentiellement à
la possession de telles ou telles connaissances professionnelles.

La littérature et l'art officiels sont de plus en plus
sclérosés. C'est à l'étranger qu'ont paru, au cours
des sept dernières années, la plupart des livres
russes de valeur. Quant aux œuvres de quelque
intérêt qui paraissent tout de même en U.R.S.S., elles
le doivent au fait que les autorités redoutent qu'elles
ne finissent par parvenir en Occident. En somme,
l'existence même d'une littérature non officielle
contraint le pouvoir à une certaine mansuétude
envers les auteurs qui sont restés de son côté.

En juin 1969, lorsque je terminais cet ouvrage —
dans la petite maison de village que nous habitions
alors et dont il ne devait rester, après mon bannis-
sement, que des ruines — tout ce que j'espérais,
c'est que mon texte pourrait paraître dans quelque
revue universitaire et qu'il aiderait quelques dizaines
de soviétologues à préciser leurs vues.

Au lieu de quoi, le livre a été traduit en beaucoup
de langues, avec un tirage total de plusieurs centaines de mille. Des milliers d'exemplaires ont circulé
en U.R.S.S. et le livre continue, jusqu'à ce jour, à
se vendre et à se lire. Il me serait agréable, bien sûr,
d'attribuer ce succès avant tout à mon talent littéraire. Mais je pense qu'il s'explique surtout par le
fait que les idées que j'exprimais étaient en quelque
sorte dans l'air. C'est d'ailleurs pour cela que bien
des choses que j'ai dites pour la première fois il y a
sept ans apparaissent aujourd'hui comme des lieux
communs — au point que certains s'étonneront sans

doute de me voir insister sur ce que tout le monde sait depuis longtemps.

« Le roi est nu ! » s'écria le petit garçon — et c'est alors seulement que tout le monde découvrit que le roi était nu en effet. En 1969, j'ai été ce petit garçon.

Cette année encore, on me disait en Russie : « Il y a sept ans, quand nous avons lu votre livre, nous pensions que ce n'était pas sérieux, que vous exagériez beaucoup. Aujourd'hui, nous nous rendons compte que vous aviez raison. » C'est aussi ce que m'ont dit certains Américains, notamment à propos des relations entre l'U.R.S.S., la Chine et les Etats-Unis. On ne saurait faire, je crois, de plus grand compliment à quelqu'un qui a tenté de jeter les yeux sur les quelques années à venir. Mais la réaction la plus flatteuse, je la dois à A.V. Poustiakov, le fonctionnaire du K.G.B., qui m'a dit en 1974 : « Vous nous avez coupé le souffle... »

Bien entendu, ce n'est pas l'avis de tout le monde. Certains, qui acceptent mon analyse de la société soviétique, sont tout à fait sceptiques sur mes prévisions. Je reconnais du reste que mes pronostics doivent plus à l'intuition poétique qu'à autre chose, plus au langage du cœur qu'à celui de la raison. J'ai relu récemment un petit poème que j'ai écrit en 1962, époque où je n'étudiais pas encore les textes politiques, le régime me paraissant inamovible. Je me suis étonné d'y retrouver le pressentiment des catastrophes qui nous guettent et de la menace venant de l'Est.

Je ne suis pas le seul. Le pressentiment de la revanche de l'Orient est un thème sinon majeur, du moins toujours présent dans la littérature et la philosophie russes. Voici ce qu'écrivait en 1894 Vladimir Soloviev :

> *O Russie ! Oublie ta gloire passée,*
> *L'aigle bicéphale est brisé*
> *Et aux enfants jaunes, pour les amuser,*
> *On a donné des lambeaux de tes drapeaux.*

J'aurais aimé connaître ces vers lorsque, il y a sept ans, je prédisais pour 1984 l'effondrement de l'Empire soviétique.

Les autres textes de ce recueil se rattachent d'une façon ou d'une autre au livre. Car, en Occident, tout le monde n'était pas disposé à entendre ce que criait le petit garçon. Plutôt que de regarder les choses avec simplicité, on allait, pour expliquer mon livre, jusqu'à retenir les hypothèses les plus invraisemblables, par exemple que l'ouvrage avait été écrit sur l'ordre du K.G.B. C'est encore une preuve que l'Occident connaît fort mal l'Union soviétique, ce colosse qui se meurt lentement, mais dont la force monstrueuse lui permettrait encore d'écraser d'un coup de patte l'Europe entière.

Je terminerai en m'acquittant de l'agréable devoir d'exprimer ma gratitude à ceux qui m'ont aidé à écrire ce livre et à qui je dois la réalisation de la présente édition :

Mao Tse-toung, qui, en déclenchant la « révolution culturelle », a attiré mon attention sur les relations sino-soviétiques ;

Andreï Sakharov, dont les réflexions [1] m'ont inspiré le désir de lui répondre ;

---

1. Il s'agit de *La Liberté intellectuelle en U.R.S.S. et la coexistence.* Paris, Gallimard, 1968, Collection « Idées ».

Anatole Shub, qui m'a donné l'occasion, au cours de nos entretiens, de préciser mes vues[1] ;

Vitali Rubin, lequel m'a conseillé de retenir pour mon titre la date de 1984, par référence au livre de George Orwell[2] ;

Ma femme, Guselle Amalrik, dont la sollicitude et les encouragements m'ont permis de rédiger cet ouvrage et de le faire imprimer[3] ;

Iouri Maltsev, qui a lu le manuscrit et m'a fait de précieuses observations[4] ;

Henry Kamm, qui a contribué à la publication du livre en Occident[5] ;

Karel Van het Reve, qui fut le premier en Occident à lire le manuscrit et qui s'est chargé de le faire éditer ;

Michel Tatu, qui a traduit le livre en français ;

Alain Besançon, qui a préfacé puis postfacé cette nouvelle édition française ;

---

1. Né aux Etats-Unis, fils d'un militant menchevik, David Shub (auteur d'une biographie de Lénine, traduite en français : *Lénine*, Gallimard, Collection « Idées »), Anatole Shub a été correspondant à Moscou du *Washington Post*. Ayant établi des relations avec des opposants (dont Amalrik) il a été expulsé en mai 1969. Il a publié un livre, traduit en français sous le titre : *Un empire perd l'espoir, le fantôme de Staline* (Calmann-Lévy, 1971). (*Note de l'éditeur.*)

2. Sinologue, qui réside désormais à l'Université de Jérusalem. (*Note de l'éditeur.*)

3. Elle a publié en 1976 un livre de souvenirs, traduit en français sous le titre : *Souvenirs d'enfance et de misère* (Calmann-Lévy, 1976). (*Note de l'éditeur.*)

4. A l'époque, lecteur d'italien à l'Université de Moscou, Iouri Maltsev réside maintenant à Bergame (Italie). (*Note de l'éditeur.*)

5. Correspondant du *New York Times* à Moscou de 1967 à 1969. (*Note de l'éditeur.*)

Elizabeth Fisher, qui a tant facilité mes rapports avec mon nouvel éditeur français.

25 août 1976

Groet, Pays-Bas

(Traduit du russe par Lia et Pierre Andler.)

Préface

d'Alain Besançon

Né à Paris en 1932, Alain Besançon est directeur d'études à l'Ecole des Hautes Etudes en science sociale et enseigne l'histoire de la culture russe. Il est l'auteur notamment de Le Tsarévitch immolé *(Plon, 1967),* Histoire et expérience du moi *(Flammarion, 1971),* Education et Société en Russie *(Paris, La Haye, Mouton, 1974),* Etre Russe au XIXe siècle *(A. Colin, 1974),* Court traité de soviétologie à l'usage des autorités civiles, militaires et religieuses *(Hachette, 1976, avec une préface de Raymond Aron).*

Les témoignages qui nous viennent de Russie, et que nous supposons indemnes des trafics policiers, font appel à l'émotion plus qu'à l'intelligence. C'est un cri quelquefois informe (Tarsis, Kouznetsov), souvent d'un ton magnifiquement juste (Chalamov, Martchenko) ; c'est un chant plaintif capable de communiquer une expérience spirituelle : Pasternak, Soljénitsyne. Mais ce n'est jamais une *analyse*. Le fait rare et précieux qui donne sa valeur au texte qu'on va lire est qu'il ne vise qu'à convaincre, que la tribulation intérieure, les difficultés de vie, les expériences intellectuelles de l'auteur ont abouti à un épanouissement non de son affectivité mais de sa raison.

De lucidité la Russie a un urgent besoin, puisque le carcan qui pèse sur elle n'anesthésie pas, hélas ! la faculté de souffrir mais prive des moyens de comprendre cette souffrance. Imaginons un Russe dans les conditions moyennes de son pays. Il a vécu et vit encore dans la pénurie. Selon toutes probabilités, un membre au moins de sa famille a été exécuté, déporté, exilé. Il éprouve dans son travail l'insécurité et la dureté des relations d'autorité. Les journaux, les revues, les affiches, la télévision l'accablent de ce que Pasternak appelait « le pouvoir magique de la lettre morte ». Il arrive, s'il est instruit et si l'humanité vit en lui, qu'il soit pris d'un énorme appétit de savoir, de comprendre. Il se heurte alors à des obstacles difficilement surmontables. Pour se repérer il faut des repères, et ils ont été soigneusement ôtés. L'héritage culturel russe a été à la fois perverti et mutilé de sorte qu'il est très difficile d'en retrouver le sens. Mutilé, parce qu'ont été retirés des bibliothèques et jamais réédités des auteurs importants et des groupes d'auteurs, que même les classiques n'ont pas entièrement échappé à la censure [1]. Perverti, parce que les proportions sont faussées et les œuvres présentées sous un éclairage déformant. Si, dans notre littérature, Béranger occupait une plus grande place que Baudelaire, si Zola était exalté, Balzac présenté comme le précurseur du réalisme socialiste et qu'il fût interdit d'en parler autrement, si Nerval, Mallarmé, Proust n'avaient d'existence que clandestine, si, de notre XXe siècle, n'étaient retenus qu'Anatole France, Barbusse, Romain Rolland, André Stil, Aragon, les plus belles pages de Sartre, cette fantasmagorique déformation — qui est d'ailleurs à peu près celle qu'a subie en U.R.S.S. la

---

1. Le *Journal d'un écrivain*, de Dostoïevski, n'a pas été réédité. Dans l'édition académique de Gogol ne figurent pas les *Méditations sur la divine liturgie*, mais figure en revanche la diatribe de Biélinski contre un autre ouvrage de Gogol. Parce que Tchékhov avait eu le malheur d'écrire qu'il n'y avait pas en Russie d'actrice comparable à Duse, ce passage a été rayé de ses œuvres, etc. Cf. : Welde, *Bezymjannaja Strana*, 1968.

littérature de notre pays — donnerait une idée de celle qui frappe l'héritage littéraire russe. Quand le voyageur occidental s'émerveille que le chauffeur de taxi moscovite lise Gorki au lieu d'un magazine, il ne mesure pas que *La Mère* est tout de même d'une lecture plus distrayante que la *Pravda* et, d'autre part, que lisant Gorki le chauffeur ne fait pas un acte culturel libre (à moins qu'il ne soit un esprit de l'envergure d'Amalrik) mais échange la presse illisible contre une culture mise en conserve et précuisinée. Il a franchi la première ligne du barrage idéologique pour tomber sur la seconde. Il est facile de se rendre compte que la presse trompe. Quel Russe n'est pas rompu à l'art de lire entre les lignes ? Cela l'oblige d'ailleurs pour extraire une quantité infime d'informations, à dévorer une quantité immense de papier, comme les ruminants font de l'herbe et les baleines du plancton. Mais prendre conscience de la défiguration de la culture demande des facultés plus élevées. Il faut mettre la main sur les exemplaires disponibles des bons auteurs, les disposer par la pensée en un ordre intelligible, refaire pour son compte l'histoire littéraire ; enfin il faut apprendre à les lire. Il faut découvrir que *Crime et Châtiment* n'est pas une satire sociale du capitalisme débutant, ni un tableau réaliste du sort pénible des étudiants, ni même un pamphlet contre la pensée démocrate-révolutionnaire. Mais pour cela, il faut s'être débarrassé d'un lent conditionnement qui commence à l'école maternelle et se termine à la préface copieuse qui accompagne *Crime et Châtiment*, en indique le mode d'emploi et en constitue le traitement préventif. Dans un travail sur soi et sur l'œuvre nécessairement solitaire (puisque ce qu'ont dit de Dostoïevski,

Rozanov, Ivanov, Berdiaev, est infiniment plus inac-
cessible que Dostoïevski lui-même), il faut en somme
redécouvrir la notion de culture.

S'il est si difficile d'entrer en possession de l'héritage russe, que dire de l'héritage occidental ? Pendant cinquante ans, alors que la pensée et les arts
suivaient ici leurs cours, la Russie vivait dans l'isolement. Non seulement les œuvres faites et en train
de se faire ne pénétraient pas, mais encore les
influences que la Russie avait subies dans le passé
étaient niées et autant que possible effacées. Par un
mouvement commun à ce type de régime, à mesure
que l'héritage national était diminué et en partie
rejeté — le nom même du pays étant remplacé par
un sigle dénué de sens — étaient retranchées les
acquisitions et les assimilations réussies des cultures
étrangères. L'attentat contre la nation est compensé
par le chauvinisme, mais le chauvinisme, parce qu'il
l'appauvrit et la dessèche, est un nouvel attentat
contre la nation.

Quand une fissure s'est entrouverte, après la mort
de Staline, la jeunesse russe, en se donnant beaucoup
de mal, a pu entrer en contact avec la culture occidentale dans son état actuel. N'ayant pu assimiler, au
moment opportun, Weber, Freud, l'anthropologie,
l'art moderne, etc., elle n'avait pas toujours l'outil-
lage mental, et n'ayant pu la suivre dans sa genèse,
elle n'avait pas la perspective historique nécessaire
pour en prendre la bonne mesure. D'où nombre de
malentendus. Je comparerai volontiers le succès
incroyable d'Hemingway ou de Remarque dans la
Russie de Khrouchtchev, à la prolifération subite du
lapin en Australie ou du poisson-chat dans nos
rivières, ou encore à l'idolâtrie de copies gréco-

romaines par les esthéticiens du XVIIIᵉ siècle. Dans
ces productions secondaires, la jeunesse russe trouvait la trace des grandes œuvres, le reflet de ce
qu'elle désirait connaître, et son enthousiasme
s'adressait à cet au-delà dont elle était encore maté-
riellement ou intellectuellement séparée. On a cru
voir dans le rapport Sakharov le signe d'un modernisme intellectuel puisque, en effet, on y trouve les
thèmes de la lutte contre la faim, contre la pollution,
l'accident atomique, etc., au moment même où ces
thèmes sont à la mode en Occident [1]. N'était-ce pas
une preuve de plus de cette « convergence » entre les
deux systèmes qui fournit depuis des années tant
d'exemples de *wishful thinking* ? Je vois pour ma
part dans ce rapport l'extrême difficulté qu'a éprou-
vée ce brillant esprit à penser l'histoire de son pays.
Le mystère des millions de morts, il ne peut l'atteindre qu'au travers d'analogies superficielles, de comparaisons inadéquates, et finalement il reste quelques
chiffres, quelques faits, toujours surprenants même
lorsqu'on les connaît, dans un tissu théorique lâche
et peu satisfaisant. Un modernisme superficiel recou-
vre l'archaïsme profond : Herman Kahn et Lénine, ce
n'est pas assez pour comprendre la Russie.

De quels instruments, de quelles références intellectuelles dispose un Russe de la nouvelle génération
qui entreprend de rendre intelligible le monde qui
l'entoure ? D'abord, inévitablement, le marxisme, ou
plutôt ce qu'il est devenu en cinquante ans d'usage,
de codifications successives : le *diamat*. Moins

---

1. A.D. Sakharov, *La Liberté intellectuelle en U.R.S.S. et la
Coexistence*, Paris, 1968, Gallimard, Collection « Idées ».

importe le dogme, en l'espèce, que la catéchèse, la manière de raisonner, les présupposés implicites. On sait que les revues, même savantes, ont des préposés qui portent le titre de rédacteur, dont la fonction est d'ôter ici, de rajouter là, d'unifier l'ensemble, de fondre le style. Le vieux censeur de l'Ancien Régime a été remis au travail. Aux ciseaux, il a dû joindre la plume, apprendre à rédiger lui-même, trouver les répliques, les rimes. Il mérite son titre officiel de « littérateur principal ». Pourtant ce n'est pas la censure finale qui peut avoir quelque influence sur la vie de l'esprit, puisqu'elle n'existe que parce que l'esprit est vivant, et pour en élaguer inlassablement les pousses reverdissantes. Le pire est que l'enfant, le lycéen, l'étudiant n'a appris à raisonner que selon les catégories routinisées du *diamat*, que dans sa phase d'apprentissage il a été par tout le système d'éducation, ramené, fixé dans la problématique « marxiste », que dans sa fragile et fugitive phase de formation il n'a pas travaillé, ne s'est pas exercé sur d'autres exemples que ceux qui lui étaient fournis par les manuels officiels et la pédagogie standardisée. Les psychologues savent que l'apprentissage de la parole doit être fait à temps, et que lorsque, pour une raison accidentelle, l'enfant n'a pu faire cet apprentissage, il est trop tard, il ne parlera plus. *Mutatis mutandis*, on se demande parfois si les ravages de l'idéologie n'atteignent pas dans certains cas un niveau presque physiologique, comme si un grand nombre de circuits cérébraux avaient été mis hors service et que l'*homo sovieticus*, comparable au *zombi*, ne pouvait plus parler, penser qu'à travers les circuits épargnés et les chenaux tout préparés du matérialisme dialectique. En supposant, comme on l'espère, que cette horrible hypothèse soit fausse (l'homme est solide, ce siècle nous l'a appris), il reste que le *diamat* dispense merveilleusement de l'effort de penser. A la différence de la science, l'idéologie a réponse à tout, se meut dans l'univers sans rencontrer de résistance, apprivoise immédiatement l'imprévu, est capable d'expliquer l'idéologue lui-même. C'est ce maniement magique du réel, traduisant un retrait partiel du réel, qui lui apparente l'idéologie au délire, dont la fonction est de protéger le moi d'une réalité qui n'est plus soutenable. Peut-on échapper au rapprochement, quand on lit ces lignes dans un manuel psychiatrique [1] :

Les délires sont caractérisés par leur construction en quelque sorte " logique " à partir d'éléments faux, d'erreurs ou d'illusions qui sont comme les " postulats " du roman délirant. Ils réalisent une polarisation de toutes les forces affectives dans le sens d'une construction délirante qui subordonne toute l'activité psychique à ses fins. Les symptômes de ce délire (interprétations, illusions, perceptions délirantes, activités hallucinatoires, fabulations, intuitions) sont tous réductibles à une pathologie des croyances, car les idées délirantes enveloppent dans leur conviction dogmatique tous les phénomènes qui constituent l'édification, par la pensée réfléchie du délirant, du système de son monde.

Freud examinait la religion sous l'angle de la névrose. Dans cette perspective, l'abandon de la religion pour l'idéologie devrait être considéré comme une aggravation, comme si les défenses ordinaires avaient échoué et qu'il ne restait au sujet que le

---

1. Celui de H. Ey. P. Bernard, Ch. Brisset, éd. 1967, au chapitre des délires chroniques systématisés.

refuge du délire. Cette analogie n'est qu'une image.
Le délire idéologique n'est pas réductible au délire
clinique. C'est un pseudo-délire fonctionnellement
équivalent. Mais l'image éclaire d'un jour assez vif
la Russie de Staline. A mesure que la réalité devenait
plus atroce, le délire idéologique prenait consistance
et foisonnait. D'abord enfoncé en coin dans la réalité,
cantonné dans la politique, il s'étalait, submergeait
l'esthétique, l'éthique, envahissait l'histoire, gagnait
les sciences exactes [1]. On a montré le mécanisme politique de cette généralisation. Elle n'eût pas été possible si elle n'avait rempli en même temps une fonction psychologique : protéger l'individu de la
perception plénière du réel. Mais le développement
du délire altère et pervertit le réel au-delà de toute
défense possible. Ceux qui gardaient la raison souf-
fraient moins de la menace des choses que de celle
des mots devenus fous. C'est ainsi que Pasternak a
pu écrire que la guerre la plus dure que peuple
ait jamais subie a quand même été sentie comme un
soulagement et un retour roboratif au réel :

Lorsque la guerre a éclaté, la réalité de ses horreurs,
du danger qu'elle nous faisait courir, de la mort dont
elle nous menaçait a été un bien auprès de la domination inhumaine de l'imaginaire [2].

Le dérèglement de l'âme, le dérèglement concomi-
tant de la société entraînaient une angoisse que la
magie délirante de l'idéologie était finalement incapable de maîtriser.

---

1. Cf. K. Papaioannou, *L'Idéologie froide*, J.-J. Pauvert,
Collection « Libertés ».
2. *Le Docteur Jivago*, Paris, 1958, Gallimard, p. 599.

Au printemps de 1956, Khrouchtchev ouvrit une brèche dans le système qu'il n'était plus possible, ensuite, de colmater. Décision infiniment méritoire, qui engageait l'U.R.S.S. sur la voie du réel et rendait possible la guérison des hommes. A vrai dire, nous ne savons pas par combien de Russes l'idéologie était intériorisée. Le bolchevisme a toujours été une construction minoritaire, et l'on ne voit pas qu'il ait jamais été en posture de progresser au-delà du pourcentage indiqué par la seule élection contrôlable, celle de 1917 : 25 p. 100. De même, en chaque Russe, l'idéologie restait sectorielle, dominante en ce qui touchait le rapport à l'Etat, subordonnée aux attitudes traditionnelles à mesure qu'on se rapprochait de la vie privée. Dans *Le Pavillon des cancéreux* de Soljénitsyne, le cancer moral n'a gangrené complètement qu'un seul personnage, Roussanov. Les autres restent plus ou moins indemnes. Aussi était-il possible de rompre l'enchantement sans provoquer une rupture incontrôlable de la société et des esprits.

Mais affronté à nouveau au réel, il fallait s'atteler à nouveau à la tâche difficile de le comprendre. Un délire ne sert qu'une fois. Démystifié, il n'est plus bon à rien. Nous avons observé, en Occident, des intellectuels traumatisés par le XXe Congrès élaborer des constructions nouvelles, encore précaires, et fragmentaires, sur de nouveaux « postulats », Cuba, ou la Chine. Mais d'une façon générale l'échec du délire parvenu à son état final amène une régression à un état plus ancien, en direction du noyau délirant originel. En ce qui concerne la représentation du monde social, la rupture du stalinisme a mené, dans un premier stade, à un retour à Lénine.

La question posée était de placer l'an zéro de la

déviation. Comment — à partir de quand — en un plomb vil l'or pur s'est-il changé ? La doctrine officielle hésitait entre la période des procès, celle du pacte germano-soviétique, voire l'après-guerre. Mais par la substitution d'un culte léninien à un culte stalinien, par l'appel d'un père mauvais au père meilleur et plus lointain, par l'amplification du progrès régressif, c'est à la mort de Lénine que se fixait, dans la conscience de beaucoup, l'accident fatal. Lénine a établi le « socialisme » qui est bon en soi et a été défiguré. Sakharov apparemment en reste là. Si la quête s'arrête ici, elle a échoué. Comme une guêpe entre deux vitres, elle s'épuise dans ce pathétique et vain appel de Staline à Lénine. Il n'y a pas d'explication en termes léninistes du stalinisme, pour la raison que le léninisme contenait le stalinisme, comme le germe la plante, et du vivant de Lénine celle-ci avait déjà poussé ses premiers et sinistres rameaux. Mais reconnaître la généalogie de l'un à l'autre, c'est déjà avoir accompli un exploit intellectuel de première taille, c'est avoir amorcé cette *conversion* qui annonce la guérison. C'est avoir dissipé la plupart des conceptualisations mystifiantes qui barraient la vue du réel.

Franchi ce dernier barrage, notre Russe de la nouvelle génération a cessé d'être marxiste. Le voici en possession de la part légitime de son héritage. L'attend maintenant une tâche plus haute : opérer un tri nécessaire entre ce qui est sain et éternel, et ce qui est malsain et tenace. Dans son lot, il trouve, auprès des *Ames mortes*, le messianisme gogolien, auprès de *Guerre et Paix*, l'avatar russe de l'utopie rousseauiste, auprès des *Démons*, le nationalisme injuste de Dostoïevski, avec *Les Douze*, le nihilisme suicidaire de

Blok. Redécouvrir la culture russe, dans sa beauté radieuse, c'est réveiller aussi les forces, les vices, les erreurs qui amenèrent sa chute. A remonter de l'idéologie vers la mythologie religieuse en négligeant de purifier celle-ci, on risque de troquer le délire contre la névrose, ce qui est un grand progrès mais n'est pas encore la libération désirée. Si l'on veut bien se reporter au tableau synchronique qu'Amalrik a dressé des courants intellectuels contemporains, on s'aperçoit qu'il peut se lire aussi dans un ordre diachronique. En le parcourant dans le sens inverse des aiguilles d'une montre, nous avons donc le *marxisme léninisme officiel* puis le *marxisme léninisme* des premiers bolcheviks. Ensuite on parvient aux couches plus anciennes du *libéralisme* et du *christianisme* dans l'épanouissement qu'ils ont connu entre 1890 et 1914. Plus bas nous atteignons le *slavophilisme du* XIXe *siècle* et le *nationalisme officiel* des empereurs petersbourgeois. Tout remonte à la fois, dans la riche confusion de cette anamnèse au travers de laquelle le peuple russe reprend son identité.

Ce n'est certes pas aux marxistes-léninistes que s'adresse Amalrik et il ne fait manifestement aucune distinction entre les néo-marxistes et ceux qu'on pourrait appeler, pour reprendre l'ancienne expression bolchevique, les *marxistes légaux*. La liquidation de l'idéologie est parfaite, sereine, et, à l'égard de l'idéologue, silencieuse. Mais tout son effort tend à dissiper les illusions qui naissent, dans l'intelligentsia démarxisée, d'une retombée dans de vieux plis de pensée. L'entreprise suppose, outre le franchissement des obstacles successifs que j'ai énumérés, une remarquable culture historique. Je ne sais rien d'Amalrik, sinon le texte que j'ai sous les yeux. Il nous annonce dès les premières lignes qu'il appartient à une famille d'historiens et qu'il a fait des études d'histoire à Moscou. C'était, en Russie, les meilleures études qu'il pouvait faire.

C'était aussi par elles qu'il risquait le plus d'être définitivement trompé. L'histoire, en effet, dans l'intérêt de la cohérence idéologique, est le domaine le plus justement surveillé. Elle détient la *potesta clavium*. Il importe que la Révolution apparaisse comme le produit nécessaire de l'histoire et que son développement constitue la preuve concrète de la doctrine. Comme les miracles vérifient le dogme et le dogme fonde les miracles, le matérialisme historique et l'histoire russe doivent se prouver réciproquement. L'histoire se constitue en histoire sainte. Les successives *Histoires du Parti bolchevik* fournissent ainsi une sorte d'étalon, par rapport auquel toute l'histoire peut et doit être périodiquement récrite. Il n'est pas étonnant que ce soit ouvertement les mêmes équipes qui soient, d'une édition à l'autre, chargées de rayer un nom, d'en ajouter un autre, de modifier un développement, comme si la politique du moment avait un effet rétroactif et réorganisait le champ du passé de manière à donner au présent un caractère de nécessité. D'autres Etats totalitaires, comme la Chine, ont pratiqué l'histoire moralisée.

L'histoire, en constatant le succès des souverains et des dynasties, évalue exactement leur droit à régner. Elle a pour rôle de juger leur vertu. Son jugement, fondé sur des principes indiscutés, est parfaitement objectif : jugement et explication se confondent, car l'histoire est à la fois une morale et une physique... Elle ne connaît que des héros typiques et des événements stéréotypés.

Elle n'a, au fond, à s'occuper que d'un personnage, le souverain, l'Homme Unique dont la Vertu est significative d'un moment du Temps.

antique, et il ajoutait :

Ainsi Granet jugeait-il l'historiographie de la Chine Les historiens déterminent les faits ou les dates, établissent les textes, élaguent les interpolations, classent les œuvres non pas avec un détachement objectif, mais dans l'espoir de rendre plus aiguë et plus pure, en eux-mêmes et chez leurs lecteurs, la conscience d'un idéal que l'histoire ne saurait expliquer car il préexiste à l'histoire [1].

Cependant l'histoire soviétique n'a atteint ce degré de perfection que dans les manuels et pour la période contemporaine. La tradition de l'historiographie russe s'est continuée par de sérieux ouvrages qui, moyennant quelques précautions de langage et quelques citations liminaires de Marx et de Lénine, offraient aux étudiants la plus substantielle nourriture. C'est une vertu de cette discipline que lorsqu'un chef-d'œuvre a permis à l'étudiant de pénétrer profondément l'histoire d'une époque ou d'un ensemble d'événements, il pourra facilement transporter l'*insight* ainsi acquis à d'autres époques et à d'autres ensembles d'événements. S'il a compris Burckhardt ou Tocqueville, Soloviev ou Klioutchevski, il est armé pour comprendre la Révolution en Russie. Ajoutons que le métier d'historien apprend à fureter et quand on sait se servir de bibliothèques aussi magnifiquement garnies et soigneusement contrôlées que la Bibliothèque historique d'Etat, ou que la

---

1. *La Civilisation chinoise*, Paris, 1948.

Bibliothèque d'Etat Lénine, ce ne sont pas les matériaux qui manquent.

Malheureusement pour lui, Amalrik a eu l'imprudence de faire ses premières armes sur la question des Varègues dans la Russie de Kiev. C'était, depuis le XVIIIᵉ siècle, un point sensible. Au temps de Catherine II, un érudit allemand, éditeur des *Chroniques*, avait cru pouvoir établir que le premier Etat russe avait été fondé par des Normands (Varègues) et que le nom même de Russie était d'origine normande. Le patriotisme historique ne supporta pas cette macule sur les origines et s'attacha aussitôt à diminuer la part germanique et à augmenter la part des Slaves. Au début du XIXᵉ siècle, les slavophiles tentèrent une autre voie : l'Etat étant un mal historique, l'appel des tribus slaves aux Normands signifiait que les Slaves ne voulaient pas commettre le péché de la domination et avaient préféré se soumettre à l'étranger. A la veille de la Révolution, la majorité des historiens admettaient que le premier Etat des Slaves orientaux était une création étrangère qui ne remontait pas plus haut que le IXᵉ ou le Xᵉ siècle. L'historiographie soviétique élimina peu à peu la théorie normande. En 1944, pendant que refluaient les armées allemandes, l'historien Grekov, dans l'organe officiel du parti communiste, *Le Bolchevik*, boutait les Normands hors de l'histoire russe. Selon Grekov, l'Etat russe remontait au VIᵉ siècle et à l'arrivée des Normands, il supportait avantageusement la comparaison avec l'Etat carolingien. Marx l'avait d'ailleurs écrit. Les Slaves avaient atteint un niveau de civilisation bien supérieur aux Varègues. Quant au nom de Russie, il venait d'une tribu slave, qui s'appelait Ross. Une vulgate était fixée. Je ne sais comment

Amalrik y contrevint. Si j'interprète correctement
l'allusion de la page 131, peut-être écrivit-il que les
Normands furent trop peu nombreux pour venir à
bout de la barbarie slave et furent rapidement sub-
mergés et absorbés : en ce cas, il y avait de quoi se
faire exclure de l'université.

Amalrik a eu un ami américain, l'excellent correspondant du *Washington Post*, Anatole Shub. Je me
demande, en lisant son texte, s'il n'a pas puisé, grâce
à cet ami, dans le trésor de la littérature américaine
sur la Russie. Aussitôt après la guerre, favorisée de
toutes les façons par le gouvernement et les grandes
universités, s'est formée aux U.S.A. une remarquable
école de slavistes. Malia, Raeff, Cherniavsky, Ulam,
Fainsod, Pipes et quelques autres ont fait de l'histoire slave un secteur vivant de la discipline historique, si bien qu'il est possible d'avoir sur l'histoire
de la Russie des idées aussi claires que sur toute
autre grande nation. A l'influence américaine, j'attri-
buerai plusieurs traits du style d'Amalrik : le parti
pris de froideur dans l'analyse, l'allure détachée de
l'argumentation et la concision si peu russe. La
démarche résolument empirique, l'examen prudent et
dubitatif des hypothèses possibles, la manière condi-
tionnelle et probabiliste de conclure, étaient sans
doute imposés par la nature de l'exposé. Mais cette
manière traduit peut-être une assimilation intelligente de l'historiographie américaine. Il n'en existait
pas d'autre à sa disposition. Au point de vue de la
connaissance d'elle-même, la Russie contemporaine
se trouve un peu dans la situation où elle se trouvait
au XVIIIe siècle, quand beaucoup de ses historiens
étaient allemands, et où se trouvent aujourd'hui les
peuples africains qui doivent se contempler dans le

miroir que leur tendent les « africanistes ». Amalrik
se compare à un poisson qui, devant les ichtyologues,
se mettrait soudain à parler. Oui, mais peut-être ce
poisson a-t-il préalablement appris l'ichtyologie.

Cela dit, le texte d'Amalrik se détache sur un fond
ancien d'histoire proprement russe que le préfacier
a le devoir d'éclairer sommairement.

ETAT, INTELLIGENTSIA, PEUPLE

Le mot intelligentsia date en Russie du milieu du
XIXe siècle. Il possède alors un sens principalement
idéologique. Pour en faire partie, il fallait avoir
adopté un certain nombre d'opinions reçues qui pouvaient se ramener au refus global de l'ordre social et
politique existant. A cette date, l'intelligentsia se présente comme une dissidence dans la noblesse, comme
la fraction des privilégiés qui refusent le privilège
octroyé par l'Etat. Or cet Etat, dont elle se sent
séparée, elle lui doit son existence. C'est parce qu'il
avait besoin d'une classe de service compétente et
capable de rivaliser avec les aristocraties occidentales que l'Etat petersbourgeois avait forcé la servile
noblesse russe à entrer dans les écoles, à apprendre
le rudiment, l'avait encouragée à prendre les manières
et le vernis européens, l'avait dotée des privilèges
qui lui conféraient dignité personnelle, sécurité des
biens, libertés civiles, lui permettant ainsi, pour la
première fois en Russie, non seulement de paraître
mais d'être une véritable aristocratie. Or voici que
cette alliance avec l'Etat se rompt au début du
XIXe siècle. L'Etat a moins besoin de sa noblesse.
Dans les chancelleries gouvernementales grossit un

noyau de fonctionnaires subalternes qui assure la routine quotidienne, émancipe en quelque sorte l'Etat de son ancienne classe de service. Or celle-ci n'a pas d'autre idéal, de raison d'être, de principe d'unité que le Service. La voici aliénée des deux côtés, du peuple, par son origine, son éducation, sa fonction ; de l'Etat qui ne veut plus d'elle. D'autre part, sous l'influence des idées occidentales et surtout sous l'effet de son propre statut et des libertés dont elle jouit, son idéal de Service s'est enrichi. Il s'adresse moins à l'Etat qu'à la nation russe. La noblesse veut être socialement utile. Le régime étant ce qu'il est, si elle veut vivre selon les idéaux que l'Ecole et le Service lui ont peu à peu inculqués, il ne reste qu'une voie, la rébellion [1].

Mais sa position devient alors étrangement précaire. Elle est prise entre l'Etat qui lui répugne et le Peuple qui lui fait peur. Les plus lucides étaient conscients de l'impasse et savaient que, si brutal qu'il fût, l'Etat n'en était pas moins le seul Européen de Russie. Dans son poème, le *Cavalier de bronze*, Pouchkine fait de l'épouvantable idole pétrovienne le môle unique sur quoi se brisent les éléments déchaînés. Pour échapper aux flots de la Néva en furie, c'est-à-dire au soulèvement « absurde et sans merci » des masses paysannes, l'intelligentsia doit se blottir à l'ombre glacée du Cavalier d'airain.

C'est bien ce qu'elle fit, un siècle durant, mais dans l'affliction d'une conscience malheureuse. Se rebeller contre l'Etat, c'était se révolter contre le géniteur qui lui avait donné la vie sociale, contre l'instituteur qui l'avait éduquée, contre le maître de qui elle tenait

---

1. Cf. Raeff, *Origins of the Russian Intelligentsia*, 1966.

ses premiers idéaux et la chère valeur du Service. C'était aussi risquer de dures sanctions. Elle vécut donc en ghetto. D'Occident, elle importa successivement, et à l'heure même de leur apparition, l'idéalisme allemand, le féminisme et le socialisme français, le matérialisme scientiste, le positivisme, le marxisme enfin. Réfractées dans un milieu étranger privé de responsabilité et sans prise sur le réel, ces idées prirent un tour extrême, simplifié, mais dogmatique, parfois religieux. L'intelligentsia développa des manières de secte. Tics de langage, morale quotidienne, préjugés, exclusions, doctrines servaient de signes de reconnaissance et contribuaient à préserver son identité. Elle finit par rétablir une sorte de censure qui s'ajoutait efficacement à la censure officielle. Dostoïevski, Soloviev, Tioutchev, Leskov, Fet, connurent d'elle des persécutions finalement plus dangereuses et plus durables que celles qu'ils pouvaient endurer, comme écrivains, du gouvernement. Aucun grand écrivain russe n'appartenait vraiment à ce milieu. Les peintres et les critiques, pour leur malheur, y appartenaient. Le désir de l'intelligentsia était cependant de sortir du ghetto. Longtemps, elle dut se contenter d'une évasion onirique. Ce peuple de paysans, dont elle était séparée, elle le connut au travers de ses rêves et d'une monographie allemande. Elle l'imagina aussi impitoyable que Pougatchev à l'égard de l'Etat, aussi fraternel et doux qu'une icône à son propre égard. Le penchant séculaire de l'église orthodoxe était le césaro-papisme. L'intelligentsia pratiqua une sorte de populo-papisme. Du peuple venait la vérité, le fondement de l'ordre chrétien, l'infaillibilité, la grâce. L'idolâtrie du moujik avait pour l'intelligentsia plusieurs sens. Elle satisfaisait son nationalisme. Il est dur à des intellectuels d'appartenir à des nations dénuées, à leurs yeux, de valeur. Dans la recherche du sens profond de la Russie, et sa localisation dans le moujik, l'intelligentsia se détournait des valeurs modestes mais évidentes que représentaient les progrès des Lumières et que symbolisait la splendeur de Petersbourg, au profit de valeurs imaginaires, mais absolues. L'humiliation nationale était masquée par un nationalisme de compensation. D'autre part, l'intelligentsia investissait le peuple des pouvoirs, des prestiges tsariens et tournait vers lui son appétit de Service que l'Etat avait déçu. Enfin, elle évacuait quelque peu la culpabilité attachée à sa révolte en la projetant à l'extérieur. Comme est Pougatchev dans le rêve d'un personnage de Pouchkine, le peuple devenait pour l'intelligentsia le symbole de son refoulé. Comme elle, il était à la fois innocent, parce que dans son droit, et criminel dans son intention meurtrière. A la fin du siècle, cette intelligentsia « idéologique » commença à se dissoudre. Plusieurs forces œuvraient à cette dissolution. Longtemps elle avait détenu en Russie le monopole de la culture. Nourrie, servie à bon marché, elle jouissait des bénéfices qu'apporte à la *leisure class* le sous-développement. Mais les progrès considérables de l'instruction primaire, la multiplication des écoles techniques, des universités, le développement de la presse et de l'édition, la différenciation de la société russe bouleversèrent la composition de l'intelligentsia et modifièrent même le sens du mot. Il finit par désigner ceux qui ne vivent pas du travail manuel : les cols blancs. C'est à peu près le sens qu'il a aujourd'hui en Union soviétique.

Dans les dernières années de l'Ancien Régime, la

situation se présentait de la manière suivante. Un
certain nombre d'intellectuels ont échappé à la tutelle
étouffante de la secte. Philosophes, peintres, musiciens, poètes de l'*âge d'argent*, tous ont répudié les
pesantes idéologies du populisme et du premier
marxisme. Ils sont symbolistes, chrétiens, théo-
sophes, néo-kantiens selon leur goût, leurs lectures,
la mode. Esprits libéraux, pour la plupart, ils ne sont
plus hantés par le sentiment d'une responsabilité ou
d'une culpabilité envers le Peuple. D'ailleurs, ils
connaissent l'histoire, la sociologie, et donc beaucoup mieux que leurs pères ce qu'on peut en attendre. Ils ont également abandonné la crispation nationale. Fiers du siècle d'or qui vient de s'achever,
découvreurs des antiquités médiévales et byzantines
de la Russie, ils se sentent à l'aise en Europe, n'ont
plus peur de l'aimer, pour la première fois la regardent avec un esprit de sympathie. Surtout, ils ont
réfléchi au phénomène idéologique. Ils ont compris,
en revenant sur leur passé, en relisant Dostoïevski,
que par l'idéologie ils avaient risqué leur âme. Ce
retour sur soi, cet examen de conscience, le meilleur
témoignage, en est sans doute ce recueil publié en
1900 par d'anciens marxistes : *Vekhi*. Enfin l'intelligentsia, laissant sa belle âme, se regardait en face et
cessait du même coup d'être une intelligentsia.

Tableau idyllique ! Il ne peint que la minorité
d'une minorité. Cette haute intelligentsia n'est pas
dépourvue de l'extrémisme qui marque, en ces
années, l'avant-garde européenne et qui se teinte
en Russie d'une nuance de mort et d'Apocalypse.
Plus grave : en poids, en nombre, en influence elle
ne peut se comparer à la basse intelligentsia.
Là ont fusionné l'ancienne intelligentsia idéolo-

gique et la nouvelle intelligentsia sociologique. Le vieux corpus révolutionnaire russe, Biélinski, Tchernychevski, Plekhanov, oublié en haut, reste en bas le manuel de base, forme tous ces instituteurs, ces techniciens, ces contremaîtres qu'engendre en foule la nouvelle société industrielle. Dans d'obscures cités de la Volga, le fils d'un inspecteur des écoles s'enthousiasme pour Tchernychevksi, puis pour Plekhanov, terrorise son entourage par son bagage marxiste, tranche de tout, réfute tout : il devient Lénine.

Et tout en bas, il y avait toujours l'océan du village russe. Il y avait dans les villes ces masses de paysans déracinés, prolétaires des grandes usines noires. Il y avait le boutiquier juif humilié et son fils, et tout autour du peuple grand-russe, cette ceinture de nations qui naissaient. A la faveur de la guerre, la Néva rompit ses digues.

La haute intelligentsia fut rapidement et complètement éliminée. Elle disparut dans le chaos de la guerre civile, de la famine et du typhus, ou bien elle fut anéantie par le nouveau pouvoir. Celui-ci, qui tirait ses éléments actifs de la basse intelligentsia, était animé contre l'élite d'une haine sérieuse. Il lui en voulait, parce qu'elle le méprisait, parce qu'elle était savante, parce qu'elle n'était pas idéologique. Contre l'avant-garde des capitales, même sympathisante au régime, ce fut la mobilisation des provinciaux, des refusés, des anciens combattants. Avant la mort de Lénine, dès le début de la *Nep*, les grands intellectuels étaient morts, s'étaient enfuis, ou tâchaient de survivre dans des universités marxisées et des associations culturelles soviétisées. Quant à ce que les Russes appelaient la « demi-intelligentsia » (que Marx eût peut-être nommée la Lumpen-Intelligentsia et Pascal les demi-habiles), elle prit, quelques années plus tard, sous Staline, le chemin des bagnes et des fosses communes. La révolution culturelle était accomplie.

Si j'ai rappelé succinctement une histoire révolue, c'est qu'elle forme encore le référentiel de l'histoire présente. La problématique d'Amalrik est préformée par les catégories anciennes comme si le devenir de ce qu'il nomme aujourd'hui l'intelligentsia avait été préfiguré par celle d'hier. Il est permis d'apercevoir un recommencement, à condition qu'on laisse en suspens le point de savoir si c'est un recommencement des choses ou de la manière de les penser.

Le résultat du bolchevisme fut de substituer aux anciennes élites qui avaient au cours de l'histoire acquis qualification, statut défini, privilèges, une élite nouvelle recrutée dans les couches sociales qui ne connaissaient ni statut ni privilège et qui devaient se contenter de la seule qualification. Après les grandes exterminations, la nouvelle intelligentsia soviétique, beaucoup plus nombreuse que l'ancienne parce que le développement industriel et technique s'est poursuivi sous le nouveau régime, ressemble sous ce rapport à la classe de service des anciens tsars moscovites et plus précisément à la nouvelle noblesse condamnée au travail obligatoire par Pierre le Grand. Rupture avec les traditions culturelles, arrivée massive de nouvelles familles sans passé, totale, insécurité du statut, privilèges seulement matériels, abaissement du niveau moral, grossièreté des mœurs, tout cela, la noblesse russe l'avait connu au XVIIIe siècle, sous des formes atténuées. Ce à quoi nous assistons depuis 1953 et dont nous entretient

Amalrik évoque l'évolution et les espoirs de cette même noblesse au temps de Catherine II. L'intelligentsia se diversifie, se cultive, ne vit plus dans la peur physique, reprend figure et mœurs humaines. Encore solidement intégrée dans l'Etat, elle ne songe pas à se rebeller. Elle veut servir efficacement la patrie. Pour elle-même, elle demande des garanties statutaires, et, d'une façon générale, un état de droit. En quelque sorte, elle est au stade de la noblesse de la fin du XVIIIe siècle qui désirait servir la Russie en dehors du cadre étatique, transmettre librement ses biens et, en cas d'arrestation, être autant que possible jugée régulièrement et n'être ni battue ni torturée. Nous allons revenir sur cette demande. Mais déjà il semble qu'une partie minoritaire de la nouvelle élite soit entrée en dissidence et forme déjà une véritable intelligentsia au sens idéologique, tout comme au milieu du XIXe siècle. Sa position est plus périlleuse, car jamais l'Etat de Nicolas Ier ou d'Alexandre II n'aurait pensé à mobiliser contre l'élite européanisée, même dissidente, les masses incultes. Personnel dirigeant et intelligentsia appartenaient, qu'ils le voulussent ou non, au même monde. Bien au contraire, l'élimination de l'ancienne intelligentsia a été opérée par l'Etat soviétique au moyen d'un appel aux masses, d'une *démocratisation*. Le sous-officier de l'Armée Rouge, le maître d'école, la muse du département ont été conviés à juger les peintres de l'avant-garde moscovite, les poètes symbolistes de Pétersbourg. Maintenant encore, le gouvernement peut à tout moment déchaîner contre l'intelligentsia, au nom du patriotisme, de l'égalitarisme, ou de l'antisionisme, le « peuple obscur » *(tiomny narod)*. Vivant comme autrefois en *ghetto,* l'intelligentsia vit plus qu'autrefois sous la menace du *pogrom*. La voilà de nouveau postée sur le socle étroit du Cavalier de Bronze, et guettant autour d'elle les chances d'une sortie. Or se présente encore la tentation populiste.

Il y a dans *Le Premier Cercle* de Soljénitsyne un chapitre intitulé : « Aller vers le peuple » (*Khozdenie v narod*). Il se réfère au mouvement « au peuple » de l'intelligentsia révolutionnaire des années soixante-dix, qui avait été si tristement déçu. Il s'agit de l'amitié du héros, Nerjine, pour le concierge Spiridon. On ne peut nier que Staline ait offert à l'intelligentsia de partager vraiment la vie du peuple : dans le camp de concentration. Nerjine, dans sa jeunesse, a cru que « le concept de peuple était artificiel, que chaque peuple se divise en classes ». Il a cru aussi que « les seules gens qui comptent sont ceux qui portent dans leur tête le fardeau de la culture du monde ». Mais c'est au camp qu'il abandonne la vision marxiste et la vision élitaire.

Il fut horrifié de voir l'autre aspect de certains qui composaient l'élite dans des circonstances où seules la fermeté, la volonté et la loyauté aux amis étaient essentielles pour un prisonnier... Il se mit à tourner en ridicule et à railler ce qu'il avait jusqu'alors adoré. Il s'efforçait d'être plus simple, de se débarrasser des habitudes de politesse et d'extravagance de l'intelligentsia... Il s'efforça d'emprunter aux simples travailleurs leur sagesse d'hommes capables et leur philosophie de la vie. Il revint ainsi à ce qui était à la mode au siècle précédent : *aller vers le peuple*.

Cependant Nerjine, au contact du peuple réel, renonce à son illusion idolâtre et parvient à une notion plus élevée de la communauté humaine :

S'étant une fois de plus remis d'un enthousiasme, Nerjine — définitivement ou non — comprit le peuple sous un jour nouveau dont il n'avait jamais entendu parler nulle part : le peuple, ce n'est pas tous ceux qui parlent notre langue, ni les élus marqués par l'empreinte ardente du génie. Ce n'est pas par la naissance, par le travail de ses mains, par les ailes de son instruction qu'on est élu pour figurer dans les rangs du peuple. C'est par ses qualités intérieures. Chacun forge son moi année par année. Il faut essayer de tremper, de tailler et de polir son âme de façon à devenir un être humain. Et par là même devenir une infime particule de son peuple.

Ainsi Nerjine, qui a pourtant découvert que la libération spirituelle ne consiste pas à être un autre (le peuple), mais à être soi-même, à peine a-t-il accepté l'individuation qu'il semble vouloir la reperdre dans l'indifférencié : devenir une infime particule. Si beau que soit ce passage, il est permis d'y voir une confusion subsistante et inconsciente entre l'Eglise et le Peuple. Il y a l'Eglise divine sans péché et l'Eglise humaine, pleine de péchés. Ainsi il y a le Peuple au sens spirituel (c'est la fin de l'homme d'en devenir « l'infime particule ») et le peuple au sens sociologique, qui n'a rien de particulier. Je crois que cette assimilation hérétique au plan religieux est funeste politiquement. Elle comporte en effet la tentation de refuser, comme sans légitimité, tout ordre politique qui ne soit pas le royaume de Dieu. Elle traduit une incapacité à concevoir la cité humaine dans son ordre profane et son but limité. Parce que la pensée russe a confondu Eglise et Société, elle a fait, dans la tradition révolutionnaire, de la politique la fin ultime des aspirations humaines et l'équivalent de la recherche du salut. Dans la tradition non révolu-

tionnaire, elle a fait du refus du politique, dans
une tension excessive et un écart trop absolu entre
la cité divine et la cité humaine, la condition du
salut personnel. Dans un cas elle aboutit au totali-
tarisme et dans l'autre à la résignation au totali-
tarisme. A cette pensée prémachiavélienne, Amalrik
oppose un raisonnement où le politique est cantonné
dans son ordre et sa consistance propre. Il considère
deux points : les rapports de l'état de droit avec le
régime despotique ; les rapports entre la loi et la
justice.

Loi et justice

La question de l'état de droit s'est posée en Russie
dès que l'aristocratie a éprouvé le désir de s'affran-
chir de l'arbitraire du prince. Elle obtint au XVIIIe
siècle des chartes, mais l'ensemble de la législation
continuait de se développer par accumulation incohé-
rente des ukases successifs sans que pût s'établir
une jurisprudence, une conception stable de la légalité. Cela devenait préjudiciable au fonctionnement
régulier de la bureaucratie. Sous Nicolas Ier, le grand
juriste Speranski réunit en quarante-cinq volumes
toutes les lois russes, compilées par ordre chrono-
logique, sauf quelques lois qui, par tradition, étaient
tenues secrètes. En quinze volumes, il en donna un
digest où les lois en vigueur étaient rangées dans
un ordre systématique, et qui fit fonction de Code
jusqu'à la fin de l'Ancien Régime. Tout confus et
peu maniable qu'il était, il marquait une nouvelle
époque. Le gouvernement, les cours de justice disposaient d'un cadre stable et solide. Rendre la loi

publique répondait à une idée de légalité, de droit, de régularité dans la procédure qui se diffusa vite dans la société et marqua une différence nouvelle entre le régime autocratique russe et les régimes orientaux. Sous Alexandre II, le gouvernement fit un pas de plus. Il changea les tribunaux et les peines. L'organisation judiciaire fut calquée sur celle d'Occident, avec sa hiérarchie des appels, ses juges inamovibles, une procédure accélérée, de véritables avocats. Knout, baguettes, verges furent rayés du Code pénal.

Mais l'autocratie ne pouvait doter le pays de libres institutions judiciaires sans se limiter pratiquement elle-même en imposant des bornes au pouvoir de ses représentants. Indépendance des tribunaux, séparation du judiciaire et de l'administratif, égalité devant la loi, publicité de la justice, participation de la population par le jury, c'étaient les maximes du droit public européen. C'était établir des cellules libres dans un corps social qui ne l'était pas. Aussi, le système russe continua-t-il de reposer sur la double commande. L'État se réservait le droit d'annuler quand il le jugeait bon les garanties octroyées par lui. Une cause pouvait être retirée au jury et confiée au tribunal militaire où l'on distribuait généreusement la peine de mort, ordinairement abolie. La détention administrative n'était pas supprimée. Le pouvoir policier subsistait intégralement. Selon le cas, le moment, la chance, le citoyen pouvait être présenté à un juge ou être happé par la machine policière et disparaître discrètement.

La situation soviétique est à la fois semblable et différente. Il y a aussi deux appareils de commandement : l'un qui dérive du parti communiste, l'autre de la Constitution de l'U.R.S.S. L'un et l'autre ont une existence officielle. Mais alors que le demi-siècle qui suivit les réformes d'Alexandre II vit s'élargir la sphère « légale » ou institutionnelle, aux dépens de la sphère « autocratique », le pouvoir des soviets fut presque dès le premier jour une fiction derrière laquelle œuvrait le pouvoir absolu du parti communiste. La légitimité idéologique n'a pas les freins ni les limites de la légitimité de droit divin. Alors que l'évolution politique allait dans le sens d'une concentration du pouvoir, d'un renforcement de la machine répressive, de la suppression de l'opposition, de la cristallisation d'une société rigidement hiérarchique, l'évolution institutionnelle ne reflétait rien de tout cela, et même allait en sens contraire. Dans les années de la plus grande terreur collective qu'une nation européenne ait jamais connue, était proclamée la constitution « la plus démocratique du monde », dont les articles 125, 127, 138 garantissaient la liberté de parole, de presse, de réunion et de démonstration sur la voie publique, l'inviolabilité de la personne et du domicile, le secret de la correspondance. Il est vrai que parfois le réel faisait irruption dans la fantasmagorie et dans le Code pénal apparaissaient des articles de cauchemar qui punissaient de mort ou de longues années de prison des délits de marché noir, l'absentéisme au travail, les mauvaises lectures, les propos malsonnants.

Mais, à la longue, comme le remarque Amalrik, le régime ne pouvait se passer d'une certaine continuité administrative et celle-ci exigeait des normes écrites et, sauf exception, respectées. C'est donc d'en haut, comme au temps de Speranski, qu'est venue une certaine réforme de la législation, et surtout un début d'application réelle de celle-ci. La nouvelle élite vit le parti qu'elle pouvait tirer de la situation. Dès l'instant qu'elle n'était plus paralysée par la peur, elle pouvait, 1º dénoncer l'écart entre la loi soviétique et les normes légales occidentales ; 2º réclamer la transformation du décor législatif en législation effective. C'est une reprise de la tactique de l'ancienne opposition libérale : dès que le gouvernement, dans son propre intérêt, eut établi une loi, elle fut en mesure de réclamer que cette loi fût meilleure et qu'elle fût appliquée. Cependant, comme sous l'Ancien Régime, cette tactique bute sur deux obstacles :

1) La notion d'une loi régulière, intangible, impartialement appliquée n'est pas consubstantielle à la nature du gouvernement. Les palais de Pétersbourg étaient aussi beaux que ceux de Vienne, et les cours de justice aussi bien tenues que celles d'Allemagne, mais l'autocratie restait une autocratie, ce qui n'offrait pas de difficultés avec les palais, mais en offrait de considérables avec les cours de justice. De même, si la légitimité idéologique du parti communiste reste entière, il est obligé d'ajouter aux articles constitutionnels cités plus haut que ces droits doivent être exercés « en conformité avec les intérêts de la classe ouvrière et en vue de renforcer le système socialiste ». Autrement dit, ils n'appartiennent aux individus que dans la mesure où le Parti les en juge dignes selon son système de valeurs à lui. Ces droits méritent d'être proclamés : ils embellissent l'image du régime, lui donnent une respectabilité aux yeux de l'étranger et même (tant l'idéologie a de détours) à ses propres yeux. Mais aucun citoyen n'est sûr de pouvoir s'en réclamer.

2) Il eût fallu ensuite que le peuple russe fût attaché à la notion de loi. Ni son histoire ni ses valeurs ne l'y disposaient. Dans la mesure où les libertés ont une origine aristocratique, il a manqué à la Russie une aristocratie d'origine féodale. L'hommage vassalique était un vrai contrat et bilatéral. « L'homme peut résister à son roi et à son juge quand celui-ci agit contre le droit et même aider à lui faire la guerre. Par là, il ne viole pas le devoir de fidélité. » Ainsi parle le *Miroir des Saxons*, ainsi parlent à peu près la Grande Charte anglaise, la bulle d'or hongroise, le coutumier du royaume de Jérusalem, l'acte d'union aragonais, la déclaration des communes du Languedoc, vingt textes d'Occident, aucun texte russe. Les germes de ce qui aurait pu devenir en Russie un ordre féodal — l'autonomie, la hiérarchie des prestations et des droits — n'a pas survécu au carnage que fit Ivan le Terrible de sa noblesse. Jamais la noblesse russe n'a pu se tailler un pouvoir local, jamais le noble n'a tenu l'ensemble des justices, des pouvoirs, privilèges et biens qui appartenaient au baron français. Le statut familial lui-même dépend en dernière analyse du Service. Il a manqué une autre source de la liberté, la ville bourgeoise. Loin que « l'air de la ville rende libre » (selon l'adage médiéval allemand), la ville russe est la concentration locale du pouvoir souverain, la proximité du voïvode, du gouverneur, du commissaire. Point de beffroi dans l'horizontal paysage russe.

Que tous soient égaux sous le prince : le peuple russe a préféré l'égalité dans la servitude à la liberté associée au privilège. Quand, à la fin du XVIIIe siècle, se forma le projet de donner à la Russie une constitution « à l'anglaise », c'est-à-dire aristocratique, il se heurta à l'opposition acharnée de la petite noblesse qui ne voulait à aucun prix d'une aristocratie fondée sur le sang, la richesse, l'influence politique. Elle souhaitait dépendre du prince seulement, tenir de lui sa dignité, son mérite. Elle n'aurait pas supporté d'être hiérarchisée. Il en fut de même des projets constitutionnels du XIXe siècle. Parce qu'ils tendaient à dégager une élite, et à donner à cette élite le monopole politique, l'opinion ne les approuva point. L'élite aurait pu grossir, les privilèges être progressivement accordés à de nouvelles couches sociales jusqu'à finalement comprendre toute la population, comme cela se passa en Occident : cela heurtait le sens moral russe. Si tout le monde ne peut avoir les mêmes droits, que personne n'en ait, sinon l'autocrate et ses serviteurs.

Aucun privilège ne fut plus honni que le privilège de l'argent, aucun contrat moins respecté que le contrat de commerce.

L'idéologie bourgeoise, écrit Berdiaev, n'a jamais eu de puissance chez nous, elle n'exerçait aucune attraction sur les cœurs russes. Nous n'avons jamais connu de base nettement idéaliste aux droits des classes bourgeoises et du régime bourgeois. Au fond, presque tout le monde chez nous considérait le régime bourgeois comme un péché, non seulement les révolutionnaires et les socialistes, mais aussi bien les slavophiles et les croyants, et tous les écrivains russes et jusqu'à la bourgeoisie russe elle-même qui éprouva toujours de son état une humiliation morale [1].

Il y avait en Russie, selon l'expression de Weidlé,

---

1. *Un Nouveau Moyen Age*, Paris, Plon, 1927.

une crainte du droit, un effroi devant la norme fixe, immobile, extérieure. Dettes, échéances, signatures, limites de propriété, probité commerciale, étaient tenues pour suspectes, injustes au fond, moralement inférieures. « Ecarte-toi de moi, Satan, écarte-toi de moi, bourgeois ! » s'écrie Alexandre Blok.

Ses tribunaux du XIXe siècle, les seuls véritables qu'elle ait jamais possédés, la Russie ne les a jamais aimés. L'historien anglais Seton-Watson remarque avec raison :

La conception du règne de la loi, la notion qu'il doit y avoir des lois et des règles clairement définies, s'imposant à tous, et selon lesquelles les actes des citoyens seraient jugés, cela ne fut jamais accepté ni même compris que par une minorité... Tsars, ministres, écrivains réactionnaires comme Katkov, se considéraient en droit d'ignorer la loi quand cela leur convenait et laissaient leur fureur éclater quand ils se heurtaient à la résistance des juges ou des hommes de loi. Les révolutionnaires étaient tout autant méprisants. S'appuyant sur des cas indubitables où la justice avait été faussée par l'intérêt de classe, ils concluaient non pas que les lois devaient être plus honnêtement obéies et la qualité des juges améliorée, mais que la conception de l'impartialité de la loi était un mensonge bourgeois. Le bébé devait être jeté avec l'eau du bain [1].

C'est qu'à l'idée de loi, la pensée russe a opposé avec fierté l'idée de justice. Pour les slavophiles, c'était une supériorité essentielle du peuple russe que son dégoût pour la lettre morte de la loi et son amour pour l'équité, la justice vivante selon Dieu. C'est un thème qui court au travers de Tolstoï, de

---

1. *The Russian Empire*, 1967.

Herzen, du populisme, repris par les réactionnaires comme les révolutionnaires, et toujours associé au mépris de l'Occident.

Je crois que Vladimir Weidlé a touché singulièrement juste quand il met en rapport la crainte du droit avec la solidité et la prévalence du nexus familial en Russie, « prédominance des relations spontanées, naturelles entre les êtres, sur toutes celles qui découlent de la profession, de la place qu'on occupe dans la société, des règles de conduite objectives et pour ainsi dire officielles [1] »... Il est possible que l'éternelle minorité politique du peuple russe et le faible développement du droit aient profité du désir de vivre selon l'enfance, dans un monde maternel où règne la grâce et loin du monde paternel où règne la loi, ou plutôt la loi mauvaise, l'injustice. Pour l'adulte politique et psychologique la loi peut faire partie d'un ordre pleinement intériorisé par le *moi* et être aimée comme le monde lui-même dont elle commande l'accès. Mais pour l'enfant, resté tel et maintenu tel, la loi n'apparaît que comme représentant du *surmoi*. Elle ne peut être que subie sur un mode passif et aimée sur un mode masochiste.

Franchi le seuil de la vie adulte, la loi définit l'autonomie de la personne. Elle permet de faire ; elle ne promet pas de distribuer. Elle marque la distance entre les êtres, les introduit dans le monde froid, pugnace et responsable de la liberté. Maintenir cette distance, établir les responsabilités, sauvegarder la liberté, telles sont les fonctions traditionnelles

---

1. *La Russie absente et présente*, Gallimard, 1949.

de la justice en Occident : une justice selon la loi.

Elle ne put naître en Russie parce que la personne fut empêchée d'être autonome et finalement craignit ou ne soucia pas de l'être. Au droit — *pravo* —, la Russie opposa la *pravda*, l'équité, la justice qui est en même temps grâce. Elle exalta les redistributions au sein du *mir*, comme si la commune de village était une bonne mère qui partageait également entre tous ses enfants. A chacun selon son mérite, à chacun selon son travail. La *pravda* doit satisfaire le désir, ou, alternativement, le refuser à tous. Que tous ou que personne ne profite de ses dons. Après la revendication d'équité s'impose la revendication d'égalité. Le peuple doit être indifférencié ou n'être pas. Après avoir engendré l'égalité, l'équité se développe finalement en socialisme. A défaut d'un fondement historique, il y avait une logique psychologique dans l'idée de Herzen que le peuple russe était prédisposé au socialisme. Rejetant la justice selon Montesquieu, qui est justice selon la loi, la pensée russe cherchait à plier la justice à la grâce, à promouvoir une loi selon la justice. De là deux attitudes opposées, que le peuple russe adopta tour à tour.

Ou bien il a lutté pour imposer cette justice sur terre, et la justice incompatible avec la loi a nourri la révolte. Ou bien, il s'est replié sur soi, rompant le contact avec un monde entièrement abandonné au mal. Parce que le pouvoir était injuste, l'homme russe refusait d'avoir affaire à lui, « émigrait à l'intérieur ». Weidlé observe qu'à l'autorité spirituelle, les Russes préfèrent la puissance de fait, « car celle-ci du moins se passe d'assentiment et peut se contenter de la seule obéissance. Ils se résignent à obéir ; ils acceptent l'injustice par peur de la justice [1] ».

On voit bien le bénéfice psychologique. Il correspond à un arrangement tacite selon lequel le sujet met à profit un gouvernement dur et arbitraire, pour vivre dans l'émotion et le fantasme, sans engager sa responsabilité. L'Etat fournit le traumatisme désiré et un cadre de vie suffisamment absurde pour décourager tout essai de traiter avec ce monde à un niveau rationnel. Mais ce qui donne à cet arrangement sa durée et sa consistance, c'est qu'il a été consacré par le code des valeurs, de sorte qu'au bénéfice psychologique s'ajoute un bénéfice moral. Cette démission ou ce recul devant la vie responsable reçoit une sanctification évangélique. L'idéal russe de la sainteté a été marqué par l'idéal érémitique. Chaque grand désastre moral (à commencer par le *Raskol*) a entraîné une vague d'*anachorésis* visible ou invisible. L'engagement dans le monde contrevient au précepte que le royaume du chrétien n'est pas de ce monde, précepte que tout réformateur peut se voir opposer en ce pays. Ou alors, ce sont les relations entre les hommes et non pas seulement à Dieu qui s'affranchissent du régime de la loi et s'établissent sous le régime de la grâce. Le droit de tous est proclamé sur ce qui est à tous. Pasternak fait dire à une femme du peuple, dans un meeting révolutionnaire : « Mais ne plus faire la guerre et être frères, c'est la loi du bon Dieu, ça, et pas celle des mencheviks, et donner les fabriques et les usines aux pauvres, c'est pas les bolcheviks, c'est la pitié humaine. »

---

1. *Op. cit.*

Mais quand le moment euphorique de la rébellion
et du partage est passé, quand le régime de la loi
après l'illusoire triomphe de la grâce est remplacé
par le régime de l'injustice, alors le sujet trouve
devant lui ouverte la voie de la nudité, de la résignation et de la Croix. Ainsi, à plusieurs reprises
dans l'histoire russe — dès le temps d'Ivan le
Terible — s'est manifesté un étrange équilibre entre
iniquité et sainteté.

Peu importe que le monde soit une Sodome, si un
juste y demeure, et peut-être n'est-il pas mauvais
que le monde soit une Sodome si à cette condition
un homme devient un juste. Quand, au terme de la
souffrance et du dépouillement, le sujet se voit
récompensé par quelque don spirituel, il n'est pas
rare qu'il ait une sorte de reconnaissance pour la
main qui l'a fait souffrir et l'a dépouillé. Ainsi se
forme une connivence entre l'oppresseur et le candidat à la sainteté, par laquelle le premier bénéficie
des mérites du second, lequel n'exclut pas le premier
de son amour. Un tel sentiment baigne les Mémoires
de la fille de Staline. « Seul un *zek* (bagnard), écrit
Soljénitsyne, est certain d'avoir une âme immortelle ;
les gens libres menant souvent une existence trop
vaine. » Cet acquiescement aux ténèbres, pour que
la lampe y brille davantage, me paraît beaucoup
moins une idée chrétienne qu'un masochisme à
déguisement chrétien et dont l'orthodoxie n'est pas
responsable. Mais combien prenant et plein de
charme, pour que tant s'y laissent captiver ! Non
seulement Russes, mais Occidentaux. Je connais plus
d'un voyageur qui après avoir énuméré les abomi-
nations, les efface aussitôt comme de peu d'importance auprès des rencontres inoubliables et des âmes

d'élite qui l'ont rendu meilleur. Un journaliste connu justifiait devant moi le régime stalinien, comme ayant permis l'éclosion du *Premier Cercle* de Soljénitsyne ; c'est tirer jusqu'à l'absurde la complicité du bourreau et de la victime, dont tant de Russes, à commencer par Dostoïevski, ont fait le secret saint de la Russie. Rendez à César ce qui est à César : à lui rendre plus que son dû, on ne rend pas davantage à Dieu. Et le dommage est sans mesure. Que la création culturelle puisse être le fruit du travail quotidien, accompli dans une société policée, et générateur d'honneurs et de richesses, les plus grands Russes, de Gogol à Dostoïevski et Pasternak, n'ont jamais voulu le considérer. Qu'en Italie, en France, en Hollande, en Angleterre, la haute pensée se soit développée en même temps que le confort, le mieux vivre, les arts décoratifs, la cuisine et la galanterie, voilà qui n'a cessé d'être une énigme et une gêne pour la pensée russe. Faut-il y voir une des raisons pour laquelle le paysage culturel est en ce pays si désolé, si erratique, et vide, sauf quelques sommets ? C'est aux Russes de le dire, et la plupart ont brouillé les cartes. Aussi est-ce une page exceptionnelle, unique peut-être, que celle où Amalrik dénonce, contre toute la tradition de son pays, les méfaits niveleurs et la destructivité de la justice distributive et sommaire, qui se dissimule sous le noble visage de l'équité, de cette meurtrière *rasprava* qui a été l'accomplissement le plus clair de la *pravda*.

LE NOUVEAU TCHAADAEV

Ce ne sont pas Gogol ni Dostoïevski qui font sentir
le danger et l'erreur, mais leur retombée idéologique,
les végétations parasites qui poussent à leur pied.
Sous le couvert des géants proliférait, à la fin de
l'Ancien Régime, une tourbe assez trouble, elle aussi
populiste, pleine aussi de demi-intellectuels. Les
bandes des centuries noires, inventrices d'une sorte
de prénazisme populaire, raspoutinien et antisémite,
en témoignent assez. La sainteté reste la sainteté,
et ceux qui invoquent son patronage pour promouvoir l'oppression ne font pas partie des saints, mais
de la canaille. On s'est demandé en 1917 qui triom-
pherait de Kornilov ou de Lénine — et maintenant
on se demande si la Russie, après avoir connu
Lénine, ne va pas connaître pire que Kornilov. Ce
qui visiblement inquiète Amalrik, c'est après cinquante ans de communisme, une résurgence de
nationalisme exaspéré de slavophilisme grossier et
devenu fou. Malgré la beauté fuligineuse du film
Roublev, on sent par moments une complaisance
pour le mal, une idolâtrie de la *russité* en tant que
telle, lumière et noirceur mélangées, une attirance
pour la boue, la confusion, la souffrance à subir et
à infliger. Comment voudrait-on que le peuple russe,
si indignement traité, ne nourrisse pas dans les
parties viles de lui-même un ressentiment contre les
peuples qui ont échappé à la misère, au malheur, à
la bêtise crasse où il a été enfermé ? Comment une
partie de lui-même ne souhaiterait-elle pas que ces
peuples fussent réduits à son niveau, à l'abjection
commune ?

Parce qu'au-delà de l'horizon communiste, Amalrik croit discerner de sinistres lueurs ; il est guetté par le désespoir national. En cela il ressemble, et le sait, à un autre Russe qui désespéra, sous Nicolas Ier, de son pays, Pierre Tchaadaev. Pour Tchaadaev, l'histoire de la Russie était nulle et non avenue :

Solitaires dans le monde nous n'avons rien donné au monde, nous n'avons rien appris au monde, nous n'avons pas versé une seule idée dans la masse des idées humaines ; nous n'avons en rien contribué au progrès de l'esprit humain.

La Russie n'est ni d'Orient ni d'Occident, elle est un vide intermédiaire. Elle n'a fait qu'imiter aveuglément, ce qui explique que les idées apprises n'ont pas pénétré profondément et que les modes et les méthodes de pensée que la Russie cherche à s'inculquer lui sont restés en fin de compte étrangers. Mais ce qui a fait de Tchaadaev un objet de scandale, ce n'est pas qu'il ait peint la désolation de l'histoire russe, mais qu'il lui ait refusé la seule valeur que lui accordaient les slavophiles, celle d'être sainte. Tchaadaev ne mettait pas à l'origine de l'infériorité russe les Tatars, le despotisme, l'absence de l'héritage classique, mais ce par quoi, aux yeux des meilleurs Russes, ces malheurs étaient plus que compensés, la foi orthodoxe, l'arrangement religieux où, depuis le schisme, la Russie s'était retranchée. A ceux qui disaient que la Russie avait manqué sa vie historique mais qu'elle était sainte, Tchaadaev répondait que c'était parce qu'elle ne l'était pas qu'elle l'avait manquée.

Je ne crois pas qu'il faille aller trop loin dans cette direction. Après tout, Pouchkine réfuta son

ami Tchaadaev, et le plus définitif argument contre
la nullité de la culture russe n'est-il pas la signature
qu'il apposa au bas de sa lettre ? Je suis sûr que
ne manqueront pas les protestations contre Amalrik,
venant de Russes qui portent sur l'avenir immédiat
de la Russie un jugement aussi sombre que le sien.
Ils feront remarquer, entre autres, qui si dans
toutes les questions de politique, de fait et d'analyse,
les occidentalistes ont eu raison contre les slavophiles, c'est le courant slavophile qui s'est en fin
de compte montré créateur et que ce qu'il y a de
vrai dans l'espoir slavophile, ce sont moins ses raisonnements historiques, tous faux, que sa postérité
gogolienne et dostoïevskienne. Soit. Mais rejetons
fermement les injures patriotiques qui vont pleuvoir
sur Amalrik. Il n'a, à cet égard, de leçons à recevoir
de personne. Comme Tchaadaev, il a trop d'amour
pour son pays pour supporter qu'il demeure à
jamais *Nécropolis*. De la fable pseudo-slavophile et
léniniste, il dit qu'elle est l'infection de la Russie
et qu'il faut à tout prix l'en débarrasser. « Alors le
mensonge vint sur la terre russe, écrit Pasternak...
La tyrannie de la phrase n'a cessé de croître depuis,
sous une forme monarchique, ensuite sous une forme
révolutionnaire. » Pour mettre fin à la tyrannie de
la phrase et guérir la Russie, il faut porter à un haut
degré l'esprit de vérité. Il ne suffit pas de dire que
c'est la faute de l'Etat — à cela se borne le plus
souvent l'examen de conscience russe — mais que
la Russie, la culture russe et ses valeurs, le peuple
russe enfin, ont leur part de responsabilité. Ce n'est
pas le Roi seul, qu'il faut mettre à nu, mais la
Reine, la Russie qui n'est pas l'Eglise et n'en revêt
les ornements que pour cacher sa honte et protéger

son orgueil. En s'engageant dans cette entreprise, Amalrik a fait preuve de courage et d'intelligence ; d'un amour courageux et intelligent. Il fait honneur à sa patrie.

LE FUTURIBLE

Selon Amalrik, la situation est la suivante : l'idéal communiste, qui a détruit et remplacé l'orthodoxie en tant que valeur sur laquelle repose la société russe, est en train de mourir. La valeur la plus vivante est le nationalisme, l'idolâtrie que le peuple grand-russe a de lui-même, de sa force, de son pouvoir sur les peuples qui l'entourent. Mais tout changement dans la société soviétique, chaque année qui passe, met à l'épreuve cette force et en péril ce pouvoir. Le régime se dégrade, empêche pourtant sa relève. S'il veut évoluer, il risque la décomposition explosive. S'il reste immobile, il s'affaiblit et se laisse distancer par l'Europe, l'Amérique, ses concurrents directs. De toute façon, l'intégrité de l'empire est, à long terme, condamnée et cette menace hypothèque le régime : son maintien ou sa chute éventuelle inquiète et rassure tour à tour le nationalisme russe. C'est une situation bloquée. Nul ne sait combien de temps elle peut durer ainsi, ni dans quel sens elle bougera.

Sur ce thème, l'an dernier, Zbigniew Brzezinski, de l'université de Columbia, a publié un recueil d'articles : *Dilemmas of Change in Soviet Politics*. En conclusion, il remarque que les experts occidentaux se distribuent en deux camps : ceux qui croient à une *évolution* du régime, et ceux qui croient à l'inévitabilité d'une *révolution*. Comme chaque camp se subdivise à son tour, les opinions se classent sous quatre chefs :

1) *Transformation et rénovation*. Ce serait, selon l'image qui a prévalu en France jusqu'à l'invasion de la Tchécoslovaquie, la libéralisation du régime : progressif retour à la liberté d'information et d'expression, planification souple, utilisation des mécanismes de marchés, etc.

2) *Adaptation conservatrice*. Le parti communiste garderait le monopole idéologique et politique, mais parviendrait, s'appuyant sur l'intelligentsia technique, à assurer la croissance économique, en s'appuyant sur l'armée, à assurer le maintien de l'empire. Ainsi se perpétuerait un Etat autoritaire, nationaliste, mais efficace et solide. Depuis la parution du recueil, c'est dans cette voie que prétend s'engager le régime.

3) *Dégénérescence*. Le groupe dirigeant diminue en qualité, en compétence, perd sa cohésion. Les institutions ne fonctionnent plus, le pouvoir cesse d'être craint, les groupes sociaux, nationaux, entrent en dissidence.

4) *Effondrement*. Il est impossible d'en prévoir la forme ni l'issue : coup d'Etat militaire, orgie populaire à la Pougatchev, guerre civile...

Reportons sur cette grille le rapport d'Amalrik. Il n'envisage pas l'hypothèse 1. Il faut reconnaître que celle-ci n'est pas sérieusement retenue par les experts : elle repose sur trop d'ignorance de la Russie et du communisme, ce qui explique d'ailleurs la faveur particulière dont elle jouit en France.

Amalrik ne pense pas que l'hypothèse 2 assure au

système actuel une stabilité de longue durée, ce en quoi il a peut-être tort. Son schéma correspond plutôt aux hypothèses 3 et 4, avec une préférence pour la dernière. Il n'écarte pas *a priori*, après la chute du régime actuel, une issue démocratique dont la condition serait un progrès considérable de la classe moyenne en force et en conscience politique. Mais il est manifeste qu'il n'y croit guère. Il a de bonnes raisons de penser plutôt à une décomposition dans la haine, le sang, la barbarie. Historien, il sait que l'oppression est l'école de la révolte, mais qu'elle n'est pas et n'a jamais été l'école de la liberté. Elle est l'école de l'oppression.

Amalrik est loin d'être exhaustif dans l'examen des causes de la chute future. J'eusse attendu qu'il parlât davantage de la question des nationalités. Il révèle judicieusement que dans la mesure où le nationalisme grand-russe devient l'âme du régime, il renforce par réaction les nationalismes antagonistes des républiques fédérées. Il eût pu être plus précis. On sait que les quarante millions de Turcs de l'Union soviétique ne se marient pas avec les Russes, gardent leurs mœurs, conservent jalousement leur langue, et se multiplient à un rythme tel qu'à la fin du siècle, selon certaines prévisions, ils seront plus nombreux que les Grands-Russes. Imagine-t-on une Russie à majorité turque [1] ? On observe pareil renforcement de la conscience nationale géorgienne, arménienne, ukrainienne, etc. Que se passera-t-il si ces nations remettent en cause le compromis

---

1. Bennigsen, Lemercier-Quelquejay, *L'Islam en Union soviétique*, 1968.

actuel ? Que se passera-t-il quand se réveillera le souvenir de la reconquête des années vingt et des avanies subséquentes ?

Une grande partie du rapport examine l'éventualité d'une guerre avec la Chine. C'est, à mon sens, la partie la moins solide. Les choses peuvent se passer ainsi. Elles peuvent se passer autrement. Je ne vois pas de fondement, pour ma part, à cette loi des trois états qu'Amalrik croit pouvoir déduire de l'expérience du communisme en U.R.S.S. : internationalisme — nationalisme — expansion extérieure.

Sans être spécialiste, encore moins devin, on est en droit d'imaginer que la Russie n'entre en guerre que dans l'espoir de résoudre ses problèmes intérieurs. Ce fut le cas de l'Autriche-Hongrie, en 1914. Pour venir à bout de l'irrédentisme slave intérieur, elle prit le risque d'écraser le foyer serbe extérieur. En 1904 et même en 1914, la Russie attendait de la guerre un apaisement, ou une mise en parenthèses de sa crise intérieure. Or une guerre avec la Chine n'offre aucune perspective de cette sorte. Ce serait une guerre dure, dans un pays pauvre, impossible à terminer, et sans aucun profit pour la Russie. Supposons que sa crise intérieure atteigne un point de rupture. Supposons que le gouvernement soviétique soit alors persuadé que l'Amérique n'interviendra pas et qu'il n'y a pas de risque de grande guerre atomique. (Cela fait beaucoup de suppositions...) On voit assez bien ce qu'il pourrait espérer d'une conquête de l'Europe occidentale. Cette conquête serait militairement facile. En France, en Italie, la puissance occupante n'aurait pas de mal à trouver, au moins pour quelques années, un nombre de collaborateurs enthousiastes infiniment plus grand qu'elle n'en dispose actuellement en Europe de l'Est. D'expérience, elle sait qu'il ne faut que peu de monde pour administrer un pays. A court terme, du point de vue de la politique intérieure, elle pourrait escompter un double bénéfice :

1) Désespérer les nationalités non russe de l'empire et, accessoirement, les intellectuels.

2) Mettre fin au contraste de plus en plus accusé entre la prospérité matérielle de l'Occident et la stagnation relative de l'économie socialiste. Il y a dix ans, on croyait encore que le fameux programme « rattraper et dépasser » était réalisable. On ne le croit plus, on ne fait même plus semblant d'y croire. Les velléités de dissidence des nationalités et des satellites, l'échec économique sont ressentis par le peuple grand-russe comme des humiliations nationales. Il a donné son appui presque unanime à l'invasion de la Tchécoslovaquie. Le gouvernement pourrait peut-être compter sur l'élan de 1814 et 1945 lors d'une opération de plus grande envergure. Je suis tenté de développer l'argument, ni plus ni moins vraisemblable que celui d'Amalrik. La prudence me recommande de résister à cette tentation et de m'arrêter pendant qu'il est temps. L'histoire est surprenante.

L'INCRÉDULITÉ

Il est d'usage que le préfacier souhaite bonne chance et bon public à son auteur. Mais le fait est qu'un auteur russe, s'il est véridique, a en France peu de chance et petit public. Qui se souvient de Kravtchenko ? Ce fonctionnaire de rang moyen avait,

au lendemain de la guerre, « choisi la liberté ».
L'expression est tout ce qui reste de lui dans les
mémoires. Il publia le récit de son expérience dans
un fort volume auquel la propagande américaine
d'alors donna une importante publicité. Les Français
restèrent méfiants. Un journal communiste cria à
l'imposture. Il y eut procès. La presse distinguée
garda une prudente réserve. On alla applaudir
Nekrassov, la pièce antisoviétique de Sartre.
Kravtchenko disparut de l'actualité. Quelques années
plus tard, il se suicida dans sa chambre d'hôtel à
New York. Le volume jauni m'est tombé récemment
sous la main. Je ne l'avais pas lu. Il ne contient ni
plus ni moins que ce qui a été ensuite confirmé par
Khrouchtchev, Soljénitsyne, Chamalov, etc., et qui
avait été raconté avant ou pendant la guerre par
Ciliga, Victor Serge, Souvarine, Koestler, etc. Obstinément, l'opinion suspecta l'honnêteté des témoins,
la véracité des témoignages, ne tomba ni dans
« l'antisoviétisme rabique » dénoncé par *L'Humanité*,
ni dans « l'antisoviétisme sommaire » déploré par
la presse sérieuse, et regarda ces livres avec la répugnance qu'on a pour la littérature pornographique.
Comme celle-ci, ils furent souvent publiés par des
éditeurs marginaux. A la différence de celle-ci, généralement on ne les lut pas. L'historien anglais Robert
Conquest a examiné l'attitude de la presse de France
et d'Angleterre devant les procès et les purges stali-
niens [1]. Il ressort de son enquête qu'un des massacres les plus vastes et les plus iniques de l'histoire
a été ou bien nié ou bien déclaré légal par l'énorme

---

1. *La Grande Terreur*, édit. Stock, 1970.

majorité de la presse *non communiste*. Il suffit de parcourir la plupart de nos manuels d'enseignement secondaire et supérieur d'histoire et de géographie, pour constater que la politesse académique a également gommé tout ce que la réalité soviétique pouvait avoir d'un peu cru. La collectivisation de l'agriculture est présentée comme une intéressante expérience sociale, comparable aux coopératives scandinaves, comme si la mort cruelle de quelques millions de paysans et la réduction au servage des autres étaient des faits que la décence, l'amitié franco-russe et le progressisme commandaient de passer sous silence.

Ce qui fait problème, c'est que les crimes nazis, fascistes, plus récemment les crimes des régimes cubains (je veux dire précastristes) et grecs ont à juste titre indigné l'humanité civilisée et jeté sur leurs auteurs la plus durable opprobre. Pourquoi ces deux poids, ces deux mesures ? Les raisons les plus simples se présentent immédiatement. Le trucage, le mensonge devant l'étranger sont de vieilles spécialités russes et ce n'est pas d'hier qu'en ce pays, selon le mot de Custine, être informé est un délit. Quand l'art antique de tromper se renforce des moyens de la propagande moderne, se protège par surcroît du rideau délirant de l'idéologie, on comprend que les hommes de bonne foi soient dupés et que la mauvaise foi des autres soit consolidée. Il y a encore l'énormité déroutante, rebelle à la créance, des faits. Après tout, souvenons-nous que d'Hitler, seuls étaient couramment admis les crimes isolés, à l'échelle humaine, et que pour croire vraiment à l'extermination des millions de femmes et d'enfants, il a fallu toucher du doigt, entrer dans

les crématoires, ensevelir les monceaux de morts.
Nul n'a visité les camps du Grand Nord. Les démo-
graphes, qui étudient la pyramide soviétique des
âges, les statisticiens, qui scrutent, corrigent et
complètent les statistiques soviétiques, proposent
des chiffres : dix, douze millions de victimes ? Nul
ne sait au juste. Tout cela est abstrait, trop gros
pour être cru. Comme devant *La Lettre volée* de
Poe, les yeux se détournent, par peur de l'évidence.

Une autre raison est bien sûr l'idéologie. J'ai
connu quelques voyageurs français qui, ayant vu en
toute innocence le village kolkhozien et ses paysans
de La Bruyère, vécu dans la ville soviétique, sous
l'administration soviétique, écouté les témoignages
de leurs amis, soudain, définitivement, et jusque
dans leur chair, *comprenaient*. D'autres, aussi nombreux, revenaient émerveillés... J'en ai même connu
un, communiste au départ, dont la vision n'avait pas
résisté à l'épreuve du réel, mais qui a trouvé le
moyen de la reconstruire entièrement en lui faisant
passer en quelque sorte la frontière de l'Oussouri.
Maintenant, sa nouvelle U.R.S.S., c'est la Chine ! On
ne voit que ce qu'on accepte de voir.

Tout cela suffit-il à rendre compte que devant le
camp nazi une fort belle littérature a développé le
thème de la culpabilité universelle, alors que ceux
mêmes qui avaient activement nié l'existence des
camps soviétiques, quand elle fut rendue publique
ainsi que le chiffre aussi grand des victimes, ne se
sont jamais sentis chargés d'une faute comparable,
voire ne se sont pas sentis responsables du tout ?

Je proposerai une hypothèse, qui n'éclaire pas
tout, mais peut être un mécanisme psychologique
sans lequel une telle aberration ne pourrait se pro-

duire. L'idéologie aurait pour fonction d'empêcher de parvenir à la conscience, moins le réel extérieur que le réel intérieur. Elle maintient inconscient ce que la conscience ne saurait tolérer, en particulier un désir de meurtre. Si l'on compare sous cet angle l'idéologie nazie et l'idéologie bolchevique, on voit bien la supériorité de cette dernière. Le nazisme avoue très vite l'intention criminelle, le bolchevisme jamais. Il accomplit aussi complètement que le nazisme le désir meurtrier (qu'on me fasse grâce de statistiques comparées !) mais sans la culpabilité. Il peut tuer longtemps parce qu'il tient à distance les Erinnyes.

Considérant cinquante années de prosoviétisme de l'intelligentsia française, je me demande si elle n'a pas fait de la Russie le symbole, le lieu projectif de ce refoulé. Si, par conséquent, malgré ses protestations, elle n'est pas fascinée par ce régime non *en dépit* mais *à cause* des crimes qu'il a commis.

Je ne porterais pas une accusation aussi grave si je ne me sentais, écrivant ceci, solidaire des Russes qui souffrent injustement, intellectuels ou non, et si je ne savais le surcroît de souffrance que leur inflige le prosoviétisme occidental et notamment français. Qu'on relise la fin du *Premier Cercle*. A la dernière page, quand le camion de viande emporte les bagnards et que le journaliste de *Libération* rédige un commentaire progressiste, la plume de Soljénitsyne s'interrompt, suspendue par une rage trop forte, et son mépris lui-même renonce, découragé[1]. Depuis cinquante ans, un peuple européen,

_____

1. Il ne s'agit évidemment pas du quotidien « gauchiste » actuel mais de celui que dirigea jusqu'en 1964, Emmanuel

un peuple chrétien, un grand peuple est maltraité.
Le méprise-t-on à ce point en France qu'on ne veuille
pas le savoir pour n'en avoir pas pitié ?

ALAIN BESANÇON

(1970)

d'Astier de la Vigerie, compagnon de route du communisme
et du gaullisme. Le rédacteur en chef était Claude Estier,
actuellement responsable de la presse au Parti socialiste et
directeur de l'hebdomadaire officiel du Parti, *L'Unité.*

Voir *Le Premier Cercle*, trad. française, Robert Laffont,
p. 575-576. (*Note de l'éditeur, 1977.*)

PREMIÈRE PARTIE

L'Union soviétique survivra-t-elle en 1984 ?

Traduction de Michel Tatu

Né en 1933 à Lyon, Michel Tatu a été correspondant du Monde de 1957 à 1964 à Moscou, puis en Europe orientale de 1966 à 1969. Il est depuis 1971 chef du service étranger du Monde. Il a publié notamment : Le Pouvoir en U.R.S.S. - De Khrouchtchev à la direction collective *(Grasset, 1967),* L'Hérésie impossible, chronique du drame tchécoslovaque *(Grasset, 1968),* Le triangle Washington - Moscou - Pékin et les deux Europe(s) *(Casterman, Collection P.H., dirigée par F. Fejtö, 1972).*

TROIS raisons essentielles m'ont incité à écrire ces lignes. En premier lieu, l'intérêt que je porte à l'histoire russe. Il y a près de dix ans, j'ai entrepris un travail sur la Russie de Kiev. Pour des raisons indépendantes de ma volonté, j'ai dû interrompre mes recherches sur les débuts de l'Etat russe ; j'espère maintenant recueillir ma récompense au centuple, comme historien, en devenant témoin de sa fin. En second lieu, j'ai pu suivre de près les tentatives faites pour fonder un mouvement social indépendant en U.R.S.S., ce qui est en soi très intéressant et mérite un jugement provisoire. Enfin, j'ai eu souvent l'occasion d'entendre et de lire qu'il existait une prétendue *libéralisation* de la société soviétique. On pourrait donc dire, semble-t-il : aujourd'hui la situation est meilleure qu'il y a dix ans ; par conséquent, elle sera encore meilleure dans dix ans. Je vais tenter de démontrer, ici, pourquoi je ne suis pas d'accord avec cette opinion.

Je tiens à souligner que ce texte n'est pas fondé sur des recherches, mais seulement sur des observations et des réflexions. De ce point de vue, il peut apparaître comme un creux bavardage, mais il présente, du moins pour les soviétologues occidentaux, le même intérêt qu'aurait pour les ichtyologistes un poisson qui se mettrait soudain à parler [1] *.

---

* Les notes de A. Amalrik ont été regroupées à la fin du texte, p. 143. *(Note de l'éditeur, 1977.)*

I

ON peut considérer qu'en l'espace de cinq années environ — de 1952 à 1957 —, une sorte de *révolution au sommet* s'est produite dans notre pays. Nous avons connu des moments tendus, tels que la constitution du *Presidium élargi* * du Comité central du P.C., l'affaire des médecins, la mort mystérieuse de Staline, la liquidation du Presidium élargi, la purge des organes de la sécurité d'Etat, la réhabilitation massive des condamnés politiques et la condamnation publique de Staline, les crises polonaises et hongroises. Cette période s'acheva par la victoire complète de Khrouchtchev. Le pays, lui, attendit passivement de savoir quel serait son sort : si au

---

* Au XIXᵉ congrès du Parti, tenu en 1952, Staline avait transformé l'ancien Politbureau en « Presidium » et plus que doublé l'effectif de ses membres. Cette manœuvre visait, selon toute vraisemblance, à préparer l'élimination future de la « vieille garde ». (N.d.T.)

sommet la lutte était incessante, à la *base* aucune voix ne se faisait entendre qui pût être en discordance avec ce qui se produisait au même moment au sommet [2]. Mais selon toute vraisemblance, la *révolution au sommet*, en ébranlant le monolithe créé par Staline, a rendu possible un certain mouvement dans la société : dès la fin de cette période, une force nouvelle, indépendante du gouvernement, fit son apparition.

On peut l'appeler, de manière conventionnelle, *l'opposition culturelle*. Certains écrivains qui s'en tenaient jusque-là à la ligne officielle ou bien gardaient le silence se mirent à parler sur un ton nouveau : une partie de leurs œuvres fut publiée ou circula sous forme de manuscrits ; de nombreux jeunes poètes, artistes, musiciens et chansonniers apparurent, des journaux dactylographiés furent distribués, des expositions artistiques semi-légales s'ouvrirent, des groupes de jeunes s'organisèrent [3]. Ce mouvement n'était pas dirigé contre le régime politique en tant que tel, mais seulement contre sa culture, une culture que le régime n'en considérait pas moins comme une partie intégrante de lui-même. C'est pourquoi celui-ci combattit *l'opposition culturelle*, remportant une victoire totale dans chaque cas pris isolément : les écrivains *confessaient* leurs fautes, les éditeurs de revues clandestines étaient arrêtés, les expositions fermées, les poètes dispersés. Cependant, il ne réussit pas à remporter une victoire d'ensemble sur *l'opposition culturelle* ; au contraire, celle-ci s'intégra progressivement à l'art officiel, se modifiant par là même mais transformant aussi l'art officiel. Elle persévéra en partie, mais déjà à un degré notable en tant que phénomène culturel. Le régime s'accommoda de son existence et fit mine de s'en désintéresser, enlevant par là à son attitude d'opposition le contenu politique qu'il lui avait lui-même donné en la combattant.

Mais entre-temps, *l'opposition culturelle* avait donné naissance à une nouvelle force, opposée cette fois non seulement à la culture officielle, mais à de nombreux aspects de l'idéologie et des méthodes du régime. Cette force naquit de la rencontre de deux tendances opposées : l'aspiration de la société à une information politique et sociale toujours croissante et la tendance du régime à « triturer » toujours davantage cette information : elle reçut l'appellation de *samizdat*. Romans, nouvelles, récits, pièces, mémoires, articles, lettres ouvertes, tracts, comptes rendus sténographiques de sessions et de procès se mirent à circuler dans le pays à des dizaines, des centaines et des milliers d'exemplaires dactylographiés et photocopiés [4]. En outre, par une évolution progressive qui dura environ cinq ans, le *samizdat*, littéraire et artistique au début, prit une teinte politique et sociale de plus en plus marquée. Il est naturel que le régime ait vu en lui un danger encore plus grand que celui présenté par l'*opposition culturelle*, et qu'il le combattît d'une manière encore plus décidée [5].

Cependant, le *samizdat*, à l'instar de *l'opposition culturelle*, a préparé progressivement le terrain pour l'apparition d'une nouvelle force autonome, que l'on peut déjà considérer comme une véritable opposition politique au régime ou, en tout cas, comme l'embryon d'une opposition politique. Il s'agit d'un mouvement social qui prit lui-même le nom de Mouvement démocratique. On peut, me semble-t-il, le considérer comme une étape de l'opposition au régime, et comme une opposition politique, pour les raisons suivantes : tout d'abord, sans prendre la forme d'une organisation structurée, il se considère et se présente lui-même comme un mouvement ; il a des dirigeants, des militants et s'appuie sur un nombre considérable de sympathisants. Ensuite, il se fixe consciemment des objectifs définis et choisit des tactiques déterminées bien que les uns et les autres soient passablement vagues. Enfin, il peut fonctionner dans des conditions normales de légalité et de publicité — publicité qu'il obtient —, ce en quoi il se distingue des groupes, petits ou même grands, de la clandestinité [6].

Avant d'examiner dans quelle mesure le Mouvement démocratique est un mouvement de masse, dans quelle mesure il se fixe des buts précis et réalisables, autrement dit avant de savoir s'il est vraiment un mouvement et s'il a quelques chances de succès, il est utile de poser la question du fondement idéologique sur lequel peut s'appuyer toute opposition en U.R.S.S.

Naturellement, et l'auteur lui-même s'en souvient fort bien, il existait, dès les années 1952-1956, un nombre important de mécontents et de personnes ayant une attitude d'opposition envers le régime. Mais, en dehors du fait que ce mécontentement s'exprimait « en chambre », il s'appuyait dans une mesure considérable sur une idéologie négative : on considérait que le régime était mauvais parce qu'il faisait ou ne faisait pas ceci ou cela, mais on ne posait pas en même temps la question de savoir ce qui était bien. Il était entendu également que le régime ou bien ne correspondait pas à son idéologie, ou bien que cette idéologie elle-même ne valait

rien ; cependant les recherches d'une idéologie positive capable de s'opposer à l'idéologie officielle ne
commencèrent qu'à la fin de cette période [7].

On peut dire qu'au moins trois idéologies de base
pour l'opposition se sont cristallisées au cours des
quinze dernières années. Ce sont : le *marxisme-
léninisme authentique*, l'*idéologie chrétienne* et
l'*idéologie libérale*. Le *marxisme-léninisme authentique* considère que le régime a déformé à ses propres fins l'idéologie marxiste-léniniste, qu'il ne s'en
inspire pas dans son action et que l'assainissement
de notre société rend nécessaire le retour aux principes authentiques. L'*idéologie chrétienne* estime
qu'il est nécessaire d'adapter la vie sociale aux principes moraux du christianisme, lesquels sont inter-
prétés dans un esprit quelque peu slavophile avec
une prétention à un rôle spécial pour la Russie.
Enfin, l'*idéologie libérale* présuppose le passage à
une société démocratique de type occidental, tout
en maintenant le principe de la propriété collective
et d'Etat [8].

Toutes ces idéologies sont cependant, dans une
mesure considérable, vagues. Personne ne les a
formulées de façon suffisamment concrète et convain-
cante ; bien souvent, elles ne sont qu'impliquées,
comme allant de soi, par leurs adeptes : les fidèles
de chaque doctrine supposent qu'ils croient tous en
quelque chose de commun, mais personne ne sait
en quoi au juste. En outre, elles n'ont pas de frontières précises, bien souvent elles s'enchevêtrent les
unes avec les autres. Et, même sous cet aspect, elles
ne sont le bien que d'un groupe réduit de personnes.
Pourtant, de nombreux signes indiquent que dans
de larges couches du peuple, surtout dans le milieu

ouvrier, le besoin se fait sentir d'une théorie qui pourrait servir de base à une attitude d'opposition au régime et à sa doctrine officielle [9].

Pour autant que je sache, le Mouvement démocratique inclut des représentants des trois idéologies citées ci-dessus ; aussi sa doctrine peut-elle être ou bien une combinaison éclectique de *marxisme-léninisme authentique*, de christianisme russe et de libéralisme, ou bien se fonder sur ce qu'il y a de commun dans les trois (dans leur variante soviétique actuelle). Apparemment, c'est la deuxième formule qui semble la bonne. Bien que le Mouvement démocratique en soit à ses débuts et qu'il n'ait formulé aucun programme précis, tous ses adeptes ont au moins un but en commun : un ordre légal fondé sur le respect des droits fondamentaux de l'homme.

Le nombre des participants au Mouvement est tout aussi indéfini que ses buts. Il compte quelques dizaines de membres actifs et quelques centaines de sympathisants prêts à le soutenir. Citer un chiffre précis est impossible, non seulement parce qu'on l'ignore, mais aussi parce qu'il change constamment [10]. Le plus intéressant n'est peut-être d'ailleurs pas le nombre des participants mais leurs catégories sociales. J'ai pu établir un petit tableau en me fondant sur l'exemple typique des protestations émises à l'occasion de l'affaire Galanskov et Guinzbourg. Au fond, leur procès a été l'occasion pour l'opinion publique de présenter au régime ses revendications en faveur de plus grandes garanties juridiques et du respect des droits de l'homme : la majorité des signataires des pétitions ne connaissaient pas du tout Galanskov et Guinzbourg. C'est pourquoi il semble que l'on peut considérer les protestations actives et assez nombreuses de l'opinion publique contre la violation de la légalité au moment de ce procès comme le début du Mouvement [11].

En tout, 738 personnes ont signé diverses lettres collectives et individuelles. Les professions de 38 d'entre elles sont inconnues. Si l'on retient celles dont la profession est connue, on a le tableau suivant :

Savants : 45 %.
Artistes : 22 %.
Ingénieurs et techniciens : 13 %.
Enseignants, médecins, juristes, et travailleurs de l'édition : 9 %.
Ouvriers : 6 %.
Etudiants : 5 % [12].

Si l'on considère cette stratification sociale comme typique du Mouvement, il ressort que les milieux académiques en sont la base essentielle. Mais les universitaires, de par leur genre de travail, leur position dans la société, leur mode de pensée me semblent les moins capables d'action concrète. Ils « réfléchiront » volontiers, mais ils agiront de manière très indécise [13].

On voit encore que, sur un plan plus général, la base essentielle du Mouvement est l'intelligentsia. Mais dans la mesure où ce terme a un sens trop indéterminé, où il caractérise moins la position de l'homme dans la société et désigne moins un groupe social que la capacité de certains représentants de ce groupe au travail intellectuel, je préfère employer le terme de *classe moyenne*.

De fait nous savons que dans tous les pays un groupe de personnes de revenus moyens, dont la profession exige une préparation considérable, a besoin pour exercer son activité d'une certaine liberté intellectuelle et d'action, et, comme tout groupe possédant, d'un ordre légal. Par là même, ce groupe représente la couche sociale fondamentale sur laquelle s'appuie n'importe quel régime démocratique. Il me semble qu'une telle classe, que l'on peut appeler la *classe des spécialistes*, se constitue progressivement dans notre pays. En effet le régime, pour exister et jouer un rôle actif, a dû développer pendant toute la période d'après-guerre l'économie du pays, de même que la science, qui prend dans la société actuelle un caractère de masse toujours plus accentué, ce qui a engendré les spécialistes. A cette classe appartiennent des gens qui se sont assuré, pour eux et leur famille, un niveau de vie relativement élevé eu égard aux normes soviétiques [14] ; occupant une profession qui leur donne une place respectable dans la société ; ayant une certaine culture [15] et capables de juger plus ou moins sainement leur situation et celle de la société dans son ensemble. S'y rattachent les membres des professions libérales (tels que les écrivains et les artistes), les personnes occupées à un travail scientifique, d'administration et de technique, à un travail de gestion dans l'économie, etc. ; il s'agit, comme je l'ai dit, de la *classe des spécialistes*. Selon toute apparence, elle commence à prendre conscience de son unité et à afficher son identité [16].

Il existe donc une classe influente ou une couche, sur laquelle pourrait apparemment s'appuyer le Mouvement démocratique ; cependant, au moins trois facteurs, liés entre eux, s'y opposeront fortement.

Deux de ces facteurs sautent aux yeux immédiatement. En premier lieu, l'élimination systématique, pratiquée pendant des décennies, des hommes indépendants et actifs. Il en est résulté une grisaille et une médiocrité qui ont recouvert toutes les couches de la société. Cela ne pouvait pas ne pas avoir de conséquences pour la *classe moyenne* en voie de constitution [17].

En second lieu, la partie de cette classe qui prend conscience le plus clairement de la nécessité de changements démocratiques est en même temps la plus fortement marquée par l'idée salvatrice que, de *toute façon, on ne peut rien faire* ou qu'*on n'enfonce pas un mur avec son front* — autrement dit par une sorte de conscience de sa propre impuissance comparée à la force du régime. Le troisième facteur n'est pas aussi évident, mais il est très intéressant.

Comme l'on sait, la couche la moins encline au changement et, en général, à toute action indépendante est, dans n'importe quel pays, celle des fonctionnaires d'Etat. Cela est naturel, car chaque fonctionnaire se considère comme trop insignifiant, en comparaison de cet appareil du pouvoir dont il n'est qu'une pièce infime, pour exiger de lui de quelconques changements. D'autre part, il est dégagé de toute responsabilité sociale : il exécute les ordres, puisque son travail consiste en cela. Ainsi il peut toujours avoir la satisfaction du devoir accompli, bien qu'il fasse des choses qu'il n'aurait pas faites s'il en avait été le maître [18]. Pour le fonctionnaire, la notion de travail s'éclipse au profit de celle de *service*. A son poste, il est un automate ; en dehors de ses fonctions, il est passif. La psychologie du fonctionnaire est pour cette raison la plus confortable tant pour le pouvoir que pour lui-même.

Comme dans notre pays nous travaillons tous pour l'Etat, tout le monde a une mentalité de fonctionnaire : les écrivains membres de l'Union des écrivains, les savants qui travaillent dans un institut d'Etat, les ouvriers ou les kolkhoziens l'ont au même degré que les fonctionnaires du K.G.B. ou du M.V.D. [19]. Bien évidemment, ce que l'on appelle la *classe moyenne*, non seulement n'est pas une exception sous ce rapport, mais elle est précisément la plus marquée par cette psychologie, à ce qu'il me semble, en raison de son contexte social. Beaucoup de membres de cette classe sont justement des fonctionnaires du Parti et de l'Etat ; ils considèrent le régime comme un moindre mal en comparaison du processus douloureux qu'impliquerait sa transformation.

Nous constatons de la sorte un phénomène intéressant. Bien que nous trouvions déjà dans notre pays un milieu social auquel les principes de liberté individuelle, de légalité et de gestion démocratique pourraient être compréhensibles, un milieu qui éprouve dans la pratique le besoin de ces principes et qui fournit déjà au mouvement démocratique naissant le contingent principal de ses participants, ce milieu est, dans sa masse, si médiocre, sa pensée si *fonctionnarisée* et ceux de ses membres qui pensent indépendamment dans le domaine intellectuel si passifs, que le succès d'un mouvement démocratique appuyé sur une telle couche sociale reste tout à fait problématique.

Mais il convient de dire que ce *paradoxe de la classe moyenne* s'allie de manière curieuse avec le *paradoxe du régime*. Le régime a connu dans les cinq années qui ont précédé la guerre des transformations intérieures très dynamiques, mais, par la suite, la régénération de l'élite bureaucratique a suivi la voie déjà bureaucratique de la sélection des plus dociles et des meilleurs exécutants. Cette *sélection antinaturelle* des hommes les plus dociles de la vieille bureaucratie, l'élimination de la caste dirigeante des éléments les plus audacieux et les plus indépendants ont engendré à chaque étape une nouvelle génération toujours plus faible, plus indépendante, de l'élite bureaucratique. Habitués à se soumettre sans rémission et sans discussion pour parvenir au pouvoir, les bureaucrates, une fois qu'ils y sont enfin parvenus, savent à merveille le conserver dans leurs mains, mais ils ne savent absolument pas s'en servir. Non seulement ils ne peuvent rien inventer de neuf, mais ils considèrent en général toute idée nouvelle comme une atteinte à leurs droits. De toute évidence, nous sommes déjà parvenus à ce point mort, où la notion de pouvoir n'est liée ni à une doctrine, ni à la personnalité d'un chef, ni à la tradition, mais seulement au pouvoir en tant que tel. Derrière chaque institution d'Etat, derrière chaque fonction, on ne trouve rien d'autre que la conscience que cette fonction est une partie nécessaire du régime établi. Naturellement, le seul but d'un tel régime, au moins en politique intérieure, doit être l'autoconservation [20]. Et c'est bien le cas. Le régime ne veut ni *restaurer le stalinisme*, ni *persécuter les représentants de l'intelligentsia*, ni *accorder une aide fraternelle* à ceux qui ne la lui demandent pas. Il veut seulement que tout soit comme avant : que les autorités soient reconnues, que l'intelligentsia se taise, que le système ne soit pas ébranlé par des réformes dangereuses et inattendues. Le régime n'attaque pas, il se défend. Sa devise est : Ne nous touchez pas et nous ne vous toucherons pas. Son but : que les choses restent comme elles étaient. Ce but est peut-être le plus humain qu'un régime se soit fixé au cours du dernier demi-siècle, mais il est en même temps le moins attrayant.

Ainsi une *classe moyenne passive* fait face à une élite bureaucratique passive. Au reste, quel que soit son degré de passivité, cette élite n'a pas besoin de changer quoi que ce soit ; en théorie, elle peut durer très longtemps en se débarrassant des problèmes par les concessions et les répressions les plus insignifiantes.

Il est compréhensible que cet état de quasi-stabilité du régime ait besoin d'une couverture juridique déterminée, fondée, ou bien sur la compréhension tacite, par tous les membres de la société, de ce que l'on exige d'eux, ou bien sur une loi écrite. Du temps de Staline, et même de Khrouchtchev, une tendance venue d'en haut et perçue par tous permettait à tous les fonctionnaires de se laisser guider sans risque d'erreur par des considérations de conjoncture (renforcées d'ailleurs par des instructions), et à tous les autres de comprendre ce que l'on attendait d'eux. Il existait en outre un décor de lois, où l'on ne puisait dans chaque cas que ce qui était nécessaire au moment considéré. Mais, progressivement, une tendance se fit sentir à la fois *en haut* et *en bas* en faveur de normes *écrites* plus stables que ce *consentement tacite* ; cette tendance a créé une situation assez indécise.

La nécessité d'un certain ordre juridique s'est fait sentir *au sommet* dès la période de limitation du rôle de la sécurité d'Etat et des réhabilitations en masse.

En une décennie (1954-1964), un travail progressif, tout à fait lent au demeurant, a été accompli, tant dans le domaine législatif formel que dans celui de l'application pratique des lois ; ce qui s'est traduit à la fois par la signature d'une série de conventions internationales et par une tentative d'harmoniser, dans une certaine mesure, la législation soviétique et les normes juridiques internationales ; et aussi par le renouvellement des cadres du parquet et des organes judiciaires. Ce mouvement, déjà lent, en direction d'un ordre légal a été rendu extrêmement difficile par plusieurs facteurs. Premièrement : le pouvoir lui-même, pour telle ou telle raison tenant à la politique courante, édictait des décrets et dispositions en contradiction flagrante avec les conventions internationales qu'il venait de signer et les fondements de la législation soviétique qui venaient d'être approuvés [21]. Deuxièmement : le remplacement des cadres a été effectué d'une manière extrêmement limitée et sans esprit de suite, et il s'est heurté à l'insuffisance numérique des agents d'exécution capables de comprendre l'esprit de légalité. Troisièmement : l'égoïsme de caste des fonctionnaires les conduisait à s'opposer à tout ce qui pouvait limiter d'une manière quelconque leur influence et mettre fin à leur situation exceptionnelle dans la société. Quatrièmement : l'idée même d'ordre juridique n'avait presque aucune racine dans la société soviétique et elle se trouvait en contradiction directe avec les doctrines officiellement proclamées sur l'attitude *de classe* nécessaire envers tous phénomènes.

Bien que ce mouvement vers un ordre juridique, commencé *en haut*, se soit progressivement enlisé dans les ornières bureaucratiques, soudainement, des

appels au respect des lois se firent entendre *en bas*.
La *classe moyenne* — la seule dans la société soviétique à qui l'idée était à la fois compréhensible et
nécessaire — se mit à exiger, encore que timidement,
d'être traitée non plus en fonction des besoins courants du régime, mais sur une *base légale*. On découvrit alors, dans le droit soviétique, l'existence, si l'on
peut dire, d'une vaste *zone grise* de choses non interdites formellement par la loi, mais considérées
comme défendues dans la pratique [22]. Actuellement,
deux tendances apparaissent : celle du régime à
noircir cette zone (par des additifs au Code pénal,
par la tenue de *procès exemplaires*, par l'envoi de
directives aux agents d'exécution) et celle de la *classe
moyenne* à la *blanchir* (en faisant tout simplement
les choses considérées auparavant comme impossibles, et en se référant constamment à leur *légalité*).
Tout cela place le régime dans une situation assez
complexe, en particulier si l'on considère que l'idée
de légalité pénétrera d'autres couches de la société :
d'une part, le régime est constamment contraint
aujourd'hui, dans l'intérêt de la stabilisation, à
tenir compte de ses propres lois ; d'autre part, il est
obligé sans cesse de les violer pour faire place aux
tendances à la démocratisation [23].

Il faut dire tout de même, en considérant les quinze
années écoulées, que le processus de formalisation
juridique s'est poursuivi constamment encore que
lentement, et qu'il est allé si loin qu'il sera difficile de
le renverser par les méthodes bureaucratiques habituelles. On peut réfléchir à la question de savoir si
ce processus est une conséquence de la libéralisation
qui se produit — ou en tout cas qui s'est produite
jusqu'à un passé récent — du régime existant dans

notre pays. Car, comme on le sait, une évolution de notre État et de notre société a eu lieu, non seulement dans le domaine du droit, mais aussi dans le domaine économique, dans celui de la culture, etc.

De fait, non seulement chaque citoyen soviétique se sent aujourd'hui en plus grande sécurité et jouit d'une plus grande liberté personnelle qu'il y a quinze ans, mais le dirigeant d'une entreprise industrielle a le droit de décider lui-même d'une série de questions qui auparavant ne dépendaient pas de lui ; l'écrivain ou le metteur en scène sont limités dans leur travail créateur par un cadre déjà beaucoup plus large qu'auparavant, et cela s'observe dans presque tous les domaines de notre vie. Ce fait a engendré une idéologie de plus, peut-être la plus répandue dans la société, et que l'on peut appeler *l'idéologie du réformisme*. Elle se fonde sur l'idée que des changements progressifs et des « réformes partielles, le remplacement de la vieille élite bureaucratique par une nouvelle, plus intellectuelle et dotée de bon sens, produiront une sorte d'*humanisation du socialisme* et qu'à la place d'un système immobile et privé de liberté apparaîtra un système dynamique et libéral. En d'autres termes, cette théorie se fonde sur l'idée que *la raison vaincra* et que *tout ira bien* : c'est pourquoi elle est si populaire dans les milieux intellectuels et d'une manière plus générale parmi ceux qui ne vivent pas mal dès à présent et espèrent, pour cette raison, que les autres comprendront qu'il vaut mieux être rassasié et libre qu'affamé et privé de liberté. A mon avis, le même point de vue naïf explique tous les espoirs américains liés à l'U.R.S.S. [24].

Pourtant l'histoire, en particulier l'histoire russe, n'a nullement été un triomphe continu de la raison,

et l'histoire humaine n'est pas du tout celle d'un progrès ininterrompu. A mon avis, cependant, le problème n'est pas que le degré de liberté dont nous
jouissons est toujours minimal en comparaison de
celui qui est nécessaire à une société développée, ni
que le processus de cette libéralisation non seulement ne s'accélère pas toujours, mais se ralentit visiblement par moments, se déforme et revient en
arrière ; il réside dans le fait que la nature même de
ce processus conduit à douter de son succès final. Il
semblerait que la libéralisation suppose un certain
plan conscient, progressivement mis en œuvre d'en
haut, par des réformes ou d'autres mesures, afin
d'adapter notre système aux conditions modernes et
de le conduire à un renouvellement radical. Or nous
savons qu'il n'y a eu aucun plan et qu'il n'en existe
pas, qu'aucune réforme radicale n'a été accomplie et
ne s'accomplit actuellement ; il n'y a que des tentatives, non liées entre elles, pour *boucher les trous*
par diverses *réorganisations* de l'appareil bureaucratique [25].

D'autre part, la libéralisation pourrait être *spontanée*, résulter de concessions constantes du régime à
une société qui aurait son plan de libéralisation, et de
tentatives permanentes du régime pour s'adapter à
des conditions en voie de changement tumultueux
dans le monde entier ; en d'autres termes, le régime
serait alors un système autorégulateur [26]. Mais nous
voyons que cela non plus n'a pas lieu : le régime se
considère comme parfait ; pour cette raison, il
refuse délibérément de se transformer, ni de sa
propre volonté ni encore moins en cédant à quelqu'un ou à quelque chose. Il serait plus exact de
considérer ce processus *d'augmentation des degrés*

de liberté comme, en fait, un processus de décrépitude du régime. Celui-ci vieillit, tout simplement, et il ne peut réprimer toutes choses avec la force et l'ardeur d'antan : son élite se transforme, comme nous l'avons dit ; les caractéristiques de l'existence se compliquent et le régime ne s'y oriente qu'à grand-peine ; la structure de la société évolue. On peut se représenter ce tableau allégorique : un homme est dressé dans une pose tendue, les mains en l'air, tandis qu'un autre, dans une pose également tendue, lui applique une mitraillette sur le ventre. Naturellement, ils ne tiendront pas longtemps dans cette position : le second se fatiguera et abaissera un tant soit peu son arme, le premier en profitera pour abaisser légèrement les mains et se détendre quelque peu [27]. Mais si l'on considère la *libéralisation* en cours non comme un renouvellement, mais comme la décrépitude du régime, le résultat logique sera la mort de celui-ci, une mort à laquelle fera suite l'anarchie.

Si donc on considère l'évolution du régime par analogie avec la croissance de l'entropie, le Mouvement démocratique, dont j'ai fait l'analyse au début, pourrait être considéré comme un phénomène antientropique. On peut certes espérer — et il en sera ainsi vraisemblablement — que le mouvement naissant saura prendre de l'influence malgré les répressions, qu'il élaborera un programme suffisamment défini, qu'il trouvera la structure nécessaire et ralliera de nombreux partisans. Et pourtant, je crois que sa base sociale — la *classe moyenne* ou plus précisément une partie de celle-ci — est trop faible et trop déchirée par des contradictions intérieures pour que le Mouvement puisse engager quelque jour un véri-

table combat singulier avec le régime ou, en cas
d'autoliquidation de celui-ci ou de chute à la suite
de désordres de masse, devenir une force qui saurait
organiser la société sur des bases nouvelles. Mais
peut-être le Mouvement démocratique saura-t-il trouver une base plus large dans le peuple ?

Il est très difficile de répondre à cette question, ne
serait-ce que parce que personne, y compris dans
l'élite bureaucratique, ne sait au juste quel état
d'esprit règne dans les larges couches du peuple [28].
Le plus juste, me semble-t-il, serait de désigner cet
état d'esprit comme un *mécontentement passif*. Ce
mécontentement est dirigé non contre le régime dans
son ensemble — à ce sujet, tout simplement, la
majorité du peuple ne se pose pas de questions, ou
bien considère qu'il ne peut pas en être autrement —
mais contre certains de ses aspects particuliers qui
n'en sont pas moins des conditions nécessaires de
son existence. Les ouvriers, par exemple, sont irrités
par leur situation de sans-droits devant l'administration de l'usine, les kolkhoziens par la dépendance
totale dans laquelle ils se trouvent par rapport au
président (lequel dépend totalement à son tour de
la direction du district), et, tous, par la forte inéga-
lité des richesses, par les bas salaires, les difficiles
conditions de vie, l'insuffisance et l'absence de produits de première nécessité, l'enchaînement au lieu
de résidence ou de travail, etc. Ce mécontentement
commence à se manifester de plus en plus bruyamment aujourd'hui, et beaucoup commencent à réfléchir : qui donc, à proprement parler, est le coupable ?

L'élévation progressive quoique lente du niveau de
vie, due avant tout à la construction intensive de

logements, ne supprime pas cette irritation, mais la neutralise en quelque sorte. Il est clair toutefois qu'un net ralentissement de la hausse du bien-être, son arrêt ou un recul provoqueraient de fortes explosions d'irritation violente, que l'on considérait auparavant comme impossibles [29]. Comme le régime, du fait de sa sclérose, aura toujours plus de mal à accroître la production, il est clair que le niveau de vie de nombreuses couches de notre société se trouvera menacé. Quelle forme prendra alors le mécontentement populaire : la forme de la résistance démocratique légale ou la forme extrémiste d'explosions de violence individuelle et collective ?

Il me semble qu'aucune idée ne peut être réalisée dans la pratique si elle n'a pas été auparavant au moins comprise par la majorité du peuple. Les idées d'autogestion, de loi égale pour tous, de liberté individuelle — et celle de responsabilité qui est liée à cette dernière — sont presque complètement incompréhensibles au peuple russe, en vertu de ses traditions historiques ou peut-être de quelque chose d'autre encore. Même dans l'idée de liberté pragmatique, le Russe moyen verra non pas la possibilité de s'organiser confortablement dans la vie, mais le danger qu'un homme habile s'y installera à son détriment. Le mot même de *liberté* est entendu par la majorité comme un synonyme de *désordre*, comme la possibilité de se livrer impunément à des actions antisociales et dangereuses. Quant au respect des droits de la personne humaine en tant que telle, c'est une notion qui provoque simplement la perplexité. On peut respecter la force ou le pouvoir, voire l'esprit ou l'éducation, mais que la personnalité humaine en tant que telle ait une valeur quelconque

— voilà qui parait fantastique à la conscience populaire. En tant que peuple, nous n'avons pas vécu la
période européenne de culte de la personnalité ; la
personnalité a toujours été un moyen dans l'histoire
russe, jamais une fin. Paradoxalement, la notion
même de *culte de la personnalité* a pris pour nous
la signification d'un abaissement et d'un écrasement
de la personne humaine, comme même notre peuple
n'en avait pas connu auparavant. En outre, une propagande constante s'efforce par tous les moyens d'opposer le *personnel* au *collectif*, soulignant clairement
toute la nullité du premier et la grandeur du second.
De là tout intérêt — naturel et inévitable — vers ce
qui est *personnel* a pris des formes monstrueusement égoïstes.

Cela signifie-t-il que le peuple n'a aucune idée positive hormis celle du *pouvoir fort*, du pouvoir qui a
raison parce qu'il est fort, et que, pour cette raison,
il ne faut surtout pas affaiblir ? Le peuple russe,
comme on le voit à son histoire et à son présent, a,
en tout cas, une notion qui lui paraît positive ; c'est
l'idée de *justice*. Le pouvoir, qui pense à tout et fait
tout pour nous, doit être non seulement fort, mais
juste ; tous doivent vivre selon la justice, agir selon
leur conscience. Pour la justice, on peut mourir sur
le bûcher, mais certainement pas pour le droit de
faire tout ce qu'il me plaît ! Malgré tout l'attirance
apparente de cette idée, et si l'on regarde attentivement ce qu'il y a derrière, elle représente l'aspect le
plus destructeur de la psychologie russe. La *justice*,
dans la pratique, devient le désir *que personne ne
vive mieux que moi* [30]. Cette idée se traduit en haine
pour tout ce qui sort de l'ordinaire — et que l'on
s'efforce non pas d'imiter mais, au contraire, de

ramener à quelque chose qui nous ressemble —, en
haine pour toute initiative, pour tout mode de vie
plus élevé et plus dynamique que le notre. Certes,
cette psychologie est la plus typique du paysan et la
moins typique de la *classe moyenne*. Cependant, les
paysans, et les paysans d'hier, forment la majorité
écrasante de notre pays [31].

Ainsi les deux idées qui sont comprises par le
peuple et lui sont les plus proches — l'idée de force
et l'idée de justice — sont également hostiles aux
idées démocratiques, lesquelles se fondent sur l'individualisme. Il convient d'ajouter à cela trois autres
facteurs négatifs liés entre eux. Premièrement : le
niveau de civilisation toujours très bas d'une grande
partie de notre peuple, en particulier dans le domaine
du mode de vie domestique. Deuxièmement, l'influence des mythes de masse, répandus à l'envi par
les moyens de grande information. Troisièmement,
une forte « désorientation » sociale d'une grande partie de notre peuple. La *prolétarisation* du village a
engendré une *classe étrange* — ni paysanne ni
ouvrière —, d'hommes qui ont la double psychologie
de propriétaires de leur micro-exploitation et d'ouvriers agricoles d'une entreprise anonyme gigan-
tesque. Quelle conscience cette masse a-t-elle d'elle-
même et que veut-elle ?

Personne, à mon avis, ne le sait. En outre, l'afflux
colossal des masses paysannes du village vers la ville
a engendré un nouveau type de citadin : un homme
qui a rompu avec son ancien milieu, avec un ancien
mode de vie et une ancienne culture, et qui en a
acquis à grand-peine de nouveaux, qui éprouve à leur
contact un grand sentiment d'inconfort, un homme à
la fois effrayé et agressif. A quelle couche sociale se

rattache-t-il lui-même ? La question est parfaitement obscure.

Si les formes anciennes d'organisation, tant à la ville qu'au village, sont définitivement détruites, les nouvelles sont encore en voie de formation. La *base idéologique* sur laquelle ces forces s'organisent est tout à fait primitive : il s'agit du désir de bien-être matériel (un bien-être tout à fait relatif du point de vue occidental) et de l'instinct de conservation, c'est-à-dire qu'à la notion d'*avantage* s'oppose la notion de *danger*. Il est difficile de comprendre si la majorité de notre peuple admet, outre ces critères matériels, certains critères moraux : les notions d'*honnêteté* et de *malhonnêteté*, de *bien* et de *mal*, notions reçues depuis toujours et qui constituent un facteur de dissuasion et de direction lorsque le mécanisme de contrainte sociale s'effondre et que l'homme est livré à lui-même. J'ai l'impression, peut-être erronée, que de tels critères moraux n'existent pas dans le peuple, ou presque pas. La morale chrétienne avec ses notions de bien et de mal a été extirpée et éliminée de la conscience populaire ; des tentatives ont été faites pour la remplacer par une morale de *classe*, que l'on peut formuler approximativement ainsi : est bien tout ce dont le pouvoir a besoin au moment présent. Il est naturel qu'une telle morale, ainsi que l'implantation et l'exaltation d'une division nationale et de classe aient complètement démoralisé la société et l'aient privée de tous critères moraux autres qu'instantanés [32].

De même l'idéologie chrétienne, qui revêtait en général, en Russie, un caractère de semi-idolâtrie, et en même temps de fonctionnariat d'Etat [33], est morte sans avoir été remplacée par l'idéologie marxiste. La *doctrine marxiste* a été trop souvent taillée et retaillée au gré des besoins du moment pour pouvoir devenir une idéologie vivante. Aujourd'hui, au fur et à mesure de la bureaucratisation toujours croissante du régime, nous assistons à sa désidéologisation toujours plus grande. Cependant, le besoin d'une base idéologique quelconque contraint le régime à en chercher une nouvelle, à savoir le nationalisme grand-russe, avec le culte de la force et les tendances expansionnistes qui lui sont propres[34]. Un régime doté d'une telle idéologie a besoin d'avoir des ennemis nationaux, par exemple les Chinois et les Juifs. ennemis de *classe* — par exemple les *impérialistes américains* et les *antisoviétiques*, — mais des ennemis nationaux, par exemple, les Chinois et les Juifs. Une telle idéologie nationaliste peut donner au régime un point d'appui pour quelque temps, mais elle apparaît fort dangereuse pour un pays où les Russes composent moins de la moitié de la population[35].

Ainsi donc, quelle est la foi de ce peuple sans religion et sans morale, quels principes guident sa conduite ? Il croit en sa force nationale propre, dont doivent avoir peur les autres peuples[36], il est guidé par la conscience de la force de son régime, d'un régime qu'il craint lui-même. Avec un tel état d'esprit, il n'est pas difficile de comprendre quelle forme prendra le mécontentement populaire et sur quoi il débouchera, si le régime se meurt de lui-même. Les horreurs des révolutions russes de 1905-1907 et 1917-1920 paraîtront alors des tableaux tout simplement idylliques.

Il y a naturellement un correctif à ces tendances destructrices. On peut comparer la société soviétique d'aujourd'hui à une sorte de gâteau à trois couches : la couche supérieure de la bureaucratie dirigeante ; la couche moyenne, que nous avons appelée plus haut *classe moyenne* ou *classe des spécialistes* ; et la couche inférieure, la plus nombreuse : ouvriers, kolkhoziens, petits employés, personnels des services, etc. De la rapidité avec laquelle croîtra la *classe moyenne* et son auto-organisation — plus vite ou plus lentement que la décomposition du système —, de la rapidité avec laquelle la partie moyenne du gâteau s'agrandira au détriment des autres, dépend la question de savoir si la société soviétique saura se réformer de manière pacifique et indolore et survivre aux prochains cataclysmes avec le minimum de pertes.

Il convient en même temps de remarquer qu'un autre puissant facteur s'oppose à toute réorganisation pacifique et s'avère également négatif pour toutes les couches de la société : l'extrême isolement dans lequel le régime s'est placé lui-même, ainsi que la société. Il ne s'agit pas seulement de l'isolement du régime vis-à-vis de la société et de toutes les couches de celle-ci les unes envers les autres, mais avant tout de l'extrême isolement du pays par rapport au reste du monde. Pour tous, de l'élite bureaucratique aux couches les plus basses, il engendre un tableau passablement surréaliste du monde et de leur position en son sein. Cependant, plus cette situation contribue au maintien de toute chose en l'état, plus vite et plus radicalement tout commencera à se désa-

gréger au moment où le heurt avec la réalité sera
inévitable.

On peut dire, en résumé, qu'au fur et à mesure de
son affaiblissement et de son autodestruction croissante, le régime devra se heurter — et il y a déjà des
signes clairs de ce phénomène — à deux forces agissant de manière destructrice à son égard : le mouvement constructif (assez faible) de la *classe moyenne*
et le mouvement anticonstructif des classes *inférieures*, qui s'exprimera dans les actions les plus
destructrices, les plus violentes et les plus irrespon-
sables dès que ces couches auront conscience de leur
impunité relative. Mais dans quel délai le régime
doit-il attendre de telles secousses, combien de temps
encore pourra-t-il se maintenir ?

De toute évidence, cette question peut être examinée de deux manières différentes : dans la première
hypothèse, le régime lui-même prendra des mesures
décisives, radicales, pour se renouveler ; dans la
seconde hypothèse, il acceptera passivement un minimum de transformations, afin de se conserver en
l'état, comme cela se produit actuellement. La
seconde voie me paraît plus vraisemblable, car elle
exige moins d'efforts de la part du régime, elle lui
paraît moins dangereuse et répond aux douces illusions des « rêveurs du Kremlin » actuels. Cependant,
certaines mutations du régime sont aussi théorique-
ment possibles : par exemple, sa militarisation et le
passage à une politique ouvertement nationaliste
(cela pourrait se produire par la voie d'un coup
d'Etat militaire ou du transfert progressif du pouvoir
à l'armée [37]) ou bien au contraire des réformes économiques et par voie de conséquence une libéralisation relative du régime (par exemple par la voie du

renforcement du rôle des économistes pragmatiques, comprenant la nécessité de changements dans la direction). Ces deux possibilités ne paraissent pas invraisemblables, mais l'appareil du Parti contre lequel, en substance, seraient dirigés ces deux « coups d'Etat », a fait corps à ce point avec l'armée et avec les milieux économiques que ces deux attelages, même s'ils se ruaient en avant, s'enliseraient bien vite dans le même marais. Toute transformation substantielle signifierait aussitôt des changements de personnes de la base au sommet ; on comprend, pour cette raison, que les hommes qui personnifient le régime ne l'accepteront jamais : il leur paraîtrait trop cher et trop injuste de sauver le régime au prix de leur propre élimination.

Si l'on s'interroge sur la durée possible du régime, il est intéressant de dresser certains parallèles historiques. Quelques-unes au moins des conditions qui ont provoqué, en leur temps, la première et la seconde révolution russe existent apparemment aujourd'hui : société de caste immobile ; sclérose d'un système étatique entré nettement en conflit avec les besoins du développement économique ; bureaucratisation du système et création, en conséquence, d'une classe privilégiée ; contradictions nationales dans un Etat multinational et situation privilégiée de certaines nations. Et pourtant, si le régime tsariste avait existé assez longtemps, il aurait pu se moderniser de manière pacifique sous réserve que l'élite dirigeante n'ait pas jugé la situation générale et l'état de ses forces de manière trop fantaisiste et n'ait pas pratiqué à l'extérieur une politique expansionniste qui provoqua un excès de tension. De fait, si le gouvernement de Nicolas II n'avait pas commencé la guerre contre le Japon, il n'y aurait pas eu de révolution en 1905-1907 ; s'il n'avait pas fait la guerre contre l'Allemagne, il n'y aurait pas eu la révolution de 1917 [38].

Pour quelle raison toute décrépitude intérieure va-t-elle de pair avec des ambitions excessives en politique étrangère ? Il m'est difficile de répondre. Peut-être cherche-t-on dans les crises extérieures une issue aux contradictions internes ? Peut-être, au contraire, la facilité avec laquelle toute résistance intérieure est écrasée crée-t-elle l'illusion de la toute-puissance ? Peut-être le besoin, commandé par les objectifs de politique intérieure, d'avoir un ennemi extérieur, crée-t-il une telle force d'inertie qu'il est impossible de s'arrêter — cela d'autant plus que tout régime totalitaire tombe en décrépitude sans s'en apercevoir ? Pourquoi Nicolas Ier a-t-il eu besoin de la guerre de Crimée, qui conduisit à la ruine le régime qu'il avait créé ? Pourquoi Nicolas II a-t-il eu besoin des guerres avec le Japon et l'Allemagne ? Le régime existant aujourd'hui allie curieusement en lui des aspects des règnes tant de Nicolas Ier que de Nicolas II, et en politique intérieure, semble-t-il, certains de celui d'Alexandre III ; mais le mieux est de le comparer au régime bonapartiste de Napoléon III. Si l'on s'en tient à cette comparaison, le Proche-Orient sera son Mexique, la Tchécoslovaquie son domaine pontifical, et la Chine son Empire germanique.

II

Il convient d'examiner en détail la question de la Chine.

Comme d'autres pays, la Chine a connu une révolution et une guerre civile, et tout comme nous elle s'est fondée sur la doctrine marxiste pour consolider le pays. Tout comme chez nous, la doctrine marxiste est devenue toujours davantage, au fur et à mesure du développement de la révolution, un camouflage cachant plus ou moins des objectifs nationaux et impérialistes. Pour préciser, notre révolution a connu trois étapes : 1) internationale, 2) nationale, liée à une purge colossale des anciens cadres, et 3) militaire impériale, achevée par la prise sous contrôle de la moitié de l'Europe [39]. Il me semble que la révolution chinoise franchit les mêmes étapes : la période internationale a fait place à la période nationaliste [40] et la logique des événements doit conduire par la suite à l'expansion extérieure.

On peut m'objecter que la Chine ne veut pas la guerre, qu'elle s'est montrée dans ses actes depuis 1949, malgré son ton agressif, une puissance pacifique et non agressive. Mais il n'en est pas ainsi. En premier lieu, ce n'est guère qu'aujourd'hui que la Chine, de par la logique de son évolution interne, se voit conduite au seuil de la période des expansions extérieures ; en second lieu, la Chine a déjà montré dans le passé son agressivité là où elle ne comptait pas sur une forte résistance, par exemple en Inde [41]. Mais l'impression s'est créée que la Chine entendait parvenir à ses fins sans participer à une guerre mondiale, simplement en dressant l'U.R.S.S. et les Etats-Unis l'un contre l'autre, ce qui lui permettrait d'intervenir en arbitre et en maîtresse des destinées du monde. La Chine n'a pas réussi à atteindre cet objectif, ce qui est devenu clair depuis longtemps déjà aux dirigeants chinois. Cela conduira de toute évidence, et conduit déjà, à un réexamen total de la politique étrangère chinoise.

Cependant, la logique inéluctable de la révolution conduit la Chine à une guerre, dont les dirigeants chinois espèrent qu'elle résoudra les graves problèmes économiques et sociaux de leur pays [42] et leur donnera la position dominante dans le monde actuel. Enfin, la Chine verrait dans une telle guerre une revanche nationale de ses humiliations séculaires, et de la dépendance dans laquelle elle s'est trouvée à l'égard des puissances étrangères. Les deux superpuissances actuelles, l'U.R.S.S. et les Etats-Unis, sont l'obstacle principal à la réalisation de ces objectifs planétaires. Mais celles-ci ne s'opposent pas conjointement à la Chine et se trouvent elles-mêmes en relations de type antagoniste. La Chine tient compte de ce fait, naturellement. Elle attaque de manière égale, en paroles, tant l'*impérialisme américain* que le *revisionnisme soviétique* et le *social-impérialisme*, mais pour la Chine, les contradictions réelles et les possibilités d'affrontement direct sont beaucoup plus grandes avec l'Union soviétique.

Si les Etats-Unis ne déclenchent pas eux-mêmes une guerre avec la Chine — et ils ne la déclencheront pas — la Chine, dans les prochaines décennies, sera tout simplement incapable de le faire. Elle n'a pas avec ce pays de frontière terrestre qui lui permettrait de mettre à profit sa supériorité numérique et d'employer les méthodes de la guerre de partisans, et elle n'a pas non plus de flotte pour débarquer un corps expéditionnaire. Un duel thermonucléaire — à supposer que la Chine accumule en dix ans un potentiel suffisant en fusées et en armement atomique — conduira à l'anéantissement mutuel des deux pays, ce qui n'arrange pas du tout la Chine. En outre, celle-ci est intéressée à étendre son influence et à acquérir des territoires en Asie tout d'abord, et non pas sur le continent nord-américain. Autre chose est de savoir si les Chinois pourront obtenir la liberté d'action en Asie tant que les Etats-Unis conserveront leur puissance.

De toute évidence, les Etats-Unis s'efforceront, dans tous les cas, d'empêcher la Chine d'étendre de façon sensible son influence vers le sud, ce qui peut conduire à des guerres locales épuisantes, de type vietnamien. Mais il est peu probable que la Chine soit intéressée à la poursuite de guerres indécises de ce genre — indécises dans la mesure où les Etats-Unis eux-mêmes resteront intacts. La Chine estimera encore plus dangereux de s'engager dans de telles guerres, tant qu'un ennemi perfide, prêt à utiliser chacune de ses fautes, lui fera face au nord. Une autre circonstance peut empêcher la Chine de s'étendre vers le sud et l'est : la surpopulation de ces régions et la nécessité de nourrir ou d'anéantir les masses de plusieurs millions d'hommes qui y vivent.

Il en va tout autrement au nord. Là se trouvent les énormes étendues peu peuplées de Sibérie et d'Extrême-Orient, qui ont déjà fait partie autrefois de la sphère d'influence de la Chine. Ces territoires appartiennent à un Etat qui est le principal rival de la Chine en Asie ; de toute façon, la Chine doit en finir d'une manière ou d'une autre avec lui ou le neutraliser, pour jouer elle-même un rôle dominant en Asie et dans le monde entier. En outre, il s'agit, à la différence des Etats-Unis, d'un rival beaucoup plus dangereux, qui, en tant qu'Etat totalitaire porté à l'expansion, est capable de frapper le premier sous une forme ou sous une autre [43].

Au début, la Chine comptait parvenir à ses fins par l'*absorption pacifique* de l'U.R.S.S., lorsqu'elle proposa, après la victoire de la révolution, en 1949, d'unir les deux pays en un seul Etat communiste. Naturellement, l'avantage d'une population trois ou quatre fois supérieure aurait assuré aux Chinois, sinon immédiatement, du moins progressivement, une position dominante dans un tel Etat ; surtout, elle aurait ouvert à leur colonisation la Sibérie, l'Extrême-Orient et l'Asie moyenne. Staline ne l'accepta pas et les Chinois ajournèrent leurs plans de quelques décennies : apparemment il leur faudra les réaliser dorénavant par la voie militaire. De plus, à la différence du cas des Etats-Unis examiné plus haut, la Chine non seulement peut combattre l'U.R.S.S. mais elle aurait, dans une telle guerre, certains avantages.

Comme l'U.R.S.S. est actuellement, dans le domaine militaire, une puissance beaucoup plus forte que la Chine, le régime, qui tout à la fois a peur de la Chine et cherche à lui imposer sa volonté, exercera de temps en temps un chantage sur ce pays [44], ce qui ne pourra qu'inciter les Chinois à commencer la guerre les premiers, et par le moyen qui leur sera le plus favorable. Cependant, la Chine ne pourra attaquer sans avoir accumulé au préalable des stocks considérables — même s'ils sont moindres que ceux de l'U.R.S.S. — d'armes atomiques, de fusées et d'armement classique. C'est de la rapidité avec laquelle la Chine pourra atteindre cet objectif que dépendront visiblement les délais de déclenchement de la guerre. Si l'on considère un délai minimum de cinq ans et un maximum de dix, il nous apparaît que la guerre entre l'U.R.S.S. et la Chine se situera entre 1975 et 1980 [45].

Disposant d'un potentiel considérable de fusées nucléaires, la Chine commencera néanmoins la guerre, à mon avis, par des méthodes classiques, voire par la guerre de partisans, cherchant à mettre à profit sa supériorité numérique colossale et son expérience de la guérilla. Elle placera alors l'U.R.S.S. devant l'alternative : accepter le type de conflit imposé par la Chine ou bien assener un coup nucléaire et recevoir, par là même, un coup nucléaire en réponse. L'U.R.S.S. choisira vraisemblablement la première solution, car il est extrêmement dangereux — presque un suicide — de déclencher une guerre nucléaire, même si l'on dispose d'une défense antifusées. En même temps, la supériorité dont l'U.R.S.S. jouit également en ce qui concerne l'armement classique peut donner à la direction soviétique l'impression qu'il lui sera possible d'en finir avec l'armée chinoise, ou en tout cas de la contraindre au recul par les méthodes normales. En outre, il peut se produire que le déclenchement soit, en quelque sorte, dilué : au fur et à mesure du développement de sa puissance nucléaire, la Chine provoquera, en différents endroits de la frontière de 7 000 kilomètres qui la sépare de l'U.R.S.S., des affrontements limités, infiltrera de petits contingents et organisera des heurts locaux qui se transformeront en guerre généralisée au moment où elle l'estimera nécessaire. Il sera en conséquence très difficile de déterminer à quel moment assener un coup nucléaire à la Chine.

Il est cependant logique d'examiner une autre variante. Voyant en la Chine un rival et un agresseur nucléaire potentiel, la direction soviétique peut décider d'attaquer de manière préventive, avec l'arme atomique, les centres nucléaires chinois, avant que la Chine ait eu le temps d'accumuler la quantité d'armement nucléaire suffisante pour une puissante riposte. La direction soviétique pourra assener un tel coup en provoquant elle-même divers affrontements à la frontière et en présentant la Chine comme l'agresseur aux yeux de son propre pays et de l'opinion publique mondiale. Il paraît invraisemblable qu'un régime bureaucratique se décide à un geste aussi risqué sans prendre aussi en considération la position des autres puissances atomiques ; mais, même si c'est le cas, cela ne suffira pas à prévenir la guerre et donnera au contraire le signal de son déclenchement. Car ce seront seulement les principales bases de fusées chinoises qui seront anéanties, et non pas la Chine elle-même, laquelle lancera immédiatement en réponse une épuisante guerre de partisans, guerre terrible pour l'U.R.S.S., qu'elle se déroule sur le territoire soviétique ou sur le territoire chinois [46]. Le régime se décidera-t-il dans ce cas à anéantir totalement par l'arme nucléaire toutes les villes et villages chinois, tout le peuple chinois fort de 800 millions d'hommes ? Ce tableau apocalyptique est difficilement imaginable, mais parfaitement admissible, lorsque l'on sait que la peur pousse précisément aux actes les plus désespérés. Il faut souhaiter que les autres puissances nucléaires ne l'admettront pas, avant tout parce que de telles actions représenteraient une menace terrible pour tout le reste du monde.

Il est possible que la Chine admette l'éventualité d'une telle attaque préventive ; dans ce cas, elle pratiquera dans le cours des cinq prochaines années une politique plus prudente et fera mine de dialoguer avec l'U.R.S.S., ce qu'elle ne faisait pas auparavant pour des considérations de politique intérieure. Suivront alors des contacts diplomatiques, peut-être même des contacts entre partis (dépourvus de signification au demeurant), des déclarations équivoques donnant l'espoir d'une réconciliation ; on baissera aussi légèrement le ton des déclarations critiques sur le *revisionnisme soviétique* et le *social-impérialisme*. Mais en même temps, la campagne antisoviétique ne sera pas interrompue à l'intérieur de la Chine, afin de tenir le peuple chinois constamment prêt à de grands événements. Celle-ci pourra chercher en même temps des contacts plus étroits avec les Etats-Unis — et beaucoup dépendra alors de leurs rapports.

Je crois cependant que l'attaque préventive n'aura pas lieu, pour deux raisons au moins ; premièrement, en raison de l'extrême danger d'une telle attaque tant que les autres moyens n'auront pas été épuisés ; deuxièmement, parce que la possibilité d'une agression chinoise n'est pas évidente au point de justifier des gestes aussi risqués. Par conséquent, la Chine se dotera d'un potentiel suffisant en fusées et en armes nucléaires pour faire chanter l'U.R.S.S. par la menace de représailles au cas où elle utiliserait, à des fins d'autodéfense, sa supériorité nucléaire. L'Union soviétique se verra donc imposer une guerre de partisans sur un territoire colossal, réparti des deux côtés d'une frontière de 7 000 kilomètres [47].

Bien que l'on puisse penser que les plans sont depuis longtemps élaborés pour le cas d'une guerre avec la Chine, je crois que l'Union soviétique n'est pas prête à une guerre de partisans ou à une semi-guérilla, ni du point de vue technique ni du point de vue psychologique. Pendant les deux décennies écoulées, la guerre a été pensée dans notre pays comme l'affrontement de deux armées techniquement équipées, presque comme une guerre « presse-boutons », menée à l'Ouest avec les pays de culture occidentale et conduite contre des armées de terre moins importantes en effectifs. Tout cela a, sans conteste, imposé à la pensée militaire une marque qu'il sera très difficile de surmonter. La conscience populaire est également davantage préparée à une guerre avec les *Américains*, avec les *impérialistes*, à des attaques aériennes et à une guerre terrestre en Europe.

Il est naturellement très difficile de prévoir comment évolueront les opérations militaires, de savoir si les troupes soviétiques réussiront à effectuer une percée énergique sur le territoire chinois et à occuper une partie considérable du pays, ou bien si les Chinois, au contraire, s'infiltreront lentement mais sûrement sur le territoire soviétique. On peut cependant prévoir dès aujourd'hui que l'Union soviétique sera confrontée dans cette guerre avec des difficultés qui étaient d'ordinaire précisément celles de ses adversaires dans le passé.

Tout d'abord, la méthode même de la guerre de partisans a toujours été, à partir du XVIIᵉ siècle, la méthode employée par les Russes contre les armées compactes qui avaient envahi leur territoire ; elle n'a presque jamais été employée contre les Russes envahissant l'Europe civilisée. Ensuite, les armées soviétiques auront à faire face, dès le début, à un énorme étirement de leurs communications, car la guerre se déroulera à leurs frontières, dans des régions éloignées de milliers de kilomètres des principaux centres économiques et démographiques [48]. Enfin, le soldat russe qui le cédait souvent à ses adversaires dans le domaine de la culture, les dépassait habituellement pour la sobriété, la vaillance et l'endurance ; or ces avantages si importants dans une guerre de partisans seront maintenant du côté des Chinois [49]. De plus, dans la mesure où il s'agit de l'Extrême-Orient, de la Sibérie, du Kazakhstan ou des régions chinoises limitrophes de celles-ci, la guerre se déroulera sur des territoires peu peuplés ou peuplées de non-Russes, ce qui offrira de larges possibilités à l'infiltration de maquisards et au contraire créera des difficultés d'approvisionnement pour des armées importantes et bien équipées en matériel.

Tout cela indique, en tout cas, que la guerre sera longue et épuisante, sans succès rapide pour l'une ou l'autre partie. De ce point de vue, il est intéressant d'examiner trois questions : l'attitude des Etats-Unis envers une guerre soviéto-chinoise, l'évolution des événements en Europe et la situation en Union soviétique. Depuis la seconde guerre mondiale, les Etats-Unis semblent intéressés à un accord, suivi d'un *partnership* avec l'U.R.S.S. La première tentative effectuée en ce sens par Roosevelt a conduit à la division de l'Allemagne et de toute l'Europe, et à une *guerre froide* de dix ans. Cela n'a pourtant pas arrêté les Américains qui, tant à l'époque de Khrouchtchev qu'aujourd'hui, ont continué d'espérer parvenir, dans un proche avenir, à un accord avec l'U.R.S.S. et à régler ensemble les problèmes internationaux. Cette attitude n'est visiblement pas commandée par des sympathies particulières des Etats-Unis pour le système soviétique [50], mais par le fait que l'U.R.S.S. est dans le monde actuel la seule force réelle qui approche en importance celle des Etats-Unis. C'est vraisemblablement cette authentique égalité en droits qui provoque une soif d'accord et de coopération. Mais il est évident, de ce point de vue, qu'au fur et à mesure du renforcement de la puissance et de l'influence de la Chine, un désir d'accord avec la Chine croîtra aussi aux Etats-Unis et que les libéraux américains se mettront à trouver dans le régime de Mao ou dans celui de ses successeurs tout autant de traits sympathiques que dans le régime de Staline ou de Khrouchtchev.

Pour avoir suivi une politique qui consistait à

encourager le communisme là où les peuples n'en
voulaient pas, et à le combattre là où les peuples en
voulaient, les Etats-Unis ont non seulement contribué à la division de l'Europe, mais ils ont détérioré
leurs relations avec la Chine. On peut dire que leurs
intérêts nationaux ne les y contraignaient pas, mais
que leur politique à l'égard de la Chine était motivée
par le désir de *contenir le communisme.* Par là
même, ils ont contribué au rapprochement des deux
géants communistes — l'U.R.S.S. et la Chine — et il
a fallu au moins dix ans pour qu'apparaissent entre
eux d'importants désaccords. Quant aux Etats-Unis,
ils se sont lié les mains par leur soutien au régime
de Tchang Kaï-chek, qui s'est révélé non viable [51].

En même temps, si les Américains avaient soutenu
Mao Tsé-toung pendant la guerre civile, ils auraient
empêché le rapprochement soviéto-chinois, évité la
guerre de Corée et contribué dans une mesure considérable à atténuer le régime communiste en Chine.
On peut penser, il est vrai, que les Etats-Unis commencent à renoncer petit à petit à leur ancienne
politique envers la Chine, et il serait très difficile de
deviner aujourd'hui quelle serait leur attitude en
face d'un éventuel conflit militaire soviéto-chinois.
Cela dépendra beaucoup aussi de la position
que la Chine elle-même prendra à l'égard des Etats-
Unis au seuil d'une guerre avec l'U.R.S.S., ainsi
que la solution des problèmes de Taïwan et du Viêt-
nam.

Si j'examine maintenant sur un plan historique
plus large les problèmes du rapprochement de
l'U.R.S.S. et des Etats-Unis, ou de ce dernier pays
avec la République populaire de Chine, il convient de
remarquer que toute coopération doit, à l'évidence,

se fonder non seulement sur l'égalité des forces et sur une tendance négative à conserver sa propre personnalité, mais sur la communauté de certains intérêts et buts positifs. C'est pourquoi je crois qu'un rapprochement avec l'U.R.S.S. n'aura de sens pour les Etats-Unis que lorsque des changements démocratiques sérieux y auront eu lieu. Jusque-là tout accord, pour l'U.R.S.S., sera dicté, ou bien par la peur de la Chine, ou bien par une tentative de conserver son propre régime grâce à l'aide économique américaine [52], ou bien par un désir d'utiliser l'amitié américaine pour imposer ou maintenir son influence dans d'autres pays, ou bien par un désir des deux Etats de garder leur rôle dominant dans le monde en se soutenant mutuellement [53].

Malgré certains avantages, une *amitié* de ce type, fondée sur l'hypocrisie et sur la peur, n'apportera rien, dans l'ensemble, aux Etats-Unis, hormis de nouvelles difficultés, comme cela s'est déjà produit lors de la collaboration Roosevelt-Staline. La coopération suppose le soutien mutuel, mais comment s'appuyer sur un pays qui se gonfle et s'étale au cours des siècles comme une pâte aigre, et ne se connaît pas d'autres missions ? Un véritable rapprochement peut être fondé sur une communauté d'intérêts, de culture, de traditions, sur la compréhension mutuelle. Il n'y a rien de tout cela. Qu'y a-t-il de commun entre un pays démocratique, avec son idéalisme et son pragmatisme, et un pays sans foi, sans traditions, sans culture et sans capacité à agir ? L'idéologie de masse de ce pays a toujours été le culte de sa propre force et de son étendue ; le thème fondamental de sa minorité cultivée a été la description de sa faiblesse et de son aliénation, comme la littérature russe en est un clair exemple. Son Etat slave a été créé à tour de rôle par les Scandinaves, les Byzantins, les Tartares, les Allemands et les Juifs ; il a anéanti ses créateurs les uns après les autres. Il a trahi tous ses alliés dès qu'il y a vu le plus petit avantage, sans prendre au sérieux aucun accord, et sans avoir avec quiconque quoi que ce soit de commun.

On entend aujourd'hui en Russie des réflexions de ce genre : les Etats-Unis nous aideront parce que nous sommes blancs et que les Chinois sont jaunes. Il serait fort triste que les Etats-Unis se placent sur ce plan raciste. Le seul espoir réel d'un meilleur avenir pour le monde entier n'est pas la guerre raciale, mais la coopération inter-raciale, dont les relations entre les Etats-Unis et la Chine pourraient devenir le meilleur exemple. Il ne fait pas de doute que la Chine, avec le temps, élèvera considérablement le niveau de vie de son peuple et entrera dans une période de libéralisation, ce qui, en liaison avec sa foi traditionnelle dans les valeurs spirituelles, en fera un partenaire remarquable pour l'Amérique démocratique. Naturellement, cela dépend beaucoup des Etats-Unis eux-mêmes, selon qu'ils suivront leur politique sclérosée à l'égard de la Chine, ou qu'ils corrigeront les anciennes erreurs et chercheront de nouvelles voies.

Si les Etats-Unis prennent conscience de tout cela, ils n'aideront pas l'U.R.S.S. dans une guerre contre la Chine, et cela d'autant moins qu'ils comprendront que la Chine n'est pas en état d'anéantir complètement l'U.R.S.S. Dans ce cas, l'Union soviétique restera seule face à la Chine. Mais que feront nos alliés européens ?

L'U.R.S.S. avait la possibilité, après la seconde guerre mondiale, de créer à sa frontière occidentale une chaîne d'Etats neutres incluant l'Allemagne, et d'assurer par là sa sécurité en Europe. De tels Etats, dotés d'une sorte de régime « intermédiaire » comme l'était par exemple le régime tchécoslovaque avant 1948, auraient constitué une sorte de tampon entre l'Ouest et l'U.R.S.S. et assuré la stabilité européenne [54]. Mais l'U.R.S.S., suivant la politique stalinienne d'expansion territoriale et de renforcement de la tension, a élargi au maximum sa sphère d'influence et créé de ce fait une menace potentielle pour elle-même. Dans la mesure où seule une pression constante de l'Union soviétique maintient la situation actuelle sur le continent [55], on peut penser que des changements considérables se produiront en Europe centrale et orientale dès que cette pression faiblira ou sera réduite à néant.

De toute évidence, dès qu'il sera devenu clair que le conflit militaire soviéto-chinois prend un caractère de longue durée, que l'U.R.S.S. déplace toutes ses forces vers l'Est et ne peut défendre ses intérêts en Europe, l'Allemagne se réunifiera [56]. Il est difficile de dire si cela se produira par absorption de l'Allemagne de l'Est par celle de l'Ouest ou bien si les dirigeants post-ulbrichtiens de la R.D.A., voyant la situation réelle, choisiront l'unification volontaire avec la R.F.A. pour conserver une part de leurs privilèges. En tout cas, une Allemagne réunifiée, avec une orientation antisoviétique assez forte, créera une situation entièrement nouvelle en Europe.

Cette réunification de l'Allemagne coïncidera de toute évidence avec un processus de « désoviétisation » des pays de l'Europe orientale et l'accélérera considérablement [57]. Il est difficile de dire comment il se déroulera et quelle forme il prendra — *hongroise, roumaine* ou *tchécoslovaque* — mais il conduira apparemment à des régimes de communisme national qui représenteront dans chaque pays une sorte de réplique du régime précommuniste [58]. En outre, quelques pays au moins, tels que la Hongrie ou la Roumanie, prendront aussitôt une orientation pro-allemande marquée. De toute évidence, l'U.R.S.S. ne pourrait empêcher cela qu'en occupant militairement tous les pays d'Europe orientale afin de créer une sorte d' « arrière » du front d'Extrême-Orient ; mais, en fait, cet arrière se ramènerait à un *deuxième front* — c'est-à-dire au front contre l'Allemagne qui recevrait l'aide des pays d'Europe orientale ; l'U.R.S.S. ne pourra s'y résoudre.

Au contraire, les pays d'Europe orientale « désoviétisés » prendront le mors aux dents et, voyant l'impuissance de l'U.R.S.S. en Europe, avanceront des revendications territoriales non oubliées, bien que passées longtemps sous silence : la Pologne sur Lvov et Vilnius, l'Allemagne sur Kaliningrad, la Hongrie sur la Russie transkarpatique, la Roumanie sur la Bessarabie. On ne peut exclure que la Finlande revendique également Vyborg et Petchenga. Il est très vraisemblable qu'au fur et à mesure que l'U.R.S.S. s'enlisera dans la guerre, le Japon présentera lui aussi des prétentions territoriales d'abord sur les Kouriles, puis sur Sakhaline, et ensuite, si la Chine remporte des succès, sur une partie de l'Extrême-Orient soviétique [59]. En bref, l'U.R.S.S. devra payer en totalité la note des conquêtes territoriales de Staline et de l'isolement dans lequel les néo-staliniens ont placé le pays. Cependant les événe-

ments les plus importants pour l'avenir de l'U.R.S.S.
se produiront à l'intérieur du pays.

Comme il est naturel, le début de la guerre avec la
Chine — qui sera présentée comme l'agresseur — provoquera une flambée de nationalisme russe — *Nous
allons leur montrer !* — et donnera, en même temps,
certains espoirs au nationalisme des peuples non
russes. Par la suite, ces deux tendances suivront, l'une
une courbe descendante, l'autre une courbe ascen-
dante. De fait, la guerre aura lieu au loin, sans avoir
par conséquent d'influence directe sur le comportement émotionnel du peuple et sur le style de vie établi, comme ce fut le cas pendant la dernière guerre
avec l'Allemagne, mais en exigeant en même temps
toujours davantage de victimes. Cela engendrera une
fatigue morale croissant progressivement à l'égard
d'une guerre menée au loin et sans qu'on sache
pourquoi. En même temps commenceront dans l'économie, en particulier dans le domaine de l'approvisionnement, des difficultés d'autant plus sensibles
que le niveau de vie s'était élevé lentement mais
régulièrement au cours des années antérieures.
Comme le régime n'est pas suffisamment mou pour
autoriser certaines formes légales de manifestations
de mécontentement, et par là même pour donner à
celui-ci un exutoire, et en même temps pas assez
dur pour exclure jusqu'à la possibilité d'une protestation, on commencera à assister à des flambées sporadiques de mécontentement populaire, à des émeutes
locales provoquées, par exemple, par l'insuffisance de
pain. Ces manifestations seront réprimées par la
troupe, ce qui accélérera la décomposition de
celle-ci [60]. Au fur et à mesure de la croissance des
difficultés du régime, la classe moyenne prendra une

position de plus en plus hostile, considérant que le régime n'est pas en état de s'acquitter de ses tâches. La trahison des alliés, les revendications territoriales à l'Ouest et à l'Est renforceront le sentiment d'isolement et de désespoir. Les organisations extrémistes qui feront leur apparition à cette époque commenceront à jouer un rôle toujours plus grand. En même temps, les tendances nationalistes se renforceront chez les peuples non russes de l'Union soviétique, avant tout dans les Etats baltes, dans le Caucase et en Ukraine, puis en Asie centrale et dans les régions de la Volga [61]. Le régime bureaucratique, qui sera incapable, par les demi-mesures habituelles, tout à la fois de conduire la guerre, de résoudre les difficultés économiques et de réprimer ou de satisfaire le mécontentement populaire, se repliera toujours davantage sur lui-même, perdra le contrôle du pays et même tout lien avec la réalité. Il suffira d'une grave défaite sur le front ou d'une grosse flambée de mécontentement dans la capitale — grève ou affrontement armé — pour entraîner sa chute. Bien sûr, si auparavant le pouvoir est passé en totalité aux mains des militaires, le régime ainsi modifié tiendra un peu plus longtemps ; mais s'il ne résoud pas à son tour les problèmes les plus importants, presque toujours insolubles en temps de guerre, il tombera de manière encore plus foudroyante. Si nous avons correctement situé le début de la guerre avec la Chine cela se produira entre 1980 et 1985.

Mais, de toute évidence, le Mouvement démocratique, à qui le régime, par ses répressions constantes, n'aura pas donné la possibilité de se fortifier, ne sera pas en état de prendre le pouvoir, en tout cas pas pour une durée suffisante pour résoudre les

problèmes posés au pays. L'inévitable désintégration
de l'empire suivra dans ce cas une voie extrêmement
douloureuse. Le pouvoir passera à des groupes et
éléments extrémistes, le pays commencera à se divi-
ser dans une atmosphère d'anarchie, de violence et
d'extrême animosité nationale. Dans cette hypothèse,
les frontières entre les jeunes Etats nationaux qui
commenceront à naître sur le territoire de l'ancienne
Union soviétique seront définies avec d'énormes difficultés, au prix d'affrontements militaires éventuels
dont profiteront les voisins de l'U.R.S.S., la Chine en
premier lieu, bien entendu.

Mais il est possible que la *classe moyenne* s'avère
tout de même suffisamment forte pour conserver le
pouvoir. Dans ce cas, l'octroi de l'indépendance aux
divers peuples soviétiques se produira pacifiquement
et une sorte de fédération sera créée, à l'instar du
Commonwealth britannique ou de la Communauté
économique européenne. La paix sera conclue avec
la Chine, elle-même épuisée par la guerre, et les
querelles avec les voisins européens seront réglées
sur une base mutuellement acceptable. Il est même
possible que l'Ukraine, les républiques baltes et la
Russie d'Europe entrent en tant qu'entités auto-
nomes dans une fédération paneuropéenne.

Une troisième possibilité est également à envisager,
à savoir que rien de ce qui a été exposé plus haut
ne se produira.

Mais que se passera-t-il alors ? Je ne doute pas que
le grand empire des Slaves d'Orient, créé par les
Germains, les Byzantins et les Mongols, est entré
dans les dernières décennies de son existence. De
même que l'adoption du christianisme a ajourné la
chute de l'Empire romain sans le sauver d'une fin

inévitable, de même la doctrine marxiste a retardé le démembrement de l'Empire russe — troisième Rome —, mais elle n'a pas le pouvoir de l'empêcher [62]. Bien que cet empire ait toujours cherché à s'isoler au maximum, il n'est probablement pas juste d'examiner sa fin sans tenir compte du reste du monde.

C'est devenu un lieu commun de tenir le progrès technique comme l'élément fondamental de l'évolution contemporaine, et de voir dans la guerre nucléaire totale la menace principale pour la civilisation. Cependant, le progrès scientifique, qui dévore chaque année une part toujours croissante du produit brut mondial, peut se transformer en régression, et la civilisation périr sans l'éclair aveuglant d'une superbombe nucléaire.

Bien que le progrès scientifique et technique transforme le monde littéralement sous nos yeux, il s'appuie en substance sur une base sociale très étroite ; plus importants seront les succès scientifiques, plus accusé sera le contraste entre, d'une part, ceux qui réalisent ces progrès et les utilisent, d'autre part, le reste du monde. Des fusées soviétiques ont atteint Vénus, mais dans le village où je vis, on ramasse les pommes de terre à la main. Cela ne doit pas passer pour une juxtaposition comique ; il s'agit d'une brèche qui peut devenir un précipice. La question n'est pas tant de savoir comment ramasser les pommes de terre que de constater que le niveau de pensée de la majorité des gens ne s'élève pas au-dessus de ce niveau *manuel*. Bien que la science exige, dans les pays économiquement développés, non seulement toujours plus de moyens mais aussi toujours plus d'hommes, ses principes fondamentaux ne sont accessibles actuellement, en substance, qu'à une minorité dérisoire. Pour le moment, cette minorité jouit, de concert avec l'élite dirigeante, d'une position privilégiée ; mais combien de temps durera cette situation ?

Mao Tsé-toung parle de l'encerclement de la *ville* — les pays économiquement développés — par le *village* — les pays sous-développés. De fait, les pays économiquement développés sont une petite partie du monde pour le chiffre de la population. De plus, dans ces pays aussi la *ville* est encerclée par le *village* — village au sens propre du terme —, ou bien par les villageois d'hier qui ne se sont établis que récemment dans les villes. Dans ces dernières, à leur tour, les gens qui orientent la civilisation contemporaine et en éprouvent le besoin ne sont qu'une infime minorité. Enfin, dans notre monde intérieur, la *ville* est également entourée par le *village* du subconscient : nous le sentons à la moindre secousse infligée aux valeurs habituelles. Ce fossé n'est-il pas précisément la plus grande menace potentielle qui pèse sur notre civilisation ?

La menace de la *ville* de la part du *village* est d'autant plus forte que l'on observe dans la *ville* une tendance à un isolement personnel toujours croissant, dans le même temps où le *village* tend vers l'organisation et l'unité. Mao Tsé-toung s'en réjouit, mais les habitants de la *ville* mondiale doivent, à ce qu'il me semble, s'inquiéter de leur avenir.

Pour le moment, à ce que l'on nous dit, la futurologie occidentale s'inquiète précisément de la croissance des villes et des difficultés liées au progrès impétueux de la science et de la technique. De toute évidence, si la futurologie avait existé dans la Rome impériale où, comme l'on sait, l'on construisait déjà des maisons de six étages et où existaient des toupies d'enfant mues par la vapeur, les futurologues du Vᵉ siècle auraient prédit pour le siècle suivant la construction d'immeubles de vingt étages et l'emploi industriel des machines à vapeur. Et pourtant, comme nous le savons, les chèvres paissaient sur le Forum au VIᵉ siècle, tout comme sous mes fenêtres, aujourd'hui, dans mon village.

Avril, mai, juin 1969
Moscou - village d'Akoulovo.

Notes

1. J'ai commencé à exprimer mon opinion sur l'approche d'une crise du système soviétique à partir de l'automne 1966, peu après être revenu de mon exil sibérien. Au début, je me suis adressé à un petit nombre d'amis, puis en novembre 1967, j'ai exprimé mes points de vue dans une lettre adressée à la *Literatournaya Gazeta* et aux *Izvestia*, en leur demandant de la publier. Dans une réponse aimable, les directions de ces deux journaux m'ont informé qu'elles ne voulaient pas le faire, car elles ne partageaient pas tous les points de vue exposés dans ma lettre. Cependant, les événements qui se sont produits ultérieurement, tant à l'intérieur du pays qu'au-delà de ses frontières, m'ont convaincu que beaucoup de mes opinions ont un caractère fondamental et j'ai décidé de les exposer dans un article. Au début, je comptais intituler cet article *L'Union soviétique survivra-t-elle en 1980 ?* considérant l'année 1980 comme la plus proche date *ronde* et réelle. En mars 1969, une note a paru à ce sujet dans la presse. Le correspondant à Moscou du *Washington Post*, M. Shub, exposa brièvement et d'une manière qui n'était pas tout à fait exacte certaines de mes opinions et cita le titre de cet article à venir, en se référant à moi comme à *un ami russe* (*International Herald Tribune*, 31 mars 1969). Cependant, un spécialiste de l'idéologie chinoise ancienne et en même temps admirateur de la littérature anglaise contemporaine que je dois appeler à mon tour *un ami russe*, me

conseilla de remplacer l'année 1980 par 1984. J'acceptai d'autant plus volontiers ce changement que ma passion des dates rondes n'en souffrait nullement : de plus, si l'on considère que nous sommes actuellement en 1969, nous considérons très exactement un avenir de quinze ans.

Mon travail a été quelque peu ralenti et rendu plus difficile par la fouille qui a eu lieu chez moi le 7 mai, et au cours de laquelle une série de documents qui m'étaient nécessaires furent confisqués. Cependant, je considère comme un devoir agréable de remercier les collaborateurs du K.G.B. (Comité de la Sécurité d'Etat - N.d.T.) et de la procurature qui ont procédé à cette fouille pour n'avoir pas pris chez moi le manuscrit de cet article ; ils m'ont ainsi donné la possibilité de conduire ce travail jusqu'à son terme.

[...] Etant donné que je considère les conclusions de mon exposé comme discutables à bien des égards, j'accueillerais avec reconnaissance toute critique positive. Si certains lecteurs le désirent, ils pourront m'écrire directement à mon adresse : U.R.S.S., Moscou G2, rue Vakhtangov, n° 5, appartement 5.

Comme Andreï Amalrik a quitté l'U.R.S.S. le 15 juillet 1976, toute critique positive doit lui être désormais adressée à l'Université d'Utrecht dont il est l'invité. *(Note de l'éditeur, 1977.)*

2. Il est vrai que des groupes clandestins formés sur la base de programmes d'opposition firent leur apparition, tel, par exemple, le groupe de Krasnopevtzev, arrêté en 1956. Cependant, du fait de leur illégalité et de l'absence de publicité qui en découlait, la protestation de chacun de ces groupes ne parvenait qu'au cercle très limité de leurs membres.

3. Je pense à des phénomènes tels que la publication par Pasternak du *Docteur Jivago*, l'édition de la revue dactylographiée *Syntaxis* de Guinzbourg, les déclamations publiques de poèmes sur la place Maïakovski, les expositions d'artistes indépendants comme Zveriev ou Rabine, la publication dans la presse officielle de quelques romans, récits et poèmes sévèrement critiqués par la suite, l'apparition d'un grand nombre d'auteurs et de chanteurs diffusés par millions sur bandes magnétiques, comme Okoudjava, Galitch, Vysotski, etc. Tous ces phénomènes relevaient de genres culturels tout

à fait différents, mais ils étaient tous dirigés contre la culture officielle.

4. Le *Samizdat* est la publication par l'auteur lui-même ; il s'agit en substance d'une manière russe traditionnelle d'échapper à la censure officielle. On peut citer comme exemple de *Samizdat* les romans de Soljénitsyne, les mémoires d'Axionova Guinzbourg, d'Adamova, de Martchenko, les articles de Krasnov-Levitine, les récits de Chalamov, les vers de Gorbanevskaïa, etc. Mais il convient de remarquer qu'une partie considérable du *Samizdat* est anonyme. On peut rattacher également au *Samizdat* ce qui a été publié d'abord à l'étranger et qui n'est parvenu qu'ensuite en U.R.S.S. comme, par exemple, les livres de Siniavski et de Daniel, ainsi que les livres, copiés à la machine ou enregistrés sur bandes, d'auteurs étrangers comme Orwell et Djilas, ou des articles de journaux et revues étrangères.

5. On peut citer en exemple de ce combat la condamnation de Siniavski et Daniel, respectivement à sept et cinq ans de régime sévère, pour avoir publié leurs livres à l'étranger (1966), la condamnation de Tchernovol à trois ans pour avoir composé un recueil sur les procès politiques en Ukraine (1967), la condamnation de Galanskov à sept ans pour avoir composé le recueil *Phénix*, et de Guinzbourg à cinq ans pour avoir rassemblé un recueil de documents sur l'affaire Siniavski-Daniel (1968), la condamnation de Martchenko à un an pour son livre sur les camps poststaliniens (1968). De sévères mesures sont prises également contre ceux qui diffusent le *Samizdat*. Ainsi la dactylo Lachkova a été condamnée à un an pour avoir seulement tapé à la machine des documents pour Guinzbourg et Galanskov (1968) ; Guendler, Kvatchevski et Studenkov respectivement à quatre, trois et un an pour avoir lu et diffusé de la littérature non censurée (1968), Bourmistrovitch à trois ans pour la même raison (1969).

6. Bien que les procès se soient déroulés dans le secret, plusieurs de ces groupes de 1956 ont fait parler d'eux : le groupe Krasnopevtsev-Rendel (condamné en 1956), le groupe Osipov-Kouznetsov (1961), le groupe *La Cloche* (1964), le groupe Dergounov (1967) et d'autres. La plus importante des organisations illégales connues jusqu'à présent a été l'Union

sociale chrétienne panrusse pour la libération du peuple
(vingt et une personnes ont été condamnées en 1967-1968 à
Léningrad dans l'affaire de cette Union, mais le nombre de
ses membres est bien supérieur).

7. Cette question est très intéressante, mais je peux me
tromper en raison d'une mauvaise connaissance du matériel
concret. Pour des raisons parfaitement compréhensibles, il
est tout simplement impossible aujourd'hui de connaître ce
matériel ; cela ne deviendra possible qu'après la publication
des archives d'après-guerre du K.G.B. Je ne veux nullement
dire qu'il n'y a pas eu d'hommes ou de groupes défendant
une idéologie positive déterminée. Mais ils vivaient dans un
état d'isolement spirituel extrême, dans une absence totale
de propagande et il n'y avait pas le moindre esprit de changement possible ; cela tuait dans l'œuf la possibilité d'existence d'une idéologie positive quelconque.

8. On peut considérer comme représentants de l'*idéologie
marxiste*, par exemple, A. Kosterine (mort en 1968), P. Grigorenko, I. Yakhimovitch. L'*idéologie chrétienne* inspirait
l'Union sociale panrusse, dont le représentant le plus notoire
est I. Ogourtsov. Pour me faire bien comprendre, je veux souligner que par l'appellation conventionnelle *idéologie chrétienne*, j'entends une doctrine politique et non pas la philosophie religieuse, l'idéologie d'Eglise, dont les représentants
peuvent plutôt être considérés comme des adhérents de
l'*opposition culturelle*. Enfin, on peut voir dans P. Litvinov
et, avec certaines réserves, dans l'académicien Sakharov des
représentants de l'*idéologie libérale*. Il est intéressant que
toutes ces idéologies pénètrent sous une forme plus modérée
dans les milieux proches du régime.

Voir, dans la deuxième partie de ce volume le texte « L'idéologie dans la société soviétique » (1976). *(Note de l'éditeur,
1977.)*

9. On le voit en particulier à certaines lettres de citoyens
soviétiques reçues par P. Litvinov, en réponse à son appel et
à celui de L. Bogoraz à *l'opinion publique mondiale*, et éditées
en Occident sous le patronage du professeur Van het Reve.
Mais l'exemple le plus clair est sans doute fourni par
A. Martchenko dans son livre *Mon témoignage* (Le Seuil, édit.).

Ouvrier de formation primaire, il a été interné dans un camp à la suite d'une accusation politique fabriquée, et c'est là que, cherchant une base idéologique, il a lu à la suite les trente et quelques tomes des œuvres de Lénine (on comprendra qu'il n'y avait pas d'autre littérature politique dans la bibliothèque du camp).

10. Dans la période actuelle d'*escalade des répressions* de la part du régime, ce nombre ira vraisemblablement en diminuant — une partie des adhérents au mouvement sera incarcérée, une autre se détachera de lui —, mais le nombre des participants pourra croître rapidement dès que la pression s'affaiblira.

11. On peut donc dater son début de 1968. Mais des tentatives d'actions de masses légales ont eu lieu plus tôt, apparemment depuis 1965 : manifestation du 5 décembre 1965 sur la place Pouchkine pour exiger la publicité du procès Siniavski-Daniel (cent personnes environ y ont participé, aucune d'entre elles n'a été arrêtée, mais un groupe d'étudiants a été exclu de l'université de Moscou) ; lettres collectives adressées aux institutions gouvernementales en 1966 pour demander l'atténuation du sort de Siniavski et Daniel ; lettres collectives également contre les tentatives de réhabiliter Staline et contre l'entrée en vigueur des nouveaux articles du Code pénal (190, alinéa 1, et 190, alinéa 3), tous documents signés par d'éminents représentants de l'intelligentsia (c'est visiblement pour cette raison qu'aucune répression notoire n'a eu lieu) ; manifestation du 22 janvier 1967 sur la place Pouchkine pour exiger la libération de Galanskov, Dobrovolski, Lachkova et Radzievski, arrêtés quelques jours auparavant (environ trente personnes y participèrent, cinq d'entre elles furent arrêtées et quatre condamnées à des peines allant de un à trois ans en vertu du nouvel article 190, alinéa 3, du Code pénal).

12. Le tableau est le suivant en chiffres absolus. Savants : 314 dont 35 docteurs, 94 agrégés, 185 divers ; artistes : 157 dont 90 adhérents aux Unions officielles d'artistes et 67 non-adhérents ; ingénieurs et techniciens : 92 dont 80 ingénieurs et 12 techniciens ; travailleurs de l'édition : 28 dont 14 lecteurs et 14 employés ; enseignants : 15 ; médecins : 9 ; juristes : 3 ;

7 retraités des quatre dernières professions citées ; maître ès sports : 1 ; ecclésiastique : 1 ; président de kolkhoze : 1 ; ouvriers : 40 ; étudiants : 32. Ce décompte n'a d'ailleurs rien d'absolument sûr. Je l'ai établi d'après *Le Procès des quatre*, recueil des documents concernant l'affaire Galanskov, Guinzbourg, Dobrovolski et Lachkova, composé et commenté par Pavel Litvinov. Je n'ai compté chaque personne qu'une fois, quel que soit le nombre de déclarations ou de protestations qu'elle ait signées. Je pense que si l'on compte le nombre des personnes ayant signé les déclarations et lettres exigeant le respect de la légalité, les lettres sur l'affaire Siniavski-Daniel (1966), les protestations contre l'arrestation du général Grigorenko (1969), on en trouvera plus de mille (en comptant les personnes et non pas les signatures).

13. Je veux dire que le travail scientifique exige en général une grande dépense d'énergie et une concentration totale, tandis qu'une situation privilégiée dans la société dissuade des démarches risquées et que le mode de pensée résultant de l'éducation scientifique revêt un caractère plus théorique et abstrait que pragmatique. Bien que les ouvriers représentent aujourd'hui un groupe beaucoup plus conservateur et passif que les savants, je peux tout à fait imaginer que des grèves importantes se dérouleront dans les usines dans quelques années ; mais je ne peux pas me représenter une grève dans un institut de recherche scientifique.

14. Une nourriture bonne et régulière, de bons vêtements, un appartement en coopérative bien aménagé, parfois même une automobile et, bien entendu, certaines distractions.

15. Par exemple, la capacité d'écouter de la musique sérieuse, de s'intéresser à la peinture ou d'aller régulièrement au théâtre.

16. Cela ressort encore une fois du décompte des auteurs et signataires des diverses pétitions et protestations enregistrées pour l'affaire Galanskov-Guinzbourg. Je ne veux pas dire par là que *toute* la *classe moyenne* s'est dressée dans la défense des *renégats*, mais seulement que *certains* représentants de cette classe ont déjà pris clairement conscience de la nécessité d'un ordre légal, et se sont mis à l'exiger du régime au prix de risques personnels.

17. Cette élimination, qui a pris la forme de l'émigration et de l'exil, ainsi que celle des incarcérations et de l'anéantissement physique, a touché toutes les couches de notre peuple.

18. D'autre part, celui qui promulgue ces décrets perd aussi le sens de la responsabilité, la couche de fonctionnaires située au-dessous de lui les considérant comme « bons » puisqu'ils émanent du sommet ; cela engendre chez les autorités l'illusion que tout ce qu'elles font est bien.

19. De là vient qu'en U.R.S.S. de nombreuses protestations directes et indirectes s'expriment de la même façon que le mécontentement du petit employé s'élevant contre la manière dont son supérieur le traite. On le voit parfaitement à la façon dont les noms de certains écrivains sont utilisés à l'Ouest comme preuve du *libéralisme soviétique*. Ceux-ci sont enclins à considérer leurs droits et obligations non comme ceux d'*écrivains*, mais comme les droits et obligations de *fonctionnaires du service littéraire*, pour utiliser l'expression d'un des héros de Dostoïevski. Ainsi, après la lettre connue de Soljénitsyne sur la situation des écrivains soviétiques, le correspondant à Moscou du *Daily Telegraph*, M. Miller, demanda à un poète soviétique connu, au cours d'une conversation privée, s'il avait l'intention de se joindre à la protestation de Soljénitsyne. Celui-ci répondit par la négative. *Comprenez*, dit-il, *la situation de l'écrivain ; c'est notre affaire intérieure, c'est une question qui concerne nos rapports avec l'Etat.* Autrement dit, il considérait tout cela non pas comme une question de conscience d'écrivain, du droit et de l'obligation morale qu'a l'écrivain d'écrire ce qu'il pense, mais comme un problème relevant des relations inter-administrations du *service littéraire soviétique*. Il proteste lui aussi, mais en petit fonctionnaire, non contre ce service en tant que tel, mais contre un salaire trop bas ou un chef trop brutal. Naturellement, il s'agit d'une affaire *intérieure* qui ne doit pas intéresser ceux qui ne relèvent pas de ce service. Cette conversation intéressante eut lieu dans l'un des magasins à devises de Moscou.

20. Laquelle se conçoit comme l'autoconservation de l'élite bureaucratique ; car, pour que le régime se maintienne, il doit se transformer, mais pour qu'*ils* se maintiennent, tout

doit rester en l'état. On le voit, en particulier, avec la *réforme économique* mise en œuvre avec tant de lenteur, alors qu'elle est pourtant nécessaire au régime.

21. Mentionnons, par exemple, l'adoption, en 1961, du décret — non inclus dans le Code pénal — déportant pour cinq ans, avec travail forcé, les personnes sans emploi régulier, ou l'extension jusqu'à la peine de mort des sanctions frappant le trafic de devises, ce dernier décret ayant, en fait, un effet rétroactif.

22. Par exemple, les contacts de citoyens soviétiques avec des étrangers, la pratique d'une philosophie non marxiste et d'un art différent du réalisme socialiste, la tentative d'éditer des recueils littéraires dactylographiés, la critique orale et écrite, non pas du système dans son ensemble, ce qui tombe sous le coup des articles 70 et 190, 1er alinéa, du Code pénal de la R.S.F.S.R., mais seulement de certaines institutions du système, etc.

23. Cette attitude a engendré les deux phénomènes curieux que sont les répressions de masse extrajudiciaires et les répressions judiciaires sélectives. Il convient de rattacher aux répressions extrajudiciaires, essentiellement, les pertes d'emploi et les exclusions du Parti : par exemple, plus de 15 p. 100 de tous ceux qui avaient signé diverses pétitions exigeant le respect de la légalité à l'occasion du procès Galanskov-Guinzbourg ont été limogés dans le délai d'un mois ; presque tous ceux qui étaient membres du parti communiste en ont été exclus. Les répressions judiciaires sélectives ont pour but d'intimider tous ceux qui pourraient tomber, au même degré, sous leur coup ; c'est pourquoi une personne ayant commis un délit, même plus grave du point de vue du régime, pourra rester en liberté, tandis qu'un homme moins coupable sera envoyé en prison si sa condamnation exige moins d'efforts bureaucratiques ou apparaît plus désirable pour des considérations de conjoncture. Le procès de l'ingénieur moscovite Irina Belogorodskaia (janvier 1969) en est un exemple caractéristique. Accusée d'avoir *tenté de diffuser* un appel jugé *antisoviétique* par le tribunal en faveur du détenu politique Anatoli Martchenko, elle fut condamnée à un an. Pourtant, les auteurs de cet appel, qui avaient déclaré publiquement

l'avoir rédigé et diffusé, n'ont même pas été convoqués au tribunal comme témoins. De même, la mesure répressive révoltante qu'est l'internement de force dans un hôpital psychiatrique se répand de plus en plus. On l'emploie aussi bien à l'égard des personnes souffrant d'un léger dérèglement psychique, mais qui n'ont pas besoin d'hospitalisation et de traitement forcé, qu'à l'égard de personnes parfaitement saines. Comme nous le voyons aujourd'hui, l'existence du *stalinisme sans violence* conduit inévitablement, à mesure que la peur provoquée par l'ancienne violence se dissipe dans l'esprit des gens, à une nouvelle violence : d'abord des *répressions sélectives* contre les mécontents, puis des répressions de masse *modérées*, et quoi ensuite ?

24. Je veux citer ici l'exemple modeste mais caractéristique de mon ami Anatole Shub, ancien correspondant du *Washington Post* à Moscou. Il me dit, à la fin mars, qu'à son avis la situation du régime était si compliquée et difficile que, selon toute vraisemblance, un plénum du Comité central du parti communiste se tiendrait en avril, au cours duquel serait décidé, sinon un changement décisif de direction, du moins, en tout cas, une attitude plus modérée et plus raisonnable. C'est pourquoi il voulait faire preuve de la plus grande prudence avant ce plénum, afin de ne pas être le dernier des correspondants américains expulsés de Moscou avant les changements libéraux. Mais aucun changement ne se produisit en avril, si l'on excepte ceux de Tchécoslovaquie, et Anatole Shub fut expulsé sans histoire de Moscou en mai.

Anatole Shub est certes l'un des Américains qui juge le plus sainement la réalité soviétique, et il avait peut-être certaines raisons de penser qu'un plénum se tiendrait en avril. Mais il faisait preuve de la même confiance excessive que tous les Américains dans les *changements raisonnables*, lesquels ne sont évidemment possibles que là où l'organisation de la vie repose, dès le départ, et au moins partiellement, sur des fondements raisonnables.

Outre leur foi en la raison, les Américains croient aussi, semble-t-il, que l'élévation progressive du bien-être et la diffusion de la *culture domestique*, si je puis dire, de l'Occident transformeront progressivement la société soviétique, que les touristes étrangers, les disques de jazz et les mini-jupes contribueront à la création d'un *socialisme humain*. Peut-être aurons-nous chez nous un *socialisme* aux genoux découverts, mais certainement pas un socialisme à visage humain. Il me semble que l'amélioration de l'environnement domestique et du bien-être économique ne protège pas par elle-même de la violence et ne l'élimine pas, comme le montre l'exemple de pays développés tels que l'Allemagne nazie. La violence est toujours la violence, mais elle revêt dans chaque pays des caractères spécifiques et l'on ne peut correctement comprendre les causes qui l'ont engendrée, et celles qui peuvent y mettre fin, qu'en se référant au contexte historique de chaque pays.

25. Ce que l'on appelle la « réforme économique », et dont j'ai déjà parlé plus haut, n'est qu'une demi-réforme que l'appareil du parti sabote par surcroît dans la pratique, car il se sentira directement menacé si cette réforme est conduite jusqu'à sa conclusion logique.

26. Les difficultés de politique extérieure et intérieure, les difficultés économiques, etc., alerteraient constamment l'élite dirigeante du changement des conditions.

27. Nous observons aujourd'hui une aspiration croissante à la vie tranquille et au confort, voire une sorte de *culte du confort* dans toutes les couches de la société, surtout dans ses couches supérieures et moyennes.

28. Certes, le K.G.B. fournit à l'élite bureaucratique les informations qu'il a recueillies par ses méthodes spécifiques sur l'état d'esprit du pays, et celles-ci se distinguent, fort probablement, du tableau brossé quotidiennement par les journaux. Mais on ne peut que conjecturer dans quelles mesures les informations du K.G.B. correspondent à la réalité. Le paradoxe est que le régime déploie d'abord des efforts colossaux pour obliger tout le monde à se taire, puis qu'il doit faire de nouveaux efforts pour savoir tout de même ce que les gens pensent et veulent.

29. C'est pour cette raison, à mon avis, que le régime ne s'est pas décidé à décréter la forte hausse — prévue pour le début de 1969 — des prix d'une série de produits, préférant la solution d'une sorte d'inflation rampante. L'exemple de

l'*émeute de la faim* à Novotcherkassk après la hausse des prix de la viande et du lait décidée par Khrouchtchev, a pu convaincre le régime des conséquences que peut entraîner une forte augmentation des prix.

30. Mais ce n'est pas le fameux « égalitarisme », car on accepte volontiers que beaucoup vivent moins bien que soi.

31. Comme j'ai pu le constater, de nombreux paysans endurent plus douloureusement le succès des autres que leur propre échec. En général, si le Russe moyen voit qu'il vit mal et que son voisin vit bien, son souci n'est pas de chercher à s'organiser aussi bien que le voisin, mais de faire en sorte que le voisin vive aussi mal que lui. Certains trouveront peut-être naïves ces considérations, mais j'ai pu en observer des exemples des dizaines de fois, tant à la campagne qu'en ville, et je vois dans ce phénomène un des traits caractéristiques de la psychologie russe.

32. On peut citer comme un des exemples de cette attitude l'extension extraordinaire du brigandage amateur (allant de pair avec la réduction du vol professionnel). En voici un épisode typique : deux jeunes ouvriers qui se rendaient chez des amis remarquèrent, en passant dans la rue, une fenêtre ouverte au premier étage : ils y grimpèrent et emportèrent quelques objets. Si cette fenêtre remarquée par hasard avait été fermée, ils auraient passé outre sans y penser. Comme on peut le voir sans cesse, les gens rentrent dans les maisons sans saluer, mangent sans enlever leur chapeau, profèrent des jurons en présence de leurs propres enfants en bas âge. Tout cela est une norme de conduite et nullement une exception.

33. Ce n'est pas le lieu d'en parler ici, mais le fait que la Russie a emprunté le christianisme non pas à la jeune civilisation occidentale dynamique et en voie de développement, mais à un Byzance sclérosé, marchant vers la mort, mérite l'attention. Cette circonstance n'a pas pu ne pas laisser une trace profonde dans l'histoire russe ultérieure.

34. Un phénomène analogue s'est produit au début de notre siècle, lorsque l'idéologie monarchiste traditionnelle fit place à une idéologie étroitement nationaliste ; le régime tsariste

mit même en usage l'expression les *Russes authentiques* pour les différencier des Russes tout court et inspira la création de l' « Union du peuple russe ».

35. Le besoin d'une idéologie nationaliste vivante n'est pas seulement ressenti par le régime à un degré toujours croissant : une telle idéologie est déjà en formation dans la société, surtout dans les milieux de la littérature et de l'art officiels (elle y a fait son apparition, apparemment, en réaction contre le rôle considérable des juifs dans l'art soviétique officiel), mais elle se répand aussi dans les couches plus larges où elle dispose d'une sorte de centre, le club *Patrie*. Cette idéologie peut être conventionnellement désignée comme *néo-slavophile* (à ne pas confondre avec l'*idéologie chrétienne* partiellement imprégnée de slavophilisme, dont nous avons parlé plus haut). Elle se caractérise par son intérêt pour l'originalité russe, par sa foi dans le rôle messianique de la Russie, ainsi que par un mépris et une hostilité extrêmes pour tout ce qui n'est pas russe. Dans la mesure où cette idéologie n'a pas été directement inspirée par le régime, mais est née spontanément, celui-ci la considère avec une certaine méfiance (on peut en voir un exemple dans l'interdiction du film *Andreï Roublev*), mais tout de même avec une grande tolérance ; cette idéologie peut gagner à tout moment le devant de la scène. Compte tenu de ce que j'ai dit plus haut sur les idéologies dans la société soviétique contemporaine et leurs relations entre elles, on peut dresser de manière primitive et conventionnelle, mais amusante, le schéma de la page suivante.

J'ai montré par des traits ce qui lie ces idéologies ; ce qui les sépare est suffisamment clair. De par ses « idéaux » au sens précis du terme, l'*idéologie réformiste* devrait être liée au premier chef à l'*idéologie libérale* ; mais en raison de ses méthodes extrêmement conformistes et d'une attitude d'acceptation que l'on peut ainsi formuler : *Tout s'améliorera de soi-même, mais en attendant il faut vivre*, je l'ai placée au centre de toutes les autres.

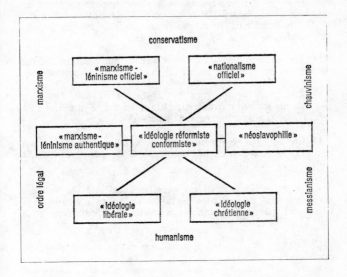

Voir le nouveau schéma proposé, en 1976, par Amalrik dans la deuxième partie de ce volume (« L'idéologie dans la société soviétique »). *(Note de l'éditeur, 1977.)*

36. Comme il est naturel, la majorité du peuple a approuvé ou accueilli avec indifférence l'entrée des troupes soviétiques en Tchécoslovaquie et souffert douloureusement, au contraire, de *l'impunité* des Chinois au moment des affrontements de mars sur le fleuve Oussouri.

37. C'est-à-dire à une politique qui aurait renoncé à tout effort pour masquer ses actions derrière les *intérêts du mouvement communiste international* et tenir compte, par là même, d'une manière ou d'une autre, d'une série de partis communistes indépendants et semi-indépendants. Quant au

rôle de l'armée, il croît sans cesse. Chacun peut en juger, ne serait-ce qu'en comparant la proportion des militaires et des civils sur la tribune du mausolée les jours de grande parade, maintenant et il y a dix ou quinze ans.

38. Strictement parlant, ce n'est pas lui qui a commencé ces deux guerres, mais il a tout fait pour qu'elles commencent.

39. Après quoi commença la *révolution au sommet* — le passage du sanglant dynamisme stalinien à une stabilité relative d'abord, puis à la stagnation actuelle.

40. En nous en empruntant jusqu'à la terminologie ; par exemple le terme introduit par Staline de *révolution culturelle.*

41. Je ne parle pas ici du caractère légitime ou non des revendications territoriales de la Chine envers d'autres pays, l'Inde en particulier, mais des méthodes employées pour résoudre ces conflits.

42. Il s'agit avant tout de problèmes tels que l'extrême surpopulation de certaines régions, la faim, l'agriculture extensive qui a besoin de se développer non pas en profondeur, mais en largeur et doit acquérir pour cette raison de nouveaux territoires.

43. La Chine a déjà pu apprécier les méthodes de son *frère-ennemi* pendant la période de l'*amitié éternelle,* lorsque l'U.R.S.S. profitant de la dépendance économique et militaire de la Chine, a tout fait pour la soumettre totalement à son influence puis, n'y étant pas parvenue, a arrêté complètement son aide économique avant d'essayer de jouer sur le nationalisme des petites nations en Chine.

A l'évidence, Staline, comme avant lui Trotski, avait déjà compris qu'avec la victoire des communistes en Chine, l'U.R.S.S. acquerrait en fin de compte, non pas un allié, mais un dangereux rival ; il s'efforça donc, d'une part, de contribuer à la prolongation du combat entre les communistes et le Kuomintang, combat qui affaiblissait la Chine ; d'autre part, d'encourager les scissions à l'intérieur du parti communiste chinois lui-même, en particulier de s'opposer à l'influence de

Mao Tsé-toung. Certes, la R.P.C. et l'U.R.S.S. ont pu pendant une certaine période donner l'impression qu'elles étaient alliées, d'autant plus qu'elles révéraient une seule et même idéologie ; cependant, l'opposition totale de leurs intérêts nationaux et l'opposition des évolutions internes de chaque pays — *prolétarisation* et ascension de la terrible *courbe révolutionnaire* en Chine, déprolétarisation et chute prudente de la même courbe en U.R.S.S. — ont vite mis fin à cette fallacieuse unité.

44. Comme le régime tsariste l'a fait à l'égard du Japon, au début du siècle.

45. Ceux qui croient que la Chine, en raison de son retard économique, ne pourra pas parvenir à des succès rapides dans le domaine des fusées et de l'armement nucléaire, devraient comparer les prévisions des experts des Etats-Unis et de l'O.N.U. sur les délais de fabrication des bombes atomiques et à hydrogène en U.R.S.S. avec les délais réels.

46. Il sera question plus loin des conséquences d'une telle guerre. A vrai dire une autre possibilité doit encore être examinée : la tentative d'en finir avec la puissance chinoise par une invasion classique et une occupation totale ou partielle de la Chine. Cependant, compte tenu de la supériorité numérique considérable des Chinois et du contrôle total que le gouvernement chinois exerce sur le pays, une telle invasion me paraît peu vraisemblable.

47. Il n'est pas exclu qu'avant d'attaquer l'Union soviétique, la Chine éprouve sa puissance sur un petit pays neutre qui faisait autrefois partie de sa sphère d'influence et dans lequel vit une minorité chinoise : par exemple la Birmanie, qui pourrait servir de terrain d'essai aux futures *grandes guerres révolutionnaires prolétariennes*.

48. L'exemple suivant montre tout le sérieux du problème de l'étirement des lignes de communications : pendant leur attaque sur le Nord-Caucase, en 1942, les Allemands furent contraints de faire venir à dos de chameaux le carburant pour leurs tanks. Aujourd'hui, la Russie d'Europe est reliée à l'Extrême-Orient par un seul grand axe de transport, qui est

encore à voie unique en maints endroits. La solution d'un pont aérien serait extrêmement coûteuse et peu sûre à long terme.

49. On trouve déjà dans la presse soviétique des tentatives pour ridiculiser les soldats chinois en les présentant comme des fanatiques, mais faibles et poltrons. Mais voici l'opinion d'un spécialiste militaire soviétique qui a travaillé plusieurs années en Chine : « Le soldat chinois est supérieur à notre soldat, il est endurant, n'est pas porté à murmurer, il est brave, son aptitude manœuvrière est grande. Une marche à pied de 70 kilomètres par jour n'est pas une difficulté pour un soldat chinois. Nos fantassins ont été stupéfaits par l'infanterie chinoise et en sont venus à la conclusion qu'elle est la meilleure du monde... » (V.M. Primakov, *Notes d'un volontaire*, Moscou, 1967, page 212.)

50. Ils se saisissent pourtant avec une impatience avide du moindre petit fait témoignant de sa *libéralisation*.

51. Non viable dans la mesure où il ne s'est pas maintenu en Chine continentale et ne pourrait pas non plus exister à Taïwan sans le soutien des U.S.A. Mais il est possible que Taïwan soit dans le domaine économique, grâce encore une fois aux Etats-Unis, beaucoup plus développé que la Chine continentale.

52. Tout comme les prêts de la France républicaine ont prolongé de plusieurs années l'existence du régime tsariste.

53. Comme le montre déjà leur coopération dans le domaine de la non-prolifération de l'arme atomique.

54. Leur différence fondamentale par rapport à ce que l'on a nommé les *Etats tampons* de l'entre-deux-guerres eût été qu'ils n'auraient pas servi de *cordon sanitaire* de l'Occident contre l'U.R.S.S., mais de pont reliant l'un à l'autre.

55. Parfois, cette pression est aggravée délibérément, comme le montrent les crises de Berlin ; parfois, elle prend un caractère tout simplement hystérique.

56. Il est parfaitement possible qu'afin d'accélérer ce processus, la R.F.A. accordera sous une forme ou sous une autre son soutien à la Chine.

57. Bien que cela soit paradoxal, dès à présent l'U.R.S.S. peut compter davantage sur le leader de l'*impérialisme américain* Nixon que sur des *alliés* tels que Ceausescu ou le docteur Husak. La situation en Europe orientale rappelle quelque peu aujourd'hui celle qui a suivi la révolution de 1848, lorsque la démocratisation attendue ne s'est pas produite, mais que l'ancien régime n'en était pas moins ébranlé.

58. Une démocratie libérale en Tchécoslovaquie, un régime militaire nationaliste en Pologne, etc.

59. Apparemment, les dirigeants du régime comprennent le danger qui les menace venant d'Allemagne et du Japon, en liaison avec le conflit avec la Chine, et ils entreprendront des démarches fébriles en vue d'un rapprochement avec ces pays ; mais, en raison de leur nature bureaucratique, ils ne se résoudront pas à prendre des mesures décisives.

60. On utilisera naturellement les troupes dites de l'intérieur, et de préférence des troupes d'une autre nationalité que celles des régions où se produiront les désordres, ce qui ne pourra que renforcer la dissension nationale.

61. Dans une série de cas, ces tendances pourront s'incarner dans les cadres nationaux des partis qui tiendront le raisonnement suivant : que l'Ivan russe se tire de ses propres difficultés. Ils tendront également au particularisme national dans le but d'éviter le chaos grandissant et de conserver leur position privilégiée.

62. Poursuivant l'analogie, on peut admettre qu'existera encore longtemps, en Asie centrale par exemple, un Etat qui se considérera comme l'héritier de l'U.R.S.S. et conjuguera l'idéologie, la phraséologie et les rites traditionnels, avec des caractères du despotisme oriental, une sorte d'empire byzantin du monde contemporain.

DEUXIÈME PARTIE

Articles et lettres
1967-1976

Au Rédacteur en chef des « Izvestia » a été traduit par Serge Mazankine ; *Les Idéologies dans la société soviétique* par Léa et Pierre Andler ; les autres textes par Denise Meunier.

I

Au rédacteur en chef des « Izvestia * »

Camarade Rédacteur en chef,

Votre journal [1] fait, me semble-t-il, œuvre très utile, en publiant constamment des textes sur les événements qui se déroulent actuellement en Chine, en raison de l'importance de ces événements, non seulement pour la Chine, mais aussi pour le monde entier et en premier lieu pour notre pays [2]. Mais en même temps, la tendance fondamentale de votre journal — présenter ces événements comme occasionnels et provisoires — me paraît parfaitement erronée.

---

* Les notes des « Articles et Lettres » ont été regroupées à la fin de la deuxième partie, p. 271.

Il est peu probable que notre presse ait donné une appréciation véridique de l'histoire de la Chine depuis la guerre. On peut vraiment se poser la question maintenant : était-il juste de considérer la révolution chinoise comme une des étapes de l'extension d'un monde communiste « intégré » et non pas comme une révolution nationaliste qui s'est servie de la doctrine communiste pour réunifier la Chine, la sortir de sa stagnation séculaire et de sa dépendance ? Si l'on adopte ce dernier point de vue, la révolution chinoise a eu pour résultat que non seulement l'U.R.S.S. n'a pas élargi le système communiste dont elle était la force dominante, mais au contraire elle s'est acquis un adversaire dangereux dans la lutte pour l'influence à travers le monde et d'abord en Asie. Dans cette perspective, les événements chinois actuels ne sont nullement fortuits mais constituent une suite logique de la révolution nationale-communiste dont on masque de plus en plus les aspects internationalistes. En témoignent, notamment, la mise à l'écart et la liquidation de vieux cadres du parti et leur remplacement par des cadres formés sous la domination de l'idéologie nationale-communiste.

Il nous est d'autant plus aisé de comprendre ce processus que quelque chose d'analogue s'est déroulé dans notre pays juste avant la seconde guerre mondiale. On peut supposer qu'au cours des prochaines années, la situation en Chine se stabilisera. C'est alors que l'étape suivante de la révolution nationaliste apparaîtra clairement : la préparation à la guerre qui est, pour un jeune nationalisme, la plus caractéristique des formes d'expansion. Les dirigeants chinois verront dans la guerre le moyen, à la fois, de résoudre leurs difficultés économiques et de venger les humiliations séculaires du peuple chinois.

Toutefois, il est peu probable que la Chine commence une guerre avant d'avoir accumulé une réserve suffisante de bombes nucléaires et de moyens logistiques, non pour les utiliser, mais comme moyen de chantage. Les Chinois mettront l'accent, principalement, sur l'utilisation de leur avantage numérique et de leur expérience de la guerre de partisans, ce qui exigera également le développement intensifié des armements classiques. C'est probablement de la rapidité avec laquelle la Chine pourra se doter d'un armement classique et nucléaire que dépendront les délais du commencement de la guerre [3]. Or, penser que les Chinois en seront incapables en raison de leur retard économique extrême et de leur insuffisance en cadres scientifiques, équivaut à imiter les naïfs pronostiqueurs américains qui, après la guerre, affirmaient qu'il faudrait à l'U.R.S.S., pour ces mêmes raisons, plus de dix ans avant de faire exploser sa première bombe atomique.

On peut prévoir que dès que la Chine sera en mesure de commencer la guerre elle la commencera. Mais elle le fera en frappant un adversaire beaucoup plus faible qu'elle. Selon toute probabilité, la première offensive visera un ou plusieurs pays peu développés au sud de la Chine, qui faisaient jadis partie de sa sphère d'influence. Ce sera une sorte de ballon d'essai qui permettra à la Chine de « tester » les réactions des grandes puissances qui ont des intérêts en Asie. Si le premier choc demeure impuni — et il le demeurera, s'il ne suscite pas la riposte concertée des puissances actuellement antagonistes, alors, par la logique des événements, la Chine entrera en lutte avec son adversaire principal sur le continent asiatique. Il est évident que cet adversaire n'est pas les Etats-Unis d'Amérique : la Chine ne nourrit aucune prétention territoriale contre eux et elle n'est simplement pas en mesure de les attaquer, puisqu'elle n'a pas de frontière terrestre commune avec eux, et qu'elle ne dispose pas de forces navales et aériennes suffisantes. Au contraire, il est plus que probable qu'avant de déclencher une guerre contre son adversaire principal, la Chine tentera de parvenir, d'une façon quelconque, à un accord avec les Etats-Unis sur des questions litigieuses telles que Taïwan et le Vietnam, en leur proposant un accord acceptable auquel les Etats-Unis tiennent tant.

C'est l'U.R.S.S. que les Chinois vont considérer comme leur adversaire principal — l'U.R.S.S. dont une partie des énormes territoires asiatiques a jadis appartenu à la Chine, et qui exerce une influence politique et économique considérable dans de nombreux pays d'Asie auxquels la Chine s'intéresse également.

La Chine commencera la guerre avec des moyens conventionnels en s'efforçant de mettre à profit son avantage numérique colossal et placera l'U.R.S.S. devant le dilemme suivant : ou bien frapper le coup nucléaire la première et recevoir une riposte nucléaire en échange, ou bien mener une guerre conventionnelle. On peut penser que l'U.R.S.S. choisira la seconde voie et cela nous créera des problèmes auxquels nous n'avons encore pas été confrontés pratiquement.

Précédemment, il nous arrivait d'avoir affaire à des armées dont les soldats étaient supérieurs aux nôtres sous le rapport de la culture, mais qui leur cédaient considérablement en ténacité et en endurance. Désormais ce sera l'inverse. Auparavant, nous avions affaire à des armées qui, sinon au moment de la pénétration sur notre sol, du moins durant la guerre, étaient considérablement inférieures à la nôtre sur le plan numérique. Désormais, ce sera différent. Précédemment, l'adversaire envahissait nos régions les plus peuplées, maintenant ce seront les moins peuplées. Jadis, l'adversaire, en avançant à l'intérieur de la Russie, se heurtait à la difficulté des moyens de communication, maintenant, c'est nous qui nous heurterons, dès le début, aux fantastiques problèmes des communications.

Il est difficile de dire comment se dérouleront les combats. Si la guerre prenait un caractère durable — que ce soit sur le territoire russe ou chinois — et liait pour longtemps les mains de l'U.R.S.S., cela pourrait alors provoquer une situation nouvelle en Europe. L'Allemagne de l'Ouest, si elle était sûre que l'U.R.S.S. ne pourrait intervenir, instaurerait son contrôle sur celle de l'Est, et placerait l'U.R.S.S. devant le fait accompli. De nombreux pays est-européens seraient alors amenés à réévaluer et à réorienter à leur tour leur politique.

Cette situation nouvelle en Europe pourrait raviver de vieilles prétentions territoriales : celles de la Roumanie sur la Bessarabie, de la Hongrie et de la Tchécoslovaquie sur la Transcarpathie, de la Pologne sur Lvov et Vilnus, de l'Allemagne sur Kaliningrad (Kœnigsberg), de la Finlande sur Vyborg et Petchenga. Des problèmes plus complexes encore surgiront si la Chine remporte des succès notables. Dans ce cas, le Japon pourrait exiger le retour des îles Kouriles et de Sakhaline et entreprendre des actions pour les récupérer, et même pour s'emparer de nouveaux territoires dans l'Extrême-Orient soviétique.

Des combats durs et prolongés en Orient ne manqueraient pas d'avoir de graves répercussions sur la situation intérieure de notre pays. Les difficultés que nous avons connues lors de la guerre russo-japonaise et de la première guerre mondiale pourraient réapparaître ; les opérations se déroulant sur des territoires peuplés de non-Russes, la population ne ressentait pas directement l'invasion et l'occupation et ne mettait donc aucun acharnement au combat ; en même temps, la guerre prolongée exigeait des sacrifices toujours renouvelés et entraînait l'usure morale de la nation. La guerre contre la Chine communiste, les prétentions territoriales à l'Ouest et à l'Est, la lassitude morale pourraient provoquer la renaissance des tendances séparatistes qui existent pour l'instant encore à l'état dissimulé, d'abord dans les pays baltes, en Transcaucasie et en Asie centrale.

Il est très difficile de préjuger de la position qu'adopteraient alors les autres puissances et principalement les Etats-Unis. Selon toute probabilité, les Etats-Unis ne s'immisceraient pas dans le conflit, quoiqu'ils pourraient accorder une certaine assistance économique à l'U.R.S.S. si nous leur adressions une requête de ce genre. Bien des choses dépendraient également de la position que la Chine adopterait envers les Etats-Unis.

Je ne veux pas me faire une réputation de mauvais prophète en disant que tout se déroulera exactement de cette façon. Toutes mes suppositions sont assorties de nombreux « si » et « il se peut que », auxquels répondent constamment des « il se peut que non ». Néanmoins, il est plus sage en politique de prévoir et d'envisager ce que l'on redoute, que de fonder ses espérances sur ce que l'on désire. Evidemment, il est agréable d'apprendre que notre pays est en état de repousser une attaque « venant aussi bien de l'Ouest que de l'Est », mais mieux vaudrait encore éviter qu'une telle attaque se produise. Il est naturel d'opposer la force à la force, mais comme nous le savons, le slogan de « ne compter que sur ses propres forces » n'est pas toujours bon non plus. Donc, que pourrait faire l'U.R.S.S. pour ne pas se retrouver seule, face à une agression possible ?

Premièrement : renoncer à la propagation de son influence en suscitant des conflits ou en y prenant part. Il se peut que cela ait été la seule politique intelligente possible il y a vingt ans mais, à l'heure actuelle, même si elle permet d'enregistrer des succès sporadiques, elle ne peut avoir que des résultats négatifs pour notre pays.

Secondement : s'efforcer de parvenir, avec d'autres pays, à des relations qui se fondent sur des intérêts réciproques et des buts communs et non sur des rapports de dépendance nés des difficultés internes ou de la défaite militaire de ces pays. Du fait de cette dépendance, tout succès de politique étrangère est toujours extrêmement précaire et peut aboutir à l'effet contraire.

Troisièmement : établir des relations réellement amicales avec les Etats-Unis en renonçant à mener contre eux des actions hostiles, là où ils possèdent des intérêts d'une importance vitale. Cela conduirait les Etats-Unis, à leur tour, à mieux comprendre les intérêts de l'U.R.S.S. et ferait de ces deux grandes puissances les garantes d'une paix stable.

Quatrièmement : s'efforcer d'établir en Europe une situation dont la stabilité ne dépendrait pas de la pression constante de l'U.R.S.S.

Le charbon a fini de brûler dans la chaudière de la locomotive, mais le train, entraîné par son élan, continue de foncer sur les rails en dépit du clignotement avertisseur du sémaphore. Si, il y a vingt ans, l'Union soviétique pouvait encore retirer des avantages de l'instabilité de la situation, aujourd'hui en revanche, plus que d'autres, c'est à la stabilité qu'elle devrait tenir.

Je vous serais très reconnaissant de bien vouloir publier ma lettre dans votre journal. J'y compte, non pas en raison d'un quelconque mérite particulier qu'elle pourrait présenter, mais parce qu'elle soulève des problèmes importants qui nous touchent ou nous toucheront un jour, tous, directement.

J'ai adressé le 17 novembre de cette année une lettre analogue à la rédaction de la *Literatournaya Gazeta* [4].

18 décembre 1967.
Moscou.

II

Lettre ouverte à Anatole Kouznetsov [5]

Cher Anatole Vassilievitch,

Je voulais vous écrire aussitôt après avoir entendu à la radio votre allocution adressée à la population, et donc à moi — ainsi que votre article intitulé « Les écrivains russes et le K.G.B. [6] ». Je ne l'ai pas fait parce que je me trouvais à la campagne d'où ma lettre ne vous serait peut-être pas parvenue. Au reste, sans doute a-t-il mieux valu qu'intervienne ce délai de quelques mois. D'abord, j'ai entendu — je n'ai pu la lire — votre lettre au Pen Club et à M. Arthur Miller, ce qui m'a permis de mieux vous comprendre [7]. Ensuite, peut-être ma voix — une voix qui s'adresse à vous depuis le pays que vous avez quitté — se serait-elle mêlée à celles qui en Occident ont blâmé votre fuite et les moyens que vous avez employés en cette occasion.

Or, ce n'est pas du tout ma position. J'estime que si, en tant qu'écrivain, vous ne pouviez pas travailler ici ni publier vos livres tels que vous les aviez écrits, alors vous aviez non seulement le droit mais en un certain sens le devoir de partir. Et s'il vous était impossible de prendre tout bonnement votre mallette et de monter dans le train comme n'importe qui peut le faire en Occident, alors la persévérance et la ruse dont vous avez témoigné en cette occasion ne méritent que le respect. Que vous ayez utilisé ce faisant les méthodes de vos persécuteurs, ce qui vous a permis de les abuser, je ne vois rien là de blâmable ; que vous ayez transformé, par votre décision de ne pas revenir et votre article très franc, une sinistre dénonciation en inoffensive plaisanterie, ne peut porter préjudice qu'à l'aura dont se pare la dénonciation dans notre pays. Seulement, dans tout ce que vous écrivez, dans tout ce que vous dites depuis que vous êtes à l'étranger, dans toutes les circonstances dont j'ai pu avoir connaissance, deux points me paraissent contestables et je tiens, par conséquent, à les contester en toute franchise.

Vous parlez continuellement de la liberté, mais il s'agit toujours de la liberté extérieure, de la liberté autour de vous, et jamais de la liberté intérieure, c'est-à-dire celle qui fait que la force, qui peut agir si puissamment sur l'individu, est incapable de violer son intégrité morale. Or, sans cette liberté, à laquelle est liée la responsabilité, il n'y a pas de vraie liberté extérieure. Peut-être, dans certains pays, la liberté d'exprimer ses pensées est-elle donnée à

l'individu aussi facilement que l'air qu'il respire ?
Mais là où il n'en va pas ainsi, je pense qu'elle ne
résulte que d'une défense obstinée de la liberté intérieure propre à chacun.

Vous écrivez que le K.G.B. soumet les écrivains
soviétiques aux persécutions et au chantage. Bien
entendu, ces procédés ne peuvent que soulever la
réprobation. Mais ceux qu'ont employés les écrivains
soviétiques pour s'y opposer sont incompréhensibles.
Se dresser contre le K.G.B., c'est terrible, mais, en
somme, qu'aurait à redouter l'écrivain russe si, avant
sa première tournée à l'étranger, il se refusait à
collaborer avec lui ? Il n'irait pas à l'étranger, ce
dont il avait sans doute très envie, mais il n'en
demeurerait pas moins un homme honorable. En
refusant de collaborer, il perdrait une certaine
mesure de liberté extérieure, une mesure peut-être
considérable — mais en acquérant une liberté intérieure plus grande. Vous écrivez : On m'interrogeait,
on me donnait des ordres, la censure me brimait
continuellement, etc. Il me semble que si vous cédiez
chaque fois, si vous faisiez ce que dans le fond de
votre cœur vous jugiez répréhensible, vous ne méri-
tiez pas un meilleur traitement du K.G.B. ou de la
censure.

Je pense être en droit de vous adresser ce reproche.
Je me suis toujours efforcé de ne pas faire ce que
ma conscience réprouvait. Je ne suis pas entré au
Parti, comme vous, ni dans les *komsomols* [8], ni même
dans les *pionniers* [9], bien que l'on m'y ait poussé
avec insistance, lorsque j'étais jeune. J'ai préféré être
exclu de l'Université et renoncer à l'espoir d'être
historien, mais ne rien modifier à des œuvres que
je jugeais conformes à la vérité [10]. J'ai mieux aimé

ne pas porter mes poésies et mes pièces à des maisons d'édition soviétiques que de les défigurer dans l'espoir de me voir imprimé. L'histoire des « attentions » que le K.G.B. m'a prodiguées est bien longue, mais j'en retracerai ce qui a trait à ce que vous écrivez.

En 1961, le K.G.B. m'invita fort aimablement à écrire des rapports d'ensemble sur l'état d'esprit de l'intelligentsia ; je refusai tout aussi aimablement, et les choses en restèrent là. En 1963, je fus convoqué de nuit à la Loubianka [11] où l'on m'ordonna de rédiger une dénonciation contre un diplomate américain, prétendant qu'il me soumettait, moi et d'autres citoyens soviétiques, à un endoctrinement idéologique pernicieux. Je refusai à nouveau, bien que cette fois on m'eût menacé d'une procédure criminelle. En 1965, ayant une fois encore refusé de « causer » avec eux, je fus déporté en Sibérie. Mais l'important, c'est que, vivant dans ce pays, continuant à écrire et à faire ce que je juge bien, je peux être à n'importe quel moment condamné une nouvelle fois à la détention ou exposé à des sévices, èt cela sous n'importe quel prétexte. Voilà pourquoi j'estime être en droit de vous faire des reproches.

Mais je me trompe peut-être. Et d'abord parce que, ayant presque dix ans de moins que vous, je n'ai été qu'effleuré par l'époque effrayante qui a coïncidé avec votre jeunesse, lorsque votre personnalité d'homme s'est formée. Aujourd'hui, le régime subsiste, non pas exclusivement mais en grande partie, sur les intérêts du capital d'épouvante accumulé pendant cette période. Et il ne s'agit pas seulement du K.G.B., mais de toute l'ambiance de la vie soviétique, de l'éducation soviétique qui fait que l'individu est par avance préparé à rencontrer le K.G.B. sur sa route et à adopter l'attitude qui a marqué vos propres rapports avec lui.

Peut-être aussi n'ai-je pas le droit de vous faire des reproches, parce que l'on pourrait m'objecter que si vous avez consenti à des compromissions incessantes et à des procédés tout simplement déshonorants, vous êtes néanmoins parvenu ainsi à faire publier vos œuvres — encore que sous une forme adultérée. Vous avez été reconnu par votre pays comme écrivain, apportant ainsi votre contribution à sa culture, alors que mes pièces, qu'elles soient bonnes ou mauvaises, n'appartiennent qu'à mon seul patrimoine, ou restent confinées dans le cercle étroit de ceux qui se trouvent en opposition avec le régime et avec la société ; je n'ai pas d'existence en tant qu'écrivain, et de ce fait ce que je peux dire ou écrire n'a grande importance pour personne. En fin de compte, ma « probité littéraire » risque de m'être aussi inutile que la virginité à une femme de quarante ans.

On pourrait aussi m'objecter que le hasard a une grande part dans la vie, que je n'ai pas seulement repoussé avec fierté toutes les occasions de succès dans les conditions créées par ce régime, mais que parfois c'est moi qui ai été repoussé. En arrangeant un tout petit peu les choses, si quelqu'un me proposait de publier mes articles ou mes pièces moyennant quelques modifications, est-ce que je tiendrais bon ? Et, une fois engagé sur la voie des compromissions, jusqu'où irais-je ? Au cours de ma vie, n'ai-je donc jamais rien écrit, rien fait dont je puisse avoir honte aujourd'hui ? Et cela aussi, c'est vrai.

Enfin, faut-il déplorer qu'un homme qui a déclaré

si péremptoirement rompre avec son passé, qui n'a pas craint de dire qu'il emporterait beaucoup de choses avec lui dans la tombe, que ce même homme montre, encore que partiellement, comment fonctionne le mécanisme ignominieux de l'oppression dans notre pays ?

Néanmoins, ce reproche, je vous le fais. Non pas que je veuille vous condamner personnellement ; ce que je veux condamner, c'est cette philosophie de l'impuissance et ce parti pris de justification qui transparaît dans tout ce que vous avez écrit depuis que vous êtes en Occident. « Aucune autre possibilité ne m'était donnée », dites-vous, et cela sonne comme une justification, non seulement de vous mais de tous les intellectuels soviétiques qui créent et produisent, ou du moins de l'élément « libéral » dont vous faisiez partie. Vous blâmez — ouvertement ou par quelque biais — certains de ses représentants, mais sans pour autant vous adresser à vous-même la moindre critique ; vous rendez le pouvoir responsable de tout, si bien qu'on ne comprend pas comment il vous est possible d'exiger tant des autres. Vous prétendez que vous êtes tous victimes de la contrainte, mais il me semble que la contrainte ne peut être efficace sans ceux qui sont prêts à s'y soumettre. J'ai parfois l'impression que l' «intelligentsia créatrice » soviétique, c'est-à-dire les gens habitués à penser une chose, à en dire une autre et à en faire une troisième, est encore plus déplaisante que le régime qui lui a donné naissance. L'hypocrisie, l'habitude d'accepter la situation telle qu'elle est imposée sont entrées si profondément en eux qu'ils croient déceler une habile provocation ou bien un coup de folie dans toute tentative d'action honorable.

J'ai rencontré des gens, et vous plus encore probablement, qui détestent en secret le pouvoir, mais exécutent tout ce qu'il leur ordonne, voire davantage, et ce faisant, ils sentent croître encore leur haine. Toutefois, celui chez qui cette haine est la plus violente c'est celui qui, comme vous le dites dans votre lettre à M. Arthur Miller, « combat bruyamment » le pouvoir. Parce que les autorités en fureur, ne se souciant pas de distinguer les nuances, peuvent sévir non seulement contre ceux qui « combattent bruyamment », mais contre ceux qui « haïssent secrètement ».

Je ne veux pas dire que tous ceux qui désirent plus de liberté pour eux et pour leur pays doivent aller se promener avec des bannières sur la place Rouge. Seulement, ils devraient renoncer à ce cynisme d'usage courant qui consiste à déprécier aussi bien la vérité que le mensonge, croire en quelques valeurs morales, fussent-elles objets de dérision, et essayer de trouver leur liberté intérieure. Quant à la manière d'y parvenir, chacun doit en décider pour son propre compte. Tout le monde ne peut contester ouvertement les conditions dans lesquelles nous vivons. Mais mieux vaut se taire que dire des mensonges, mieux vaut renoncer à publier tel ou tel de ses livres que laisser diffuser le contraire de ce qui avait été écrit au départ ; mieux vaut renoncer aux tournées à l'étranger que se transformer à cette occasion en agent de renseignement, ou « rendre compte » avec des vers bouffons ; mieux vaut renoncer aux conférences de presse que déclarer publiquement que la liberté de création existe dans notre pays. Si un individu isolé ou une nation entière veut effectivement être libre, il lui faut conquérir cette liberté par un moyen ou un autre, sans reculer devant l'affrontement avec les oppresseurs. Il peut même arriver, ce faisant, que l'on soit amené à risquer la marge de liberté dont on dispose — ce dont vous avez eu si peur, d'après ce que je comprends.

Vous avez trouvé naïve la question que quelqu'un vous a posée en Occident : « Pourquoi le peuple ne change-t-il pas de gouvernement en U.R.S.S., s'il est aussi mauvais qu'on le prétend ? » Je la trouve, moi, très sensée et j'y aurais répondu ainsi : « Si nous ne renversons pas le gouvernement, ce n'est pas parce que celui-ci est bon, mais parce que nous sommes mauvais — passifs, ignorants et pleutres. Nous nous leurrons avec des mythes primitifs, nous nous perdons dans les labyrinthes de la bureaucratie, nous laissons supprimer nos citoyens les plus actifs, la plupart d'entre nous ne comprennent pas la situation, notre intelligentsia est vénale, terrorisée, sans critères moraux, encore que nous commencions tout doucement à trouver quelque force en nous-mêmes — ce qui signifie que tôt ou tard beaucoup de choses pourront changer. »

Mais vous parlez tout autrement. Consciemment ou inconsciemment, vous voulez donner l'impression que toute lutte est inutile et que ceux qui « combattent bruyamment » sont aussi, dans une plus ou moins grande mesure, des hypocrites qui épousent la cause du « pouvoir soviétique », sauf à intervenir contre certains de ses défauts comme le font Siniavsky ou Soljenitsyne — or, malgré cela, le premier se trouve en prison, le second, « torturé et persécuté [12] ». Vous, qui étiez hostile à ce pouvoir et dans l' « opposition authentique », vous avez gardé le silence et obéi aux ordres qu'on vous donnait.

Je ne vois là que faux-semblants. Il est douteux que le terme de « soviétique » soit en lui-même très efficace pour protéger le régime. Peut-être ce dernier estime-t-il que le plus grand danger pour lui réside précisément dans ceux qui se disent « pour le pouvoir soviétique », mais ne mettent pas du tout sous cette appellation ce qu'il souhaiterait. Ne connaissant personnellement ni Siniavsky ni Soljenitsyne, je ne peux porter de jugement sur la sincérité de la position qu'ils ont prise publiquement. Mais il me semble qu'elle ne saurait en tout cas mériter que le respect, comme celle de Daniel[13] et de bien d'autres. En ce qui concerne leurs œuvres — et je tiens Soljenitsyne pour le plus important des écrivains russes contemporains — je pense qu'elles ne sont ni prosoviétiques ni antisoviétiques, mais seulement des créations littéraires qui veulent être libres. De plus, à en juger uniquement par ses livres, on ne peut pas dire que Soljenitsyne soit « persécuté et torturé ». Il donne l'impression d'un homme capable de résister aux persécutions ; d'ailleurs, il a déjà su préserver une fois sa liberté intérieure en prison, et de toute évidence il la préservera encore s'il est à nouveau arrêté. Nous pouvons tous puiser des forces dans cet exemple.

Aussi quand vous dites que vous voulez écrire librement et que c'est pour ça que vous vous êtes enfui en Occident, je vous comprends et je considère avec respect le judicieux pragmatisme dont vous avez fait montre pour y parvenir. Mais quand vous essayez de démontrer que votre « haine secrète » et votre collaboration ouverte ici étaient de l' « opposition authentique », insinuant obliquement par là que celle de Siniavsky ou de Soljenitsyne est illusoire, cependant que vous prenez fait et cause pour elle en Occident, il me semble que vous vous mettez dans une situation fausse.

Il est peu probable que le K.G.B. soit en mesure, comme vous l'écrivez, de détruire le *Samizdat* [14] en deux jours et joue avec lui comme le chat avec la souris. Sans doute, le K.G.B. peut-il arrêter, et cela en deux heures, des dizaines de diffuseurs — et s'il ne le fait pas, c'est à mon sens le signe non pas de son humeur folâtre, bien qu'il y ait là un élément de jeu, mais d'une indécision qui affecte d'ailleurs le régime tout entier. En outre, ces publications clandestines sont répandues non pas à quelques exemplaires isolés, comme vous l'écrivez, mais par milliers. A mon avis, le triste rôle que vous a donné le K.G.B., à vous et à beaucoup de vos collègues, vous a incité, malgré vous, à exagérer sa puissance. Vous écrivez que nous vivons dans un monde orwellien ; mais s'il en est ainsi, vous lui avez apporté votre obole, sous la forme de votre soumission au K.G.B. et de vos relations mystiques avec lui.

Enfin, quoi qu'il en soit, vous vous trouvez maintenant dans un autre monde et vous avez transporté votre haine secrète là où elle peut devenir ouverte ; seulement elle n'y suscite, hélas ! en retour ni haine ni sympathie ardente, mais plutôt une curiosité bienveillante — ou malveillante, comme vous avez déjà pu vous en convaincre. Et c'est à ce propos que je veux vous faire un deuxième reproche.

*
* *

On a l'impression que beaucoup, en Occident, se font une idée tout à fait inexacte de la situation réelle dans notre pays, et en particulier de celle des écrivains. La raison en est peut-être que des gens élevés depuis leur enfance dans une culture différente, une société régie par des principes différents, ont autant de mal à comprendre un monde étranger que s'il leur fallait du jour au lendemain parler une langue étrangère. C'est aussi que les informations concernant de nombreux aspects de notre vie ne pénètrent pas en Occident, ou y pénètrent en très petites quantités, et qui plus est, ceux à qui incombe la tâche d'informer déforment les faits, sciemment où inconsciemment. Aussi, chaque Russe qui veut que son pays soit mieux compris en Occident, voire que son intervention aide à accroître les libertés dans ce même pays, a-t-il non seulement le droit mais le devoir d'informer honnêtement l'opinion publique indépendante sur ce qui se passe chez nous. Informer, mais sans chercher à susciter la sympathie et moins encore la pitié comme vous le faites, me semble-t-il.

Je pense que vos plaintes ne touchent personne, pas plus que le feraient les miennes ou celles de n'importe qui : chacun a la force de supporter la peine des autres. Je pense que plus nous exposerons sereinement et objectivement la condition de l'écrivain dans notre pays, moins nous dramatiserons le manque d'honnêteté dont témoignent à notre égard ce qu'il est courant d'appeler « les milieux occidentaux progressistes », plus nous parviendrons rapidement à rectifier l'image tout à fait inexacte que le régime a su donner de lui à l'étranger.

Je parle d'un manque d'honnêteté parce qu'il n'est

pas honnête, alors qu'on jouit dans son propre pays
de toutes les libertés, ou que l'on a pu en acquérir
une plus large mesure pour soi-même, ou exercer
plus d'influence, de collaborer sous une forme ou
sous une autre avec un régime qui prive ses citoyens
de ces libertés ainsi que de toute influence, de lui
chercher des justifications, de nouer avec lui les
moindres rapports, d'ouvrir avec lui le moindre
dialogue. Je pense qu'il serait injuste de critiquer
ces gens parce qu'ils se passionnent davantage pour
leurs propres problèmes que pour nos souffrances,
et plus exorbitant encore d'exiger qu'ils se mettent
dans notre peau et éprouvent eux-mêmes ce que nous
subissons. A eux et à tous ceux qui nous entendrons,
nous devons dire la vérité, et elle seule, sur la situation dans notre pays. C'est de cela qu'il a besoin
avant tout.

Et je pense que nous sommes en droit de leur
dire encore ceci : « Si la liberté vous est chère, non
seulement pour vous mais en tant que valeur universelle, réfléchissez au moins une fois avant de vous
engager dans des « échanges intellectuels » avec
un pays où le concept même de liberté est perverti
et réfléchissez dix fois avant d'écrire des rapports
bourrés de suffisance autant que d'ignorance sur la
Russie dont vous admirez aveuglément les « villages
Potemkine [15] ».

Pour convaincre l'opinion occidentale que la situation des écrivains, comme de tous les autres citoyens,
est très pénible dans notre pays, vous dites à plusieurs reprises qu'il existe chez nous un système
fasciste. En fait, il ne s'agit pas de savoir si cette
assertion est vraie ou fausse, mais alors que le
fascisme n'avait encore été ni renversé ni mis en

accusation, nombreux étaient ceux qui, dans les pays démocratiques, l'admiraient ou en tout cas lui trouvaient certains mérites. Peut-être estimaient-ils qu'il ne convenait pas à leur propre pays, mais qu'il était fort bon pour les Allemands et les Italiens. Beaucoup espéraient même que, progressivement introduit dans le respectable concert des organisations internationales, le fascisme perdrait ses mauvaises manières. C'est pourquoi je me demande si vos comparaisons atteignent bien le but recherché.

Je ne sais pas non plus si vous avez eu raison de demander à M. Miller de se préoccuper, comme président du Pen Club, du sort des écrivains en Russie. Quelle que soit sa position, en tant qu'homme et en tant qu'écrivain, il serait amené à s'occuper non seulement de la littérature et de son sort, mais de politique — c'est du moins l'aspect qu'auraient les choses, vues de Russie — et dans ce dernier domaine, le problème de l'affiliation des associations d'écrivains soviétiques au Pen Club se poserait aussitôt. Du point de vue politique, ce serait peut-être une grande victoire pour M. Miller, mais qu'est-ce que cela apporterait à la littérature ? Que gagnerait notre pays à ce que Kotchetov [16] ou Evtouchenko [17] aillent à Menton et y déclarent qu'en U.R.S.S. la création est libre ? La situation des écrivains en Allemagne de l'Est est-elle meilleure que celle des Soviétiques parce que ce pays est membre du Pen Club ? A mon avis, l'art et la politique sont incompatibles, voire antinomiques — aussi toute tentative faite pour les mêler ne peut-elle que desservir le premier au profit de la seconde, voire, ce qui est plus grave encore, introduire dans la littérature un esprit de compromis qui lui est étranger.

Voilà, en gros, ce que je voulais vous objecter. Encore une remarque : ne prenez pas trop à cœur tout ce que vous entendez dire en Occident. On vous a reproché d'avoir, par votre départ, rendu plus mauvaise encore la situation dans notre pays, avec le résultat qu'aujourd'hui nombre de vos collègues ne peuvent se rendre en Occident. Je ne pense pas que les choses aient empiré. Ce qui est grave, ce n'est pas que de petits vers pseudo-libéraux restent dans les tiroirs sans être imprimés, ou que leurs auteurs se voient refuser l'autorisation d'aller à l'étranger, mais que nombre de poètes et de prosateurs de grand talent ne puissent pas se faire connaître : certains cessent d'écrire et d'autres s'engagent dans la triste voie du conformisme. A cela, votre départ sans retour n'a rien changé, ni en bien ni en mal. Si vous parveniez à faire comprendre cela en Occident, voilà qui serait très important.

Vous voulez convaincre l'Occident que des rapports comme ceux que vous avez eus avec le K.G.B. étaient la règle plutôt que l'exception dans le milieu des écrivains soviétiques. Vous faites remarquer, par exemple, que certains poètes connus ont, comme vous, donné des renseignements. Mais ce qui me paraît primordial, ce n'est pas que des écrivains se mettent au service du K.G.B., c'est que la littérature remplisse vis-à-vis de lui une fonction servile. Peu importe que votre remarque soit juste ou non, ce qui compte c'est que toutes ces bouffonneries poético-politiques, qui ont surtout fleuri à l'époque de Khrouchtchev, mais que ses successeurs jugent apparemment sans grande utilité, aient si peu de rapport avec l'indépendance de l'art — tout comme les écrits de Kotchetov. Il me semble même que l'obscurantisme non déguisé de ce dernier mérite plus de considération que les simulacres d'esprit contestataire qui, avec la vodka et le caviar, constituent depuis longtemps des produits d'exportation fort utiles au régime.

Je vous écris pour répondre aux articles et aux lettres que vous avez publiés ; je considère donc que cette réponse est une lettre ouverte. Souhaitant qu'elle soit publiée, je voulais la faire aussi courte que possible, or elle a fini par être d'une longueur inhabituelle : ou je ne sais pas écrire, ou j'ai effleuré trop de sujets à la fois. Je vous l'adresse néanmoins par l'intermédiaire du *Daily Telegraph*, et je serais très heureux si ce journal réputé voulait bien la publier. J'aimerais surtout faire savoir à l'Occident qu'il existe dans notre pays d'autres opinions concernant votre départ que celles que vos anciens collègues ont exprimées dans la presse soviétique.

Anatole Vassilievitch, je vous félicite cordialement et sincèrement de vous trouver désormais dans un pays libre et j'espère que ce sera pour vous un grand pas sur la voie de la liberté intérieure. Je voudrais donc avant tout que les livres que vous écrirez et publierez en liberté soient meilleurs et plus intéressants que ceux qui ont paru sous votre nom en U.R.S.S. Je vous le souhaite par-dessus tout.

1er novembre 1969.
Akoulovo.

III

A la rédaction des journaux
« New York Times », « Washington Post »,
« Los Angeles Times » (U.S.A.), « Times » (G.-B.),
« Le Monde » (France), « Het Parool » (Pays-Bas)

Monsieur le Rédacteur en chef,

Plusieurs maisons d'édition aux Pays-Bas, aux Etats-Unis, en Angleterre et en France publient actuellement, ou ont publié mes livres *Voyage involontaire en Sibérie, L'Union soviétique survivra-t-elle en 1984 ?* voire une pièce de théâtre : *Est-Ouest* [18], et d'autres textes encore. J'ai conclu des accords avec toutes ces maisons, soit directement, soit par l'intermédiaire de personnes dûment mandatées par moi. Ce faisant, outre le désir qu'a tout écrivain de voir publier ses œuvres, je voulais prouver que les citoyens soviétiques ont, comme ceux de n'importe quel autre pays, le droit de faire paraître à l'étranger

des textes demeurés inédits dans le leur, de le faire
sous leur vrai nom, de déterminer avec l'éditeur les
conditions du contrat, bref, de jouir intégralement
des droits d'un créateur. La perception d'honoraires
est l'un de ces droits. De fait, plusieurs éditeurs
m'ont déjà fait parvenir par l'intermédiaire de la
Banque d'Etat soviétique une partie des sommes
que mes livres ont rapportées. Seulement, les organismes officiels dont dépend le contrôle des changes
en U.R.S.S. m'enlèvent en fait la possibilité de les
toucher. Se référant à des instructions secrètes, ils
m'ont fait savoir que je publiais mes œuvres en
Occident sans l'accord des services officiels soviétiques, donc illégalement, et que la remise des
sommes produites par leur diffusion n'était pas
prévue aux termes des règlements [19]. Dans la meilleure hypothèse, ils seraient disposés à les considérer
comme des « cadeaux » envoyés d'Occident. Cette
position, inadmissible pour moi parce qu'il ne s'agit
pas de cadeaux, mais des fruits de mon travail, est
évidemment avantageuse pour le gouvernement soviétique parce que les cadeaux sont soumis à des taxes
beaucoup plus élevées. Au service central de l'Union
soviétique pour la défense des écrivains, auquel je
me suis adressé afin d'avoir un appui, on m'a dit
que toutes mes publications étaient parfaitement
légales, mais on a refusé de m'aider à faire valoir
mes droits.

Il y a trois ans, agissant en ma qualité d'héritier
comme je pouvais le faire, j'ai voulu donner aux
victimes des inondations de Florence les sommes
rapportées par un livre de mon père publié en
U.R.S.S. Le ministère des Finances me l'a interdit,
en prétendant que le gouvernement avait un besoin

urgent de devises étrangères et qu'il ne pouvait pas convertir des roubles. Informé d'une situation aussi pénible, je pourrais envisager d'offrir de mon plein gré une certaine quantité de devises au gouvernement soviétique, mais je ne le ferai jamais sous l'effet de la contrainte. C'est pourquoi si mes droits d'auteur ne sont pas respectés ici, je me verrai dans l'obligation de prier mes éditeurs de ne pas m'envoyer ce que j'ai gagné par l'intermédiaire d'établissements aussi peu respectables que ceux d'U.R.S.S. et de les garder en Occident.

Je demande à votre journal de publier cette lettre afin que je puisse fustiger publiquement la ladrerie et la mesquinerie dont le gouvernement soviétique a fait montre. Pour avoir publié mes livres à l'étranger, j'aurais été fusillé par Staline ; ses pitoyables successeurs se contentent d'essayer de me rafler une partie de l'argent qui m'est dû. Cela ne peut que confirmer mon opinion sur la dégradation et la décrépitude de ce régime — opinion que j'ai déjà exprimée dans *L'Union soviétique survivra-t-elle en 1984 ?*

Décembre 1969.
Moscou.

IV

Je veux qu'on me comprenne bien

Des dizaines d'années de terreur ont fait naître dans mon pays une atmosphère non seulement de peur, mais également de méfiance et de suspicion générales. Aussi, quand des hommes ont surgi, résolus à faire ce qu'auparavant nul n'avait osé ou qu'une arrestation sanctionnait immédiatement, le bruit a couru presque à chaque fois que s'ils avaient agi avec autant d'audace, c'est qu'ils en avaient reçu l'autorisation ou l'ordre de la police secrète. Ces rumeurs émanaient de gens qui, par couardise innée ou acquise, ne se seraient jamais décidés à faire quoi que ce soit contre le régime et ne parvenaient pas à comprendre qu'il pouvait exister des gens plus audacieux ou plus désespérés qu'eux.

Aussi, quand il me revenait que des bruits de ce genre circulaient sur mon compte, j'en étais furieux, certes, mais je concluais qu'ils étaient inévitables. Je savais parfaitement que pas un de mes amis, pas un de ceux qui me connaissaient bien ne les prenaient un instant au sérieux. De même, pas un de mes adversaires n'aurait osé faire publiquement de pareilles déclarations à mon endroit, sachant qu'ils ne disposaient d'aucun fait pour les étayer. Telle était la situation dans mon pays.

Malheureusement, j'ai acquis la certitude que certaines personnes en Occident se laissent entraîner par la logique apparente d'aphorismes du genre : « Si un individu n'agit pas comme les autres, c'est que l'affaire est louche. » En outre, ces personnes pensent pouvoir donner une publicité considérable à leurs inventions en prenant la précaution d'indiquer qu'elles n'ont pas d'éléments précis, mais « seulement des soupçons ». Il me semble que si l'on a « seulement des soupçons », on ne doit jamais vilipender publiquement qui que ce soit. En effet, ces « soupçons » n'ont pas qu'un intérêt théorique : ils touchent à l'honneur et à la dignité d'un homme.

De plus, étant donné que certains journaux américains ont déjà laissé entendre clairement que je *pourrais être* un agent du K.G.B., j'ai décidé de faire savoir moi aussi avec un certain éclat ce que j'en pense. D'après ce que j'ai compris, le premier qui exprima cette opinion a été M. Bradsher dans le *Washington Evening Star* du 26 novembre 1969. Dès que j'ai su l'existence de son article, j'ai envisagé d'envoyer une courte lettre à la rédaction du *Star* afin de réfuter les « soupçons » qu'il contenait. Je pensais que cet article, bien que désagréable pour moi, était écrit sur un ton calme et sensé. Mais quand j'ai enfin pu me le procurer et le lire, j'ai constaté qu'il s'agissait tout bonnement d'un seau d'ordures déversé sur ma tête. C'est pourquoi je ne veux pas écrire à un journal qui a inséré un pareil factum : je remettrai ma réponse à un correspondant américain à Moscou et je serai reconnaissant à ceux des journaux de son pays qui la publieront.

M. Bradsher commence son article sur un ton semi-interrogatif, mais il donne l'impression de chercher bien moins à démêler ce que je suis vraiment qu'à me dénigrer sciemment. Il déforme et dénature les faits, glisse des allusions malveillantes et fait preuve de la mentalité typique du policier qui, incapable de considérer quoi que ce soit simplement, cherche partout des dessous cachés et honteux. Se refusant obstinément à assumer la moindre responsabilité personnelle, il se réfère sans cesse à des « spécialistes », des « réfugiés d'U.R.S.S. », « quelqu'un qui a bien connu Amalrik, il y a quelques années » — tous, naturellement, anonymes. Des articles de ce genre pourraient parfaitement paraître dans la *Pravda*, à cette seule différence que j'y serais qualifié d'agent non pas du K.G.B., mais de la C.I.A.

N'ayant pas la possibilité de citer un Bradsher devant un tribunal pour diffamation, mais bien décidé à me défendre, je répondrai donc en détail à ses arguments.

Mes critiques à l'égard de Kouznetsov

Premier argument : ma lettre ouverte « au romancier soviétique Anatole V. Kouznetsov, passé depuis peu en Angleterre et qui a dénoncé le contrôle que la police secrète exerce sur les écrivains soviétiques ».

M. Bradsher poursuit en ces termes :

De l'avis des spécialistes, ici, cette lettre semblait destinée à annihiler le rôle que Kouznetsov pouvait jouer en Occident comme vaillant défenseur dè la liberté des écrivains — et annihiler du même coup son utilité pour la propagande anticommuniste.

Il ajoute que je lui « reproche d'avouer avoir travaillé pour le K.G.B. en qualité d'indicateur ».

Dans ma lettre, je ne critique absolument pas Kouznetsov d'avoir « dénoncé le contrôle que la police secrète exerce sur les écrivains soviétiques ». A mes yeux, son seul geste vraiment courageux a précisément été de reconnaître honnêtement ses rapports avec le K.G.B., dévoilant du même coup, au moins partiellement, le mécanisme de la mainmise du régime sur les écrivains. Voilà ce que j'ai indiqué dans ma lettre.

De même, je ne critique pas Kouznetsov de s'être enfui à l'étranger, comme l'ont compris certains lecteurs peu attentifs. Tout au contraire, je dis que s'il ne pouvait pas travailler librement en U.R.S.S., c'était non seulement son droit mais son devoir d'écrivain de se réfugier là où il pourra écrire ce qu'il voudra, et publier ce qu'il écrit.

Ce que je lui reproche c'est, une fois à l'étranger, d'avoir tenté une justification globale de sa collaboration et de son conformisme en mettant tout sur le compte de la cruauté du régime et en excusant, par là même, l'attitude lâche et passive de la plupart des intellectuels soviétiques qui veulent qu'on les plaigne parce qu'ils sont privés de liberté, mais se refusent au moindre effort pour la conquérir. J'ai écrit que si nous voulons changer le régime de notre pays, nous devons tous prendre personnellement notre part de responsabilité dans l'entreprise.

J'espère qu'Anatole Vassilievitch Kouznetsov, lui, a bien compris le sens de mes reproches, des reproches que j'ai faits non pas pour « annihiler son rôle en Occident », mais pour lui montrer que les esprits indépendants de son pays ne se comportent pas à son égard comme la presse officielle soviétique, mais pas non plus comme ceux qui le considèrent du point de vue de « son utilité pour la propagande anticommuniste ».

Ma lettre a-t-elle réduit à rien cette « utilité » ? Il m'est difficile d'en juger, mais je tiens à dire que le terme de « propagande » me fait horreur, et quand j'ai rédigé ce texte, je ne pensais pas à la propagande, qu'elle soit procommuniste ou anticommuniste, je pensais à la dignité des écrivains russes.

M. Bradsher se livre à une falsification pure et simple de ma lettre. J'ai dit qu'à en juger d'après ses livres, Soljenitsyne ne donnait pas l'impression d'être « persécuté et torturé », qu'il était capable de résister à n'importe quelle pression, qu'il avait déjà sauvegardé sa liberté en prison et que j'étais persuadé qu'il la sauvegarderait encore s'il était arrêté une nouvelle fois ; j'ajoutais que nous pouvons tous puiser des forces dans cet exemple. Mais voilà ce que M. Bradsher fait de ce passage :

Amalrik a déclaré : « Il est impossible de dire que Soljenitsyne... est persécuté et torturé » et ajouté froidement que celui-ci pourrait survivre à un autre emprisonnement.

Ce n'est pas le seul passage de ma lettre à Kouznetsov qui est dénaturé de la sorte. Ainsi,

M. Bradsher écrit : « Amalrik a déclaré qu'il préférait se taire et souffrir que mentir pour avoir des privilèges », et il conclut que puisque je ne me tais pas et qu' « apparemment je ne souffre pas », cela pose un grand point d'interrogation. Or, en réalité, je dis simplement que ceux qui ne peuvent s'opposer ouvertement au régime feraient mieux de se taire que d'écrire et de dire le contraire de ce qu'ils pensent.

Mon retour de Sibérie

Deuxième argument : mon retour anticipé de Sibérie où j'ai été déporté sur ordre du K.G.B.

En 1966, la Cour suprême russe rapporta le jugement et Amalrik revint à Moscou, écrit Bradsher. Une telle révision est exceptionnelle, l'autorisation de revenir à Moscou l'est encore davantage.

Et plus loin :

Il a peut-être acheté son retour de Sibérie en acceptant de collaborer.

Là encore, le journaliste dénature les faits, ou alors il ne les connaît pas.

La révision des jugements est une pratique courante qui ne résulte en aucune manière de tractations occultes, mais simplement de l'ignorance crasse avec laquelle beaucoup d'affaires sont traitées aux échelons inférieurs, d'où des jugements mal fondés qui obligent les juridictions supérieures à les modifier, même si le K.G.B. s'est déjà prononcé. En ce qui concerne les inculpations aux termes du décret du

4 mai 1961, je ne connais pas un seul cas où les condamnés pour motifs politiques aient purgé leur peine jusqu'au bout, tant leur affaire avait été jugée de façon inepte et irrégulière. Tout comme moi, le poète Joseph Brodsky a vu son jugement révisé et il a pu revenir avant l'expiration de sa peine dans sa ville natale, Leningrad [20]. On a beaucoup écrit sur son cas en Occident où ses vers ont été publiés. De la même façon, une libération anticipée a permis au poète Batchev (du groupe S.M.O.G. [21]) et au peintre Nedbaïlo de revenir à Moscou. Si l'on suivait le raisonnement de M. Bradsher, il faudrait tous les considérer comme des agents du K.G.B.

Affirmer comme il le fait que la permission de revenir à Moscou est exceptionnelle est plus absurde encore. On la refuse uniquement dans le cas où l'intéressé a été condamné pour « crime particulièrement dangereux contre l'Etat » (prévu, entre autres, par l'article 70 du Code pénal de la R.S.F.S.R.*), ou s'il est récidiviste. Dans tous les autres cas, si le condamné vivait auparavant à Moscou et y a de la famille qui accepte de le recevoir, il peut y retourner. C'est ainsi que Guinzbourg est revenu dans la capitale en 1962 après sa première détention, et Bielogorodskaïa en 1969 [22] — je ne cite que des exemples connus en Occident. Il arrive même parfois que la mesure s'étende à des individus tombant sous le coup de l'article 70. Ainsi en a bénéficié le général Grigorenko en 1965, après sa sortie d'un asile psychiatrique de

---

* République Socialiste Fédérative Soviétique de Russie, l'une des quinze républiques qui composent l'U.R.S.S. Elle est la plus grande de toutes et, comme on sait, son rôle est dominant. (*Note de l'éditeur, 1977.*)

Leningrad où il était interné [23]. D'après M. Bradsher, tous ces gens-là seraient des agents du K.G.B.

A plus forte raison quand le jugement a été cassé ou révisé, le retour va de soi. En revanche, pas d'espoir de révision et presque pas d'espoir de retour à Moscou si les autorités mettent en scène un procès « exemplaire » avec campagne de presse, « meetings de travailleurs », etc., comme cela se passa pour Siniavsky et Daniel, ou Guinzbourg et Galanskov [24]. Pour la majorité des affaires ordinaires, comme la mienne en 1965, les choses ne se passent pas ainsi.

De toute évidence, M. Bradsher connaît mal le droit et la jurisprudence soviétiques, sinon il n'écrirait pas que je veux « mettre à l'épreuve la loi aux termes de laquelle les écrivains Andreï D. Siniavsky, Youli Daniel et d'autres ont été condamnés à la prison pour avoir fait passer leurs œuvres à l'étranger en fraude ». Une telle loi n'existe pas en U.R.S.S. Officiellement, Siniavsky et Daniel ont été condamnés en raison du caractère « antisoviétique » de leurs œuvres et de ce point de vue, qu'ils les aient publiées en Occident ou qu'ils les aient diffusées sous forme de polycopies parmi leurs amis en U.R.S.S., revient exactement au même. Par mes publications, je veux montrer justement qu'une telle loi n'existe ni en Occident ni en U.R.S.S., et que toutes les poursuites intentées en s'y référant sont illégales.

Les spécialistes trouvent étrange, écrit plus loin M. Bradsher, que l'arrestation de 1965 aussi bien que la perquisition de mai [1969] se soient produites en présence d'Américains...

Il veut donner par là à ses lecteurs l'impression qu'il s'agissait de mises en scène organisées par le K.G.B.

En réalité, j'ai été arrêté le 14 mai 1965 sans aucun témoin ; même mon père, alors gravement malade, et mes amis n'ont su que deux semaines plus tard où je me trouvais. Si M. Bradsher s'était vraiment intéressé aux circonstances de mon arrestation et de ma libération, il aurait dû commencer par lire mon livre *Voyage involontaire en Sibérie*, auquel il fait allusion dans son article et où je retrace tous ces événements en détail. Je pense qu'il s'abstiendrait alors de lancer ces assertions aussi venimeuses que dénuées de fondement.

Pour ce qui est de la perquisition du 7 mai 1969, elle a en effet eu lieu en présence de correspondants américains, ce qui à mon avis n'a pas dû faire grand plaisir au K.G.B.

Mes contacts avec les étrangers

Troisième argument : mes contacts constants avec des étrangers et mes rapports amicaux avec quelques correspondants américains à Moscou.

Les dissidents qui ont défendu Siniavsky et Daniel, qui ont publiquement mis en garde contre la renaissance du stalinisme et qui ont dénoncé l'invasion de la Tchécoslovaquie, écrit M. Bradsher, ne peuvent en faire autant. Le K.G.B. leur interdit d'entretenir des rapports aussi familiers avec les Occidentaux.

Même en s'en tenant à la logique policière du journaliste, il faut bien admettre que si ces « protestations et avertissements publics » ont été connus en Occident et ont eu un très vaste retentissement, c'est que, sinon tous, du moins quelques « dissidents authentiques » ont dû avoir des rapports amicaux et confiants avec des Occidentaux à Moscou, car enfin le *Samizdat* n'arrive pas en Occident par l'intermédiaire de Tass ou de Novosti [25].

Mais sans aller chercher si loin, c'est un fait bien connu des journalistes occidentaux à Moscou que beaucoup de dissidents ont rencontré et rencontrent des étrangers, se rendent à leurs invitations, ou les reçoivent chez eux.

Je crois que M. Bradsher s'est fait cette idée assez fausse d'une coupure totale entre Russes et étrangers parce que, pendant les quatre années où il a travaillé à Moscou, il n'a pas adressé une seule fois la parole à un habitant de la ville, exception faite des personnages officiels, et cela pour la simple raison qu'il ne connaît pas un mot de russe.

De fait, le K.G.B. s'oppose à ce que des rapports s'établissent entre citoyens soviétiques et étrangers — en quoi il est fort aidé par l'excessive prudence de certains correspondants en poste à Moscou qui ont peur de sortir de leur bureau et voient dans tous les Russes qu'ils rencontrent des « agents de la police secrète ».

La sombre méfiance de M. Bradsher lui fait encore dire d'autres inepties. Il écrit, par exemple, que ma femme et moi-même avons pu nous rendre à la réception donnée le 4 juillet par l'ambassade américaine, alors que des agents de la police secrète se tenaient à la porte. Nous y sommes allés parce que nous avions reçu des invitations et que personne ne nous en a empêchés ; mais nous aurions parfaitement pu entrer sans être invités, car, M. Bradsher devrait le savoir, il y a un tel afflux de visiteurs au début de la réception que personne ne leur demande s'ils ont un carton, et les agents du K.G.B. seraient dans l'impossibilité matérielle de vérifier cas par cas.

Comme il veut à tout prix me dénigrer, M. Bradsher essaie de présenter le moindre de mes gestes sous le jour le plus sombre et jusqu'au fait que j'aime la peinture, que je fais collection de tableaux et que ma femme, qui est peintre, a vendu quelques-unes de ses toiles à des Américains. Voici ce que cela donne sous sa plume :

Fournisseur d'art « clandestin », il a essayé de s'insinuer dans les bonnes grâces des épouses de plusieurs ambassadeurs américains successifs.

A mon avis, seul quelqu'un de très méprisable peut écrire ce genre de choses.

*Mon antipatriotisme : instrument
de la « propagande noire »*

Quatrième argument : mon livre *L'Union soviétique survivra-t-elle en 1984 ?* est antipatriotique. Je me fais de la réclame auprès des journalistes occidentaux qui, bernés, me présentent comme un « membre audacieux... d'un groupe dissident » ; les radios occidentales retransmettent des passages de mes livres aux auditeurs soviétiques — et ceux-ci reportent l'indignation que leur inspire mon antipatriotisme sur les « dissidents authentiques ». Ce plan machiavélique a été élaboré par le service de la « propagande noire » à l'agence Novosti où j'ai travaillé, mais il a été démasqué par un « réfugié d'U.R.S.S. » anonyme dont M. Bradsher fait un expert en patriotisme russe. Ce plan me semble beaucoup trop subtil pour les âmes simples chargées de la propagande et de la contre-propagande soviétiques ; il exigerait en outre que l'on arrête le brouillage des émissions occidentales pour permettre d'écouter la retransmission de mes livres. Or, ce n'est pas du tout ce qui se passe.

Là, comme dans le cas de ma lettre à Kouznetsov, M. Bradsher a recours à la falsification pure et simple. J'écris que l'unique espoir d'un avenir meilleur pour le monde entier, ce n'est pas la guerre mais la coopération entre les races, dont le meilleur exemple serait l'entente entre les Etats-Unis et la Chine. Or, hanté par le désir de démontrer mon antipatriotisme, M. Bradsher interprète ce passage comme « la proposition d'une coopération entre les Etats-Unis et la Chine dans le dessein de renverser le système soviétique ». Quand j'écris que dans le cas d'une guerre prolongée avec la Chine sur les frontières de l'Union soviétique, les tendances au séparatisme se feraient de plus en plus fortes, M. Bradsher y voit « une défense du nationalisme régional au sein de l'Union soviétique ». Il essaie également par tous les moyens d'utiliser pour sa démonstration mon travail à l'agence Novosti. En réalité, j'y ai travaillé comme des milliers d'autres pigistes qui n'ont pas été passés au crible ; j'ai interviewé des metteurs en scène moscovites ; j'ai écrit des articles sur le théâtre et la peinture ; mais dès l'instant où le K.G.B. s'est de nouveau intéressé à moi, j'ai été immédiatement écarté de toute activité pour le compte de l'agence, et même elle a refusé de me donner un certificat attestant que j'y avais travaillé deux ans. Après cela, pour ne pas être à nouveau expulsé de Moscou, je me suis mis à porter des journaux à la poste. Il faut avoir une forte dose d'imagination ou d'ignorance pour en tirer les conclusions qu'en tire M. Bradsher.

En ce qui concerne mon « antipatriotisme », on peut, sans recourir aux falsifications, trouver dans mes livres nombre de jugements sévères sur mon pays et mes concitoyens. Peut-être le Russe moyen, s'il avait la possibilité de les lire ou de les entendre — mais contrairement à ce que croit M. Bradsher, il ne l'a pas — jugerait-il certains de ces passages antipatriotique. Cependant, à mes yeux le meilleur patriote n'est pas celui qui déverse de la mélasse sur les blessures de son pays, mais celui qui les met à nu pour qu'on puisse les soigner. Peut-être est-il antipatriotique de critiquer son pays et de l'avertir des dangers qui le menacent en publiant dans ce dessein des livres à l'étranger. Mais je n'ai pas d'autre possibilité. Et de plus, j'estime qu'il est temps pour mon pays d'éliminer ce complexe d'infériorité national et social qui engendre une véritable phobie de la critique, quelle qu'elle soit, venant de l'intérieur ou de l'extérieur.

J'aime le pays où je suis né, où j'ai grandi, et je ne peux penser à son destin sans pleurer. J'éprouverais un grand chagrin si je devais le quitter, mais je reconnais avec une profonde amertume que je ne l'admire pas. Si j'avais pu choisir mon lieu de naissance, j'aurais préféré un de ces petits pays qui se battent l'arme au poing pour leur liberté, comme le Biafra ou Israël.

Je ne suis toujours pas arrêté

Cinquième argument : je ne suis toujours pas arrêté malgré la publication de mes livres à l'étranger. Mon arrestation, tel un papier de tournesol, devrait révéler si je suis, ou non, un agent du K.G.B. D'après ce que j'ai compris, M. Bradsher n'est pas le seul à avoir cette idée.

A mes yeux, présenter le problème de cette façon est tout simplement immoral. Mon pays n'est pas un cirque romain, je ne suis pas un gladiateur, et le monde occidental, dont M. Bradsher se met à parler sur un ton pathétique à la fin de son article, n'est pas la plèbe qui observe avec passion ou indifférence pour voir si les combattants périssent vraiment ou si la lutte est truquée.

Quand j'ai écrit mes livres et pris des dispositions pour les faire publier, je savais que je risquais la prison, j'étais prêt à courir ce risque et je le suis toujours. Mais je remercie le Ciel de chaque jour de liberté qui m'est donné, que je peux passer chez moi, avec ma femme. Il me semble qu'un homme respectable et qui croit en Dieu ne devrait jamais dire : « Il n'est pas encore arrêté, voilà qui est très louche », mais : « Grâce à Dieu, il n'est pas encore arrêté, cela fait un homme libre de plus sur cette terre ».

Je crois que les « spécialistes » anonymes de M. Bradsher n'occupaient pas des postes de responsabilité dans la police secrète d'un Etat totalitaire et ne sont guère compétents pour juger dans quel cas il convient d'arrêter immédiatement et dans quel cas il convient d'attendre. Je crois que le K.G.B. emploie assez de gens sensés — du point de vue policier, bien sûr — et qu'on m'arrêtera quand le bruit fait autour de moi à l'étranger cessera, quand l'intérêt suscité par mes livres retombera ; à ce moment-là, je ne serai pas jugé sur mon œuvre, mais accusé de quelque délit mineur qui servira de pré-

texte. Et avant de m'arrêter, on essaiera de me salir,
comme on l'a fait pour tous les autres en pareille
circonstance. C'est pourquoi je suis persuadé que
l'article de M. Bradsher a dû beaucoup réjouir le
K.G.B. En ce qui concerne le retard apporté à mon
arrestation, un régime bureaucratique ne se hâte
jamais, parce que ce n'est pas dans sa nature et
parce qu'il sait bien que personne ne lui échappera.
Martchenko a été arrêté six mois après avoir commencé à diffuser ses écrits sur les camps soviétiques [26] ; Grigorenko, sept mois après son célèbre
discours aux obsèques de Kosterine [27] ; Bogoraz-Daniel
et Litvinov, huit mois après l'appel « A l'opinion publique mondiale [28] » ; Yakhimovitch, quatorze mois
après sa lettre à Souslov condamnant les procès faits
aux dissidents ; Gorbanevskaïa, quinze mois après sa
participation à la manifestation sur la place Rouge [29],
et ainsi de suite. Je ne crois pas que l'on fera une
exception rien que pour moi.

On connaît fort bien aussi en Occident les noms
des écrivains russes dont les livres y ont été publiés ;
néanmoins, beaucoup sont en liberté et il n'est absolument pas nécessaire de charger un agent spécial
de composer des ouvrages destinés à « atténuer la
mauvaise impression provoquée à l'étranger par la
cruauté de la répression policière ».

Dans son article, M. Bradsher commet encore nombre d'inexactitudes ; il ne connaît même pas mon
nom, puisqu'il m'appelle à plusieurs reprises Andreï
Alexandrovitch au lieu d'Andreï Alexeïevitch. Mais
enfin tout cela n'est pas très important et il me semble que j'ai réfuté tous ses arguments. Tous sauf un,
qui m'a paru le moins... convaincant.

Je veux être bien compris

« Le nom d'Amalrik n'a figuré sur aucune des protestations contre le procès de Siniavsky et Daniel
ni contre ceux de jeunes dissidents qui l'ont suivi »,
écrit M. Bradsher ; et il en conclut que je ne « parais
pas avoir l'aval des autres opposants ».

Il me semble qu'il ne devrait pas écrire ainsi sans
me connaître personnellement, moi et mes amis. J'ai
des liens très étroits, parfois depuis des années, avec
beaucoup de ceux qui luttent pour les droits
civiques et la liberté de parole dans notre pays, et
dont la plupart ont déjà payé ces activités de peines
d'emprisonnement. Ils n'ont jamais douté de moi,
pas plus que je ne doute d'eux. J'espère que M. Bradsher a écrit cette phrase sans prendre le temps de
réfléchir, pour essayer d'étayer coûte que coûte ses
soupçons et qu'il en éprouve maintenant du regret.

Il est d'ailleurs vrai que je n'ai jamais signé aucune
protestation ni aucune pétition collective adressée
à de nombreuses autorités soviétiques ; je n'ai jamais
adhéré à aucun « groupe de dissidents » et n'ai jamais
prétendu en faire partie, encore que je considère
leurs membres avec un grand respect, que beaucoup
soient mes amis, que je poursuive les mêmes buts
qu'eux et que je m'efforce de les aider.

Lorsque j'ai terminé mon livre, dans un petit
village de la région de Riazan, en regardant par la
fenêtre les chèvres brouter la tête basse sous une
pluie fine, je ne savais pas s'il serait imprimé et je
pouvais moins encore deviner qu'il ferait autant de
bruit. Mais puisque les choses se sont passées ainsi,
je tiens à être bien compris. Depuis mon enfance,

je me sens organiquement étranger au régime sous lequel je suis obligé de vivre ; sa culture m'a toujours paru indigente, son idéologie fausse et la manière de vivre imposée à mes compatriotes, avilissante. Je suis, par nature, individualiste, et ma protestation a toujours été personnelle. J'ai toujours voulu défendre moi-même ma dignité d'homme et le droit d'être libre. Mais croire que je n'ai jamais pensé qu'à moi serait absolument faux. Simplement, je voudrais — et peut-être mon exemple y contribuera-t-il — que chacun de mes compatriotes sente lui aussi toute l'importance, toute la signification de sa propre personnalité. C'est seulement ainsi, à mon avis, que la défense de la collectivité est possible. En effet, un combat « dans l'intérêt général » mené par des gens ayant une mentalité d'esclaves ne peut aboutir et n'aboutit qu'à l'esclavage généralisé.

C'est pourquoi j'espère être compris en Amérique, ce pays créé par des individualistes épris de liberté, venus de tous les points de l'horizon. J'espère que mes livres — à condition qu'on ne les lise pas entre les lignes, mais tels que je les ai écrits — apporteront la meilleure réponse qui soit aux interprétations erronées données de mon œuvre et aux calomnies pures et simples proférées à mon encontre.

Si, malgré tout, l'écho de ces rumeurs persistait dans l'esprit de mes lecteurs, je trouverais au moins une consolation dans ce vieux proverbe russe : « La bonne renommée reste sous les pierres mais la mauvaise court les chemins. »

Janvier 1970.
Moscou

V

A la rédaction du « Spiegel »

Monsieur le Rédacteur,

J'ai lu dans le numéro de votre journal daté du 16 mars 1970 un article sur moi, non signé, mais exprimant à l'évidence l'opinion de votre journal.

J'ai été très étonné que, sans apporter la moindre preuve concrète, vous tentiez de donner à vos lecteurs l'impression que mon livre *L'Union soviétique survivra-t-elle en 1984 ?* a été écrit en collaboration avec le K.G.B. Pour autant que je le sache, des bruits de ce genre ont été lancés pour la première fois par un journal américain, le *Washington Evening Star*, au mois de novembre dernier. J'ai écrit une réponse détaillée qui a été publiée dans plusieurs journaux américains et anglais ; or, vous n'en dites pas un mot, tandis que vous reprenez certains arguments du *Star*.

Je ne réfuterai pas à nouveau vos insinuations insultantes qui laissent entendre que mon retour de déportation et la publication de quelques articles par l'agence Novosti — alors que je n'appartenais en aucune manière à son personnel régulièrement appointé — ont quelque rapport avec le K.G.B. Le seul rapport qui existe, c'est qu'en 1965 le K.G.B. m'a déporté en Sibérie et qu'en 1968 il a mis fin à mon activité de journaliste aussi bien à l'agence Novosti que dans les autres publications soviétiques.

Mais il est certaines de vos assertions que je juge nécessaire de relever dans la mesure où elles me paraissent résulter non de la malveillance, mais d'une ignorance totale des conditions de vie en U.R.S.S.

Ainsi, il n'est pas seulement injurieux mais tout simplement insensé de me comparer à Gapone [30] et à Malinovski [31], ou d'insinuer que le but de mes critiques à l'égard du peuple russe est de le compromettre aux yeux de l'opposition démocratique.

En ce qui concerne Gapone et Malinovski, je n'appartiens à aucune organisation, je n'entraîne personne dans des actions de masse, et je n'exprime que mes propres opinions, sans jamais les donner pour celles de l'opposition démocratique. En ce qui concerne mes jugements sévères sur l'histoire et le peuple russes, si je les formule, c'est qu'étant russe moi-même j'estime l'autocritique infiniment plus profitable à mon pays que l'autosatisfaction.

De même, je ne comprends pas bien pourquoi vous me reprochez d'avoir écrit mon livre pour des éditeurs occidentaux et de ne pas l'avoir diffusé par le *Samizdat*. Si je l'ai d'abord publié en Occident et ne l'ai remis qu'ensuite au *Samizdat*, c'était pour éviter les éditions falsifiées faites contre ma volonté. Mais dès la fin de l'année dernière, mon livre a eu une diffusion tout à fait exceptionnelle par le *Samizdat*.

Plus insensée et plus offensante, non pas tant pour moi personnellement que pour toute la littérature russe indépendante, est l'assertion que vous reproduisez, et qu'apparemment vous approuvez, de M. Bronsky-Pampoukh qui prétend que l'expédition du *Samizdat* russe à l'étranger est contrôlée, voire effectuée, par des organes du K.G.B. En dehors de mes livres, ces dernières années ont vu paraître en Occident les romans d'Alexandre Soljenitsyne, les mémoires d'Anatole Martchenko, les vers de Nathalie Gorbanevskaïa, des articles de l'académicien Sakharov et du général Grigorenko, une documentation sur les procès politiques rassemblée par Pavel Litvinov [32], et bien d'autres textes encore — pouvez-vous vraiment croire sérieusement que tout cela a été préparé à l'avance, ou que ces textes sont passés en Occident à l'initiative du K.G.B. ?

En réalité, ce dernier a essayé de publier certains manuscrits, mais seulement dans des cas où cela allait à l'encontre des desseins de l'auteur, ou pouvait lui faire du tort ; c'est ce qui s'est passé pour *Le Festin des vainqueurs* d'Alexandre Soljenitsyne [33], ou le journal de Svetlana Allilouyeva [34]. En tirer des conclusions aussi générales est tout simplement malhonnête.

Je crois que, dans l'ensemble, le K.G.B. n'a pas les qualités impressionnantes que vous lui attribuez dans votre article. Bien qu'il apparaisse plus efficace et plus dynamique comme organisation que, disons, le

Comité du travail et des salaires, il fait néanmoins partie d'un système bureaucratique ossifié dont il suit les principes. (Vous écrivez que je n'inclus pas dans l'« élite bureaucratique » que je critique, le K.G.B. qui est son seul fournisseur d'informations. Certes, l'appareil du comité est tout particulièrement chargé de recueillir des indications sur l'état d'esprit de la nation par ce moyen, mais il ne s'ensuit pas que ses dirigeants n'appartiennent pas à cette élite. Sans diminuer le rôle du K.G.B. dans le système soviétique — rôle qui n'est complètement connu que d'un très petit nombre — je tiens cependant à remarquer qu'il n'est pas aussi décisif que celui que jouait la police secrète au temps de Staline.)

De plus, il est tout à fait possible qu'on trouve aujourd'hui travaillant pour le K.G.B., comme vous l'écrivez, des jeunes gens très cultivés et bien informés qui ne se font « pas d'illusions ». Néanmoins, des provocations aussi maladroites que celle à laquelle Victor Louis [35] participa, et que vous rappelez, ne témoignent pas d'un intellectualisme bien poussé de la part du K.G.B. Ce serait faire trop d'honneur à ce dernier si des gens comme moi travaillaient pour lui.

Je crois que c'est le K.G.B. lui-même qui répand le bruit que je suis un de ses agents, et en partie par l'intermédiaire d'hommes à lui dans les organisations d'émigrés russes en Occident. Le but de ces rumeurs n'est pas seulement de me déshonorer personnellement, et par là de nuire au succès de mes livres, déplaisants pour le régime bureaucratique, mais de faire de la réclame pour le K.G.B. lui-même en le présentant comme une organisation qui sait tout et dirige tout.

A n'en pas douter, ces bruits peuvent trouver une audience parmi ceux dont l'admiration pour l'Organisation sous toutes ses formes (qu'il s'agisse de la nation, du parti ou de la police) et le dédain de l'individualisme ont conditionné et modelé la mentalité.

Le fait que je n'aie pas encore été arrêté semble les confirmer. A ce sujet, je ne peux que répéter ce que j'ai déjà dit.

Après l'échec que la propagande a enregistré avec le procès de Siniavsky et Daniel, le pouvoir ne veut plus de poursuites menées à grand bruit contre des écrivains, afin de ne pas attirer l'attention sur leurs livres, ni donner à travers le monde l'impression d'être férocement répressif. Je ne suis pas le seul écrivain soviétique publié à l'étranger et qui n'en demeure pas moins en liberté. Actuellement, les autorités accordent plus d'importance aux rumeurs qui me présentent comme un agent du K.G.B. qu'à mon arrestation. Mais je crois que le jour où l'intérêt que je suscite, moi et mes œuvres, en Occident, retombera, je serai arrêté et jugé pour une quelconque affaire montée de toutes pièces, sans qu'on fasse la moindre allusion à mes livres. Bien sûr, les choses pourront aussi se passer tout autrement.

En attendant, je jouis d'une plus grande liberté que beaucoup de citoyens soviétiques, mais cette liberté, c'est à moi que je la dois. *Je veux être libre* — c'est précisément pourquoi je me console comme peut et doit le faire n'importe quel homme libre : je publie des livres sous mon nom et j'entends jouir de tous les droits d'un auteur. Même en prison, si l'on m'arrête, j'espère rester plus libre que des millions de mes compatriotes et des vôtres qui, « en liberté », ont acclamé Staline et Hitler, croyant à la toute-puissance des organismes que ceux-ci avaient créés.

J'espère que vous publierez intégralement ma lettre dans votre journal.

2 avril 1970.
Moscou.

VI

Correspondants étrangers à Moscou

La femme d'un correspondant américain à Moscou avait invité un jeune ami russe à venir chez elle. A la porte, un milicien les arrêta. « Vous, passez, dit-il en se tournant vers l'Américaine. Et vous (il tira le Russe par le bras), décampez ! »

L'Américaine essaya de protester, mais le jeune homme s'éclipsa aussitôt, l'air très effrayé.

« Pourquoi n'avez-vous pas porté plainte contre ce milicien ? demandai-je à la femme du correspondant quand elle me raconta l'histoire.

— Me plaindre ? Mais à qui ? répondit-elle. Le service chargé de la presse au ministère des Affaires étrangères nous avertit continuellement que nous ne devons fréquenter aucun Russe à l'exception des représentants officiels. »

Ce petit épisode est malheureusement tout à fait caractéristique de la situation faite aux correspondants étrangers à Moscou et de la façon dont ils réagissent [36]. Si le « rideau de fer » paraît aujourd'hui dépassé, les autorités n'en essaient pas moins de les isoler complètement des citoyens soviétiques. Une telle situation existait déjà auparavant, mais elle est devenue vraiment critique à partir du moment où un mouvement d'opinion indépendant a commencé à se manifester. De toute évidence, le monde — et à sa suite l'U.R.S.S. elle-même, par les radios occidentales — ne pouvait apprendre son existence que par les dépêches des correspondants occidentaux à Moscou, car ni l'agence Tass ni les autres organes soviétiques d'information n'en auraient soufflé mot. Mais, bien entendu, il ne s'agissait pas seulement de ce mouvement d'opinion : en général, celui qui est isolé de la population locale comprend beaucoup moins bien ce qui se passe dans le pays.

Pour réaliser cette ségrégation, on a recours, en premier lieu, au regroupement des correspondants dans des immeubles spéciaux auxquels les citoyens soviétiques n'accèdent qu'avec difficulté, à l'institution de permis spéciaux pour les domestiques employés par les étrangers, à la pose de microphones dans les appartements, à la filature qui inquiète tant ceux qui n'y sont pas habitués, à tout un système de mises en garde officielles et non officielles, à l'expulsion, enfin à une ambiance d'appréhension et d'incertitude généralisées dont les ressortissants de pays démocratiques souffrent avec une redoutable acuité. En particulier, beaucoup de ceux qui se font une idée excessive de la « libéralisation et de la démocratisation » de la société soviétique ont tendance à exagérer également les dangers qui les menacent personnellement : certes, les journalistes en

poste à Moscou ont décrit eux-mêmes leurs conditions de vie [37], mais peut-être serait-il intéressant
d'avoir l'opinion d'un observateur impartial, en particulier sur la façon dont ceux-ci se comportent dans
certaines situations données.

De toute évidence, les correspondants étrangers
ont le choix entre deux comportements possibles :
ou rechercher systématiquement les contacts avec
les Russes et toutes les informations, sauf celles qui
sont officielles ; ou accepter sans réserve le statut
que les autorités moscovites imposent d'une main
tantôt légère, tantôt lourde. Après sept ans de relations continuelles avec les correspondants étrangers,
j'en suis arrivé à conclure que la majorité d'entre
eux se montrait plutôt disposée à adopter le second.

Ce qu'ils font

Le correspondant soumis n'effectue aucun travail
de reportage pour découvrir la réalité des faits, il ne
sent ni ne comprend l'ambiance générale, ne sort
pas du petit monde étroit de ses semblables, ne
connaît ni l'histoire ni les coutumes de la Russie, ni
même dans la plupart des cas sa langue, aussi se
borne-t-il aux activités suivantes :

Un traducteur, qu'il tient lui-même pour un agent
du K.G.B., lui traduit ou lui résume le contenu des
articles de la *Pravda* ou de l'*Etoile rouge* — c'est le
« point de vue officiel » sur tous les événements
quels qu'ils soient.

Il confabule ensuite avec son voisin de palier qui
est exactement dans la même situation que lui —
c'est « le point de vue du rédacteur ».

Dans quelques occasions particulièrement importantes, il interroge son chauffeur ou sa femme de ménage — c'est « le point de vue de l'homme de la rue ».

Il ne lui reste plus qu'à interpréter le contenu des extraits de la *Pravda* dans les habituels termes du journalisme occidental et dans l'esprit des lieux communs sur la « libéralisation » ou, au contraire, la « renaissance du stalinisme ».

C'est ainsi que paraissent des articles parfaitement vides de sens, mais pleins de suffisance sur les « réformes économiques », ou « les faucons et les colombes du Kremlin » — des articles qui pourraient tout aussi bien avoir été écrits à Londres ou à New York. Mais peut-être l'étiquette : « ... de notre correspondant à Moscou », leur donne-t-elle le charme de l'événement saisi sur place et augmente-t-elle le prestige du journal.

Par la suite, un tel correspondant, ayant passé trois ou quatre ans en Russie sans avoir appris un seul mot de la langue, ni s'être entretenu avec un seul habitant du pays, rentre chez lui où il passe pour un « spécialiste de la Russie ». Qu'il écrive des articles très hostiles ou très favorables au régime, ils ne pourront dans un cas comme dans l'autre que désorienter les lecteurs, parce que leur auteur sait peu de choses et en comprend moins encore.

Les risques

Aujourd'hui, un nombre croissant de citoyens soviétiques, souffrant d'être coupés du monde extérieur, recherchent de leur propre chef les contacts avec les étrangers et donc avec les correspondants. Seulement, ces efforts pour « briser le blocus » se heurtent non seulement à l'opposition du K.G.B., mais aussi aux préventions des correspondants eux-mêmes qui sont persuadés que tous les Russes qui manifestent le désir d'entrer en rapport avec eux sont des agents, déclarés ou secrets, du K.G.B. Il y a, sans doute, trois causes à cette « espionnite » : d'abord des agents peuvent effectivement être placés auprès des étrangers ; ensuite il peut paraître bizarre à ces derniers que des Russes n'aient pas peur de les rencontrer alors qu'eux-mêmes, exposés à des risques personnels bien moindres, redoutent ces rapports ; enfin, quand le correspondant sort en pantoufles de son appartement du deuxième pour monter au bureau du troisième regarder le sûr et solide télétype de l'agence Tass au lieu de se rendre chez quelque ami russe douteux, un tel comportement peut servir de certificat de bonne conduite et affermir sa position personnelle.

Pourtant, tout en menant un mode de vie aussi idyllique, ce correspondant se croit, on ne sait trop pourquoi, menacé à chaque minute par des risques effrayants et se prend presque pour James Bond. Ces risques sont pour la majeure partie imaginaires. Aucune loi n'interdit aux citoyens soviétiques de nouer des rapports avec les étrangers, et si les autorités les voient d'un fort mauvais œil, elles n'en sont pas moins obligées de les tolérer quand ils existent. Un seul moyen efficace pour les empêcher : le chantage. Mais s'y soumettre est affaire de volonté personnelle, et non de contrainte.

Des incorrections

Il arrive cependant que ces correspondants entrent parfois en contact avec des citoyens soviétiques et recherchent même les occasions de le faire. Malheureusement, ils ne témoignent pas toujours en pareil cas d'une correction suffisante.

Après le procès intenté à Guinzbourg et à Galanskov, la mère du premier et la femme du second convinrent avec certains correspondants d'une rencontre chez L.I. Guinzbourg pour parler du déroulement de l'affaire. Mais à l'heure indiquée, aucun visiteur ne se présenta, la maison fut cernée par des agents du K.G.B., et les deux femmes se trouvèrent ainsi pratiquement assiégées.

Il se révéla par la suite que le service chargé de la presse au ministère des Affaires étrangères, mis au courant par les correspondants de la rencontre projetée, leur avait catégoriquement interdit de s'y rendre. Pour ce faire, il n'invoqua aucune loi, aucune instruction, mais se contenta de dire que ceux qui iraient au rendez-vous « auraient de gros ennuis ». Ce fut apparemment suffisant non seulement pour les arrêter, mais pour qu'aucun de ceux qui avaient promis de se rendre à l'invitation ne prévienne L.I. Guinzbourg et Galanskova.

Entre-temps, le K.G.B. monta une provocation contre les deux femmes qui ne savaient rien. Il essaya d'abord de les attirer hors de la maison en leur racontant qu'elles allaient trouver les correspondants dans la rue, ce qui lui aurait permis de les accuser, puis ensuite de provoquer un attroupement prohibé sur la voie publique. La ruse ayant échoué, un agent du K.G.B., Vassili Gritsan, se présenta chez elles, se faisant passer pour un correspondant étranger. Si l'un de ceux qui devaient se rendre chez elles avait pris la précaution élémentaire de les prévenir par téléphone qu'aucun correspondant ne viendrait, cela aurait évité aux deux femmes des dangers réels et sérieux.

Quelques correspondants, que le service du ministère des Affaires étrangères n'avait pas réussi à aviser de l'interdiction, se rendirent cependant à la maison des Guinzbourg. Mais les agents du K.G.B. ne les laissèrent pas entrer, leur disant de retourner à leurs bureaux et de chercher dans les boîtes aux lettres les avis qui avaient été retardés. Il y avait parmi eux trois Suédois auxquels les agents demandèrent sévèrement s'ils ne venaient pas pour la conférence de presse chez les Guinzbourg. A quoi les Suédois, effrayés, répondirent : « Non, non, nous passions par ici en nous promenant. »

Il est possible que cette réponse ait témoigné d'une habileté remarquable. Pour moi, elle me semble être le fait d'un écolier polisson tancé par son maître, plutôt que d'un adulte ayant le droit et le devoir, en tant que journaliste, d'assister à cette conférence de presse qui présentait un grand intérêt pour ses lecteurs.

Ceux qui tirent les ficelles

Me promenant sur l'Arbat la veille des dernières élections au Conseil municipal de Moscou, je vis sur les murs de nombreuses maisons le portrait d'un homme aux traits grossiers, l'air obtus et féroce :

c'était Leonide Zamiatine, candidat officiel et unique dans notre circonscription.

Je sus ainsi au moins à quoi ressemblait celui dont les correspondants étrangers ne prononcent le nom qu'avec crainte et vénération, comme les Juifs celui de leur dieu.

M. Zamiatine dirige ce service de la presse au ministère des Affaires étrangères auquel j'ai déjà fait allusion et qui surveille les activités des correspondants étrangers. Ce contrôle s'exerce non seulement sur ce qu'ils écrivent, mais aussi sur les relations qu'ils peuvent avoir et les déplacements qu'ils effectuent.

Les pressions exercées sur les récalcitrants comportent plusieurs degrés. Par exemple, on peut leur créer certaines difficultés dans la vie courante. Un journaliste descendu dans un hôtel sera averti qu'il lui faut modifier le ton de ses articles s'il veut obtenir rapidement un appartement. On peut aussi lui rendre plus difficile l'accès aux informations, l'empêcher de rencontrer tel ou tel écrivain ou artiste officiel, lui refuser l'autorisation d'aller dans une autre ville. Des entrefilets malveillants peuvent paraître sur son compte dans la *Pravda* ou les *Izvestia*. Il peut être convoqué au service chargé de la presse au ministère des Affaires étrangères pour se faire chapitrer. On peut lui dire simplement : N'écrivez rien sur cet incident-là, il n'est pas caractéristique de notre mode de vie et vous devez être objectif ; ne rencontrez pas un tel, c'est quelqu'un qui a un passé douteux. Mais il peut aussi s'agir d'une « mise en garde officielle », et si le correspondant n'en tient pas compte, l'expulsion s'ensuit parfois — voire la menace de fermer le bureau du journal.

Les avertissements de ce genre s'embarrassent rarement de finesses. Ainsi, Anatole Shub, correspondant du *Washington Post*, ayant indiqué dans un article qu'un « ami russe » s'apprêtait à écrire un petit livre intitulé *L'Union soviétique survivra-t-elle en 1984 ?* reproduisit certains des points de vue de cet ami. « Pas un citoyen soviétique ne dirait des choses pareilles ! Votre « ami russe », c'est une bouteille de vodka avec laquelle vous avez tenu conversation après l'avoir vidée, lui déclara-t-on au service de la presse. Si jamais vous écrivez encore quelque chose de ce genre-là, vous serez expulsé de Moscou ! » En réalité, cet ami russe, c'était moi, et le livre en question parut quelques mois après cet incident.

L'avertissement emprunte parfois des voies plus détournées. Par exemple, le correspondant de la *Stampa*, Ennio Caretti, fut prié par sa rédaction de ne pas écrire des choses trop dures sur l'Union soviétique, l'ambassadeur d'U.R.S.S. à Rome s'étant plaint au directeur de Fiat. Comme chacun sait, cette firme finance la *Stampa*... et construit une usine d'automobiles sur la Volga.

Il convient d'ajouter que ces deux avertissements n'étaient pas des paroles en l'air : aussi bien Shub que Caretti furent expulsés de Russie par la suite.

Incertitudes

Les correspondants essaient parfois de savoir pourquoi le service chargé de la presse lance telle ou telle interdiction, donne telle ou telle consigne. On leur répond qu'il y a une instruction spéciale, que bien entendu personne n'exhibe. Il est tout à fait possible qu'on donne périodiquement diverses sortes de consignes à ce service, mais elles n'ont de caractère contraignant que pour lui-même et pas du tout pour les correspondants. En réalité, il n'existe aucune disposition officiellement entérinée et publiée, concernant la situation des correspondants étrangers, qui définisse leurs droits et leurs obligations dans ce pays. Certains estiment pouvoir critiquer hardiment le régime, mais pour ce faire, ne sortent pas de leurs bureaux ; d'autres, qu'il vaut mieux se montrer bienveillant afin d'avoir la possibilité de voir beaucoup plus de choses. Cette tendance profondément enracinée à penser que moins on en fait mieux on vit, se trouve, dans une certaine mesure, en contradiction avec les obligations professionnelles du journaliste.

D'après ce que j'ai compris en m'entretenant avec des correspondants, beaucoup se rendent très bien compte du caractère anormal de leur position à Moscou. Néanmoins, presque aucun ne veut défendre ses droits, sous prétexte que cela indisposerait encore davantage les autorités soviétiques. Jusqu'à présent, les correspondants n'ont ni association à eux ni club, ni la moindre idée de ce qu'est l'esprit de corps. En règle générale, un conflit entre n'importe lequel d'entre eux et les autorités, bien loin d'éveiller chez les autres le désir de le défendre — et non pas seulement lui personnellement, mais aussi les droits de la profession —, provoque parfois, au contraire, une satisfaction maligne : « Je l'avais bien dit qu'il fallait être prudent, vous voyez, moi, je n'ai rien écrit et rien fait — on ne m'a pas expulsé. »

Un tel manque de solidarité montre avec quelle rapidité des hommes placés dans les conditions que crée un régime totalitaire adoptent ses principes. Car, en effet, le principe de base d'un régime de ce type, c'est de traiter chacun isolément. Rien ne lui fait plus peur qu'une résistance généralisée. Je ne voudrais surtout pas que l'on croie que je conseille aux correspondants occidentaux de s'opposer au régime soviétique : je n'envisage que la défense collective de leurs droits professionnels dans le cadre des lois soviétiques existantes.

De plus, pour être objectif, il convient de dire qu'il leur est parfois arrivé d'intervenir *in corpore* pour la défense de leurs droits. Cela s'est produit quand on leur a interdit de faire venir des produits alimentaires de l'étranger.

Le chantage

Aussi bien le service chargé de la presse au ministère des Affaires étrangères que le K.G.B., comme je l'ai déjà indiqué, régissent les correspondants étrangers à Moscou non pas en s'appuyant sur les lois, mais en utilisant, selon les occasions, les méthodes du chantage. Or, ces dernières réussissent d'autant mieux que le sujet est plus disposé à céder et elles peuvent échouer complètement s'il leur oppose de la résistance. On sait que certains journalistes faisant montre d'une fermeté et d'un bon sens suffisamment robustes ne se sont pas laissé intimider et ont donné une idée exacte de la situation en U.R.S.S. grâce à des articles objectifs. Certes, une partie d'entre eux a été expulsée, mais non pas la totalité,

loin de là. Si leurs autres confrères avaient pris une
attitude résolue à l'égard des expulsions et des
mises en garde, si les gouvernements étrangers
avaient traité de la même façon les correspondants
russes dans leurs pays respectifs, la position des
journalistes en poste à Moscou aurait été fondamen-
talement transformée.

Il est indéniable que la situation actuelle n'aurait
jamais existé si une véritable collaboration ne s'était
instaurée entre quelques journalistes et les autorités
soviétiques — collaboration qui peut prendre diverses
formes [38].

Le silence

Habituellement, les autorités s'efforcent de ne pas
délivrer aux correspondants de visas valables plus de
trois ou quatre ans, sachant très bien que plus ils
séjournent longtemps ici, mieux ils comprennent la
situation et plus il est difficile de les duper. Mais il
en est néanmoins à Moscou dont le séjour se chiffre
non pas en années mais en décennies, et qui peuvent
fréquenter des Russes sans la moindre difficulté.

L'un d'eux, Henry Shapiro, dirige le bureau de
l'agence United Press. Vivant en Russie depuis
l'époque stalinienne, il passe pour connaître très
bien la vie du pays [39] ; il a été, par exemple, l'un
des rares à savoir que Pavel Litvinov, qui protesta
contre les procès politiques, était le petit-fils et non
le fils de Maxime Litvinov, commissaire du peuple
aux Affaires étrangères.

Seulement, quand ce même Shapiro reçut une
copie de la lettre envoyée par le président de kol-

khoze Ivan Yakhimovitch à Souslov, et dans laquelle il soutenait Litvinov, il refusa d'en communiquer le moindre passage à son agence, prétendant qu'aucun président de kolkhoze n'avait pu écrire des choses pareilles et qu'elles étaient très probablement l'œuvre de Pavel Litvinov lui-même. Cependant, un an avant cet incident, la presse soviétique s'était déjà occupée de Yakhimovitch ; jusqu'à son arrestation, en 1969, il fit encore quelques déclarations publiques, et des correspondants étrangers le virent se rendre à l'ambassade de Tchécoslovaquie en compagnie du général Grigorenko.

S'il n'avait tenu qu'à M. Shapiro, personne n'aurait connu l'existence de Yakhimovitch. Cependant, le fait qu'un représentant des cadres moyens du Parti soit intervenu pour prendre la défense de Litvinov a une grande importance si l'on veut comprendre les processus sociaux dans notre pays.

La même chose se produisit avec un article retentissant du « père de la bombe atomique soviétique », l'académicien Sakharov. Quand M. Shapiro l'eut reçu et lu, il le cacha aussitôt dans son tiroir et déclara qu'il ne fallait pas y faire la moindre allusion sous peine d'avoir de gros ennuis. Malgré tout, les réflexions de Sakharov sur *la liberté intellectuelle en U.R.S.S. et la coexistence* furent connues du monde entier. Une version abrégée fut d'abord remise au journal *Het Parool* par le correspondant de celui-ci à Moscou, M. van het Reve ; puis le texte intégral parut dans le *New York Times*. On sait l'impression profonde que cette intervention de Sakharov produisit en Occident. Mais si tous les correspondants avaient agi comme M. Shapiro, personne aujourd'hui n'en aurait entendu parler.

Heureusement, M. Kamm et M. Anderson, alors correspondants du *New York Times* à Moscou, plus respectueux des devoirs du journaliste professionnel, estimèrent qu'il fallait transmettre les documents qui leur paraissaient intéressants, et non pas seulement ceux qui étaient inoffensifs. Pourtant Bernard Gwertzman, qui dirigeait alors le bureau de ce journal, avait jugé bon de prendre la même position que Shapiro.

Ainsi, ayant été témoin de la perquisition opérée chez moi par le K.G.B., il n'y fit pas la moindre allusion à qui que ce fût et défendit également qu'on signalât dans son journal la lettre à Podgorny dans laquelle je décris les méthodes employées contre moi par le K.G.B. Je ne voudrais pas que l'on voie là un reproche personnel contre M. Gwertzman, qui n'était évidemment pas obligé de publier quoi que ce soit sur moi. Seulement, comme son journal avait parlé plusieurs fois de moi auparavant en se demandant pourquoi le K.G.B. ne me touchait pas, il aurait dû, pour se montrer objectif, mentionner également ces faits.

Ce n'est d'ailleurs pas un cas isolé, loin de là. Ainsi, B. Gwertzman se refusa à parler de l'appel que la femme de Grigorenko lança à l'opinion publique mondiale et du journal de ce général que l'on était parvenu avec des peines infinies à faire sortir de la prison de Tachkent. Pourtant, le document dans lequel il raconte son arrestation, sa détention, sa grève de la faim, son évasion et son examen psychiatrique, a une importance extrême [40].

M. Gwertzman n'informa pas non plus son journal de la lettre signée par vingt Juifs de Leningrad qui condamnaient la campagne contre Israël menée par la presse soviétique et exprimaient leur désir d'émigrer dans ce pays. Cette lettre suivait immédiatement celle, tout à fait analogue, de quarante Juifs moscovites, et par la suite d'autres journaux et d'autres agences en parlèrent. Il est possible que ces informations soient parvenues aussi au *New York Times*, mais si la chose n'avait dépendu que de M. Gwertzman, l'opinion mondiale n'aurait jamais rien su de cette lettre.

Le silence peut se transformer en adultération pure et simple des faits. Ainsi, après la conférence de presse manquée chez Guinzbourg et Galanskova, M. Shapiro écrivit qu'un décret de 1947 interdit les contacts entre étrangers et citoyens soviétiques. En réalité, ce texte tombé depuis longtemps en désuétude règle les rapports des organismes officiels soviétiques avec leurs homologues dans les pays étrangers. Par cette inexactitude voulue, M. Shapiro s'efforçait d'induire en erreur les autres correspondants et de justifier l'action illégale du service chargé de la presse au ministère des Affaires étrangères.

Les récompenses

Il est tout naturel que la « bonne conduite » soit récompensée — et les autorités s'en chargent. Les avantages concernent avant tout l'accès aux informations. On sait que celles qui ont trait au lancement d'un spoutnik ou à quelque autre initiative officielle parviennent toujours à M. Shapiro une demi-heure ou parfois plusieurs heures avant que beaucoup d'autres journalistes en aient connaissance. Ou encore le correspondant du journal anglais *Eve-*

ning News, Victor Louis, dont les relations spéciales avec les autorités soviétiques ont déjà fait couler beaucoup d'encre, peut, alors qu'il est dans sa datcha à trente kilomètres de Moscou, apprendre le verdict rendu dans l'affaire Guinzbourg-Galanskov avant les journalistes postés devant les portes de la salle du tribunal.

Très souvent, les silences ou les déformations s'expliquent par le souci de ménager les intérêts du journal ou de l'agence, en évitant que les autorités ferment le bureau de Moscou. Il y a là une logique apparente, mais tout le problème est de savoir où fixer la limite raisonnable. Si le bureau ne faisait que reproduire les éditoriaux de la *Pravda* comme le voudraient les autorités, il n'aurait plus aucune raison d'être. Le directeur de celui de l'*Associated Press* à Moscou, M. Bausman, par exemple, défendit à l'un de ses collaborateurs de rencontrer un membre éminent du mouvement démocratique, Piotr Yakir [41], parce que les autorités voyaient ce contact d'un mauvais œil. Mais alors, si l'Associated Press adopte cette façon de faire, comment pourra-t-elle informer ses lecteurs sur l'opinion publique en U.R.S.S. ?

Plus un tel directeur de bureau cédera et plus on exigera de lui. Le service chargé de la presse au ministère des Affaires étrangères adresse parfois des mises en garde beaucoup plus sévères à un correspondant qui est « dans ses petits papiers ». Ainsi, M. Shapiro a été le seul à en recevoir une parce qu'il avait été vu dans le bâtiment où se déroulait le procès de Pavel Litvinov. Or, il n'y avait pas été plus de cinq à dix minutes ; mais la désobéissance minime d'un des « leurs » peut attirer de plus graves ennuis que la conduite plus risquée d'un indépen-

dant. Toutefois, la dépendance d'un correspondant
étranger peut avoir des causes plus tangibles et la
collaboration prendre d'autres formes.

L'argent

Il y a quelques années, j'avais obtenu des services
officiels soviétiques l'autorisation de faire don à
Florence, ravagée par les inondations en 1966, des
sommes que m'avait rapportées un livre de mon
défunt père. La difficulté était que les services ne
voulaient pas changer des roubles contre des lires —
la parité étant fort peu avantageuse. Comme je tenais
beaucoup à avoir gain de cause, je décidai de faire
appel à l'opinion publique italienne et priai le correspondant de l'*Unità* à Moscou, Adriano Guerra, de
publier un entrefilet sur mon initiative. Il me répondit
très franchement : « Qu'est-ce que vous voulez faire ?
Le gouvernement soviétique ne peut pas changer
des roubles, c'est extrêmement désavantageux. Moi-
même je ne reçois que trois cents roubles internationaux par an et le reste en roubles soviétiques. »
Je ne compris d'abord pas de quoi il parlait parce
que le journal italien paie ses correspondants en
roubles soviétiques. Cependant, pour me faire compa-
tir à sa triste situation, il m'expliqua qu'il était
appointé non pas par son journal, mais par le gouvernement soviétique qui, s'il n'épargne pas les roubles soviétiques, y regarde de fort près quand il
s'agit de devises convertibles.
Je fus extrêmement frappé de constater non pas
seulement que le gouvernement soviétique rétribuait
un correspondant étranger, mais que ce dernier m'en

parlait aussi facilement et comptait même sur ma sympathie parce qu'il recevait un trop faible salaire. Je lui répondis qu'il devrait passer de l'*Unità* communiste au *Corriere della Sera* bourgeois, qui le paierait certainement lui-même et en lires. Je compris qu'il serait inutile d'insister pour l'affaire qui me préoccupait. J'en parlai quelques jours après au secrétaire de l'association U.R.S.S.-Italie, M. Starkov, qui se retrancha lui aussi derrière les problèmes de change, invoquant le besoin de devises qu'avait le gouvernement.

« Ça ne l'empêche pas de payer une partie des appointements du correspondant de l'*Unità* en devises convertibles, lui répondis-je.

— Oh ! là, vous vous trompez, répliqua-t-il. Ce ne sont pas à proprement parler des appointements, il s'agit plutôt d'un secours. » Et voulant bien prouver sa supériorité dans cette discussion linguistique, il ajouta : « Je le sais d'autant mieux qu'avant, c'est moi qui donnais cet argent dans une enveloppe au correspondant précédent. »

A la suite de cet entretien, je voulus savoir ce qu'écrivait dans l'*Unità* le journaliste qui recevait des devises dans une enveloppe. En 1969, par exemple, alors que la presse soviétique ne pouvait même pas faire mention du culte de la personnalité, il déclarait que « les discussions sur le stalinisme étaient plus vives que jamais dans les pages des journaux » — et en 1970, que deux jeunes Italiens qui avaient manifesté en faveur du communiste Grigorenko étaient « membres d'une organisation pro-fasciste ».

L'agent

En novembre 1968, un collaborateur de l'agence Novosti, Boris Alexeïev, me rendant des articles précédemment refusés par l'agence, me dit que celle-ci n'aurait plus désormais aucun rapport avec moi parce que le K.G.B. le lui avait interdit.

Néanmoins, au printemps suivant, un certain Ennio Lucon [42], correspondant du journal français *Paris-Jour*, me téléphona pour me dire qu'il m'appelait de la part de l'agence Novosti, et que Boris Alexeïev lui avait conseillé de me rencontrer parce que je connaissais bien les peintres moscovites non officiels. Un peu étonné, je ne lui en donnai pas moins rendez-vous chez moi quelques jours après.

Je vis arriver un garçon d'une quarantaine d'années, aux yeux fureteurs, gesticulant et volubile. Il me raconta qu'il avait signé un contrat avec une maison d'édition française pour écrire un livre sur la peinture russe contemporaine, mais qu'il devait faire le travail en un mois, et que n'ayant pas les matériaux nécessaires il désirait me les acheter.

Je lui répondis que je ne voulais rien lui vendre à lui personnellement, mais que je pourrais conclure un accord en bonne et due forme avec son éditeur.

« Ah ! mais non, remettez-les-moi directement ! s'exclama-t-il avec chaleur, vous aurez beaucoup, beaucoup de dollars, et la chose restera entre nous. »

Je lui dis que c'était précisément ce que je voulais éviter, mais que si, sur sa recommandation, l'éditeur acceptait un arrangement avec moi, je fournirais des matériaux et j'écrirais certains chapitres du livre qui paraîtrait sous nos deux noms. Sur ce, je lui montrai une partie de mes documents.

Il me déclara qu'il repasserait et qu'il m'apporterait les « documents » qu'il avait sur les peintres russes. Il apparut que c'étaient surtout des photographies du sieur Lucon pris avec Sophia Loren et Marcello Mastroianni qu'il connaissait depuis longtemps, selon ses dires, et qui pouvaient témoigner de son honorabilité.

Je lui répliquai que tout cela était bel et bon, mais n'avait qu'un rapport assez lointain avec les peintres russes. En réalité, il n'était plus question d'eux. Au lieu de cela, mon visiteur me montra un article de Shub auquel j'ai déjà fait allusion, puis me demanda si je le connaissais et si je savais qui était cet ami russe. Je lui répondis que je n'en savais rien.

Il me demanda alors si je ne pourrais pas réunir des matériaux pour un autre livre, cette fois sur l'état d'esprit des écrivains moscovites, me promettant à nouveau des « tas de dollars ». Ces allusions continuelles à des dollars m'inquiétaient, parce que je savais très bien — et mon visiteur qui vivait depuis longtemps en Russie le savait aussi — que pour un citoyen soviétique recevoir des devises étrangères en dehors des organismes officiels était un crime de droit commun.

Je finis par lui dire aimablement que je ne voulais rien faire ni écrire en collaboration avec lui. Il se retira donc au bout d'un moment, mais quelques jours après, le K.G.B. effectua une perquisition chez moi et confisqua les documents sur les peintres que j'avais montrés à M. Lucon.

Plusieurs mois passèrent, puis je reçus à la campagne une lettre de lui pour me proposer d'éditer

mon livre *L'Union soviétique survivra-t-elle en 1984 ?*
dont il prétendait que le *New York Times* avait parlé
et m'indiquer qu'il aimerait avoir les manuscrits de
mes autres œuvres. Il se déclarait tout disposé à
venir me voir à la campagne, bien que je résidais à
cent soixante-dix kilomètres de Moscou, c'est-à-dire
dans une zone où les étrangers ne peuvent se rendre
sans permis spécial. Je ne lui répondis pas, mais
après mon retour dans la capitale, il me téléphona
et se mit à solliciter de nouvelles rencontres avec
moi.

Tout cela est très caractéristique de l'atmosphère
dans laquelle les correspondants étrangers vivent
à Moscou.

Et après ?

Je ne voudrais pas donner l'impression que tous
les correspondants étrangers sont comme Shapiro,
Gwertzman ou Lucon. Nombreux sont ceux dont
l'objectivité mérite le plus grand respect, et si je
n'ai pas parlé d'eux, c'est simplement parce que mes
louanges ne pourraient que les desservir auprès des
autorités et rendre leur travail plus difficile.

Mais enfin, la situation dans son ensemble ne me
paraît pas normale. Le pouvoir pèse obstinément
sur les organisations qui ont besoin de nouvelles
venant de Moscou. Tout le monde y perd, à commencer par les écrivains occidentaux qui reçoivent des
renseignements inexacts sur l'Union soviétique. C'est
principalement pour eux que j'ai écrit cet article [43].

Avril 1970.
Moscou.

VII

Dernière déclaration au tribunal de Sverdlovsk *

Les poursuites judiciaires intentées contre certains coupables d'avoir exprimé leurs opinions me rappellent le Moyen Age avec ses « procès en sorcellerie » et ses livres mis à l'index. Mais alors qu'à l'époque le fanatisme religieux pouvait expliquer en partie la lutte contre les idées jugées hérétiques, tout ce qui se produit aujourd'hui n'est dû qu'à la couardise du régime qui voit des dangers dans la diffusion de toute idée étrangère aux sommités bureaucratiques.

Ces gens-là comprennent que dans n'importe quel régime la capitulation idéologique précède toujours

---

* Ce texte est celui de la dernière déclaration qu'Andreï Amalrik fit lors de son procès en novembre 1970. (*Note de l'éditeur, 1977.*)

la désagrégation. Mais, tout en pérorant continuellement sur le combat idéologique, ils ne peuvent en réalité opposer aux idées que la menace de poursuites judiciaires. La peur est devenue telle qu'on n'a même pas osé me juger à Moscou et qu'on m'a amené ici, escomptant que mon procès y attirerait moins l'attention. Mais ces manifestations de panique prouvent mieux que tout la force et la justesse de mes vues. Mes livres ne sont pas plus mauvais parce qu'on les a gratifiés ici d'épithètes injurieuses. Mes opinions ne seront pas moins justes parce qu'on m'aura emprisonné pendant quelques années à cause d'elles. Au contraire, cela ne pourra que donner une plus grande force à mes convictions. Le faux-fuyant qui consiste à dire que ce ne sont pas elles que l'on juge, mais leur diffusion, me paraît être un sophisme creux, parce qu'une conviction qui ne se manifeste pas n'est pas véritablement une conviction.

Comme je l'ai déjà dit, je n'entamerai pas ici la discussion de mes conceptions, un tribunal n'est pas le lieu pour le faire. Je veux seulement relever l'affirmation selon laquelle certains de mes propos auraient été dirigés contre mes compatriotes et mon pays. Il me semble qu'à l'heure actuelle la première tâche de mon pays est de se délivrer du poids d'un lourd passé, et pour l'accomplir ce n'est pas de louanges dont il a besoin, mais de critiques. Je me tiens pour meilleur patriote que celui qui fait de grands discours sur l'amour de la patrie, derrière lesquels se dissimule surtout l'amour de ses privilèges.

Ni la « chasse aux sorcières » que pratique le régime ni son illustration particulière — ce jugement — ne provoquent en moi le moindre respect, pas même de crainte. Je comprends, en outre, que de tels jugements sont destinés à effrayer beaucoup de gens, et beaucoup le seront en effet — pourtant, je pense que le processus d'affranchissement idéologique qui commence est irréversible.

Je n'ai aucune demande à adresser au tribunal.

13 novembre 1970.
Sverdlovsk.

VIII

Y a-t-il des prisonniers politiques en U.R.S.S. *

L'interview donnée au journal *Temps nouveau* par le ministre adjoint de la Justice d'U.R.S.S., M. Soukharev, mérite que lui réponde un de ceux qui ont personnellement fait l'expérience des effets de la justice qu'il représente [44].

Après six ans de séjour en prison, dans les camps et en exil, j'ai lu son interview avec des sentiments mélangés de joie et de répugnance. Avec joie, dans la mesure où cette tentative prolixe — sur cinq pages de journal — de justification du système répressif,

---

* Andreï Amalrik répond dans ce texte aux déclarations du ministre adjoint de la Justice soviétique sur le respect des droits de l'homme en U.R.S.S., — déclarations auxquelles la presse internationale fit largement écho en janvier 1976. (*Note de l'éditeur, 1977.*)

indique elle-même combien le gouvernement soviétique est sensible aux réactions de l'opinion publique mondiale à l'égard des violations des droits de l'homme en U.R.S.S., et par conséquent, *combien cette opinion publique pourrait obtenir dans ce domaine.* Avec répugnance dans la mesure où presque tout ce qu'affirme M. Soukharev est un mensonge, et le mensonge est toujours désagréable à lire.

M. Soukharev affirme que depuis toujours « la loi soviétique » a poursuivi nos citoyens seulement pour « des actes concrets » et non pour des opinions, ni pour l'appartenance à tel ou tel groupe social ou parti.

En réalité, le système des otages, celui de la responsabilité des uns pour les autres, a été introduit dès les premiers mois de la révolution bolchevique. En juillet 1918, Trotsky proposait d'interner dans des camps de concentration, comme otages, les épouses et les enfants d'officiers enrôlés dans l'Armée Rouge. En août de la même année Lénine, appelant à faire régner une « terreur sans pitié », ordonna : « Enfermez les personnes douteuses (c'est-à-dire n'ayant pas commis d' « actes concrets » — A.A.) dans des camps de concentration. » En septembre, le commissaire pour les Affaires intérieures Petrovsky télégraphiait aux Soviets locaux : « Prendre dans la bourgeoisie et dans le corps des officiers... un nombre important d'otages [45]. »

Alors que l'homme qui tua l'ambassadeur Mirbach « pour provoquer une guerre de l'Allemagne contre la Russie soviétique » — M. Soukharev cite précisément cet assassinat, comme exemple d'un « acte concret » qui aurait été prétendument suivi d'une condamnation — ne fit en réalité l'objet d'aucune poursuite [46]. Il continua de servir dans la Tchéka et ne fut liquidé qu'à l'époque des purges staliniennes.

De même, on sait parfaitement d'après les sources soviétiques que dans les années 1929-1931 des centaines de milliers de personnes furent déportées et internées dans les camps de concentration, non pas pour des « actes concrets » mais seulement pour le fait de leur appartenance à la soi-disant classe des « Koulaks » ou des « podkoulatchnik », c'est-à-dire pour le fait d'être des paysans aisés ou de vouloir vivre convenablement. Leurs épouses et leurs enfants furent déportés avec eux.

Dans les années 1941-1945 il n'était pas nécessaire non plus d'avoir commis « des actes concrets » pour faire l'objet de mesures répressives : il suffisait d'être Tatar de Crimée, Allemand de la Volga, Kalmouk, Ingouche, Tchetchène. Comme on sait, ces petits peuples de même que d'autres ont été déportés jusqu'au dernier.

Ainsi, à la base de la justice soviétique — si on peut appeler cela justice — a été introduit dès le départ un principe de classe, et ensuite de race, et nullement la notion d' « acte concret ».

M. Soukharev répète avec insistance qu'en U.R.S.S. on n'a jamais jugé les gens pour leurs convictions politiques et religieuses, mais seulement pour des « actes concrets », et qu'il ne connaît pas de loi en vertu de laquelle un citoyen pourrait être poursuivi pour ses opinions. Une telle loi existe : c'est l'article 70 du Code pénal de la R.S.F.S.R. (agitation et propagande antisoviétique), et l'article 190-1 du Code (diffusion d'assertions calomniant le régime soviétique) sans parler du fait que l'on peut utiliser aussi d'autres articles du Code ou même faire appel à l'internement psychiatrique sans procédure judiciaire [47].

Les fonctionnaires de la justice soviétique attribuent au mot « opinion » un sens particulier. On me disait souvent comme à d'autres détenus : « Vous pouvez avoir les opinions que vous voulez, mais pas en faire état. Nous vous condamnons non pas pour vos opinions mais pour le fait de les avoir exprimées. »

Il est évident que pour une opinion jamais exprimée ni manifestée, il est impossible de juger quiconque, puisque l'appareil permettant de lire la pensée d'autrui n'a pas encore été inventé. Mais dès l'instant où une pensée non orthodoxe a été exprimée — par voie de presse, dans une lettre ou oralement — elle est considérée comme un acte pouvant donner lieu à une condamnation. En même temps, la décision de considérer la pensée ainsi exprimée comme « antisoviétique » ou non est prise arbitrairement par les agents de l'instruction en fonction de la conjoncture, puisqu'il n'existe aucune définition juridique de la notion d' « antisoviétisme ».

Il ne faut pas croire qu'une déclaration « antisoviétique » est un appel au renversement du régime par la force. Dans tous les cas dont j'ai connaissance, il s'est agi de critiques de certains aspects du système soviétique, ou de réflexions sur les voies de son évolution possible ; fréquemment, de telles critiques se font au départ de positions marxistes-léninistes. De même dans la majorité des cas les condamnés — et moi-même en particulier — n'ont jamais été accusés de contacts avec aucun « centre à l'étranger », et dans les cas où cette accusation a été portée elle est demeurée sans preuve [48].

On juge non seulement pour des déclarations et des écrits personnels, mais aussi pour la lecture et la possession de livres que les organes d'instruction et les tribunaux peuvent considérer comme « antisoviétiques ». Mais il n'existe aucune liste publiée des livres qu'il est interdit de conserver ou de lire.

Il n'est pas exclu qu'il se trouve aussi dans les camps politiques des personnes effectivement condamnés pour « des actes concrets » : M. Soukharev évoque en particulier le cas de personnes condamnées pour des « actes concrets » : M. Soupendant la guerre. Ces personnes sont fréquemment utilisées dans les camps par les collègues de M. Soukharev pour la persécution des véritables prisonniers politiques, mais M. Soukharev cherche à cacher derrière ces pitoyables figures les milliers de citoyens qui ont combattu le fascisme ou qui ont grandi après la guerre — et ont osé avoir des opinions personnelles.

C'est une impression tout aussi fausse que M. Soukharev cherche à donner sur les « lieux de détention ». En particulier, les « normes alimentaires » dont il parle sont calculées en vue de l'épuisement du détenu, les envois de colis ne sont autorisés qu'après la moitié de la peine (1 colis de 5 kg tous les 6 mois), la correspondance est limitée, de nombreuses lettres sont confisquées ou simplement volées par l'administration, les visites ne sont permises que deux fois par an : le détenu peut d'ailleurs être privé même de celles-ci selon le bon vouloir de l'administration...

Les cas de violences physiques ne sont pas rares : par exemple, l'escorte me précipita d'un bout à l'autre du wagon sur le parcours Sverdlovsk-

Kamyshlov ; alors que j'avais été atteint d'une méningite en prison on me frappa la tête contre le mur dans un camp sur la Tala ; on me traîna par les cheveux du troisième étage jusque dans le sous-sol de la prison de Madagan. Chaque fois je me suis plaint au ministère de l'Intérieur ou à la *Procurature* [49], et chaque fois sans résultat.

De la situation pénible des détenus après leur « libération » M. Soukharev ne souffle mot non plus. Ils font l'objet de sévères restrictions quant au choix de leur lieu de résidence et de travail. A l'égard de nombreux anciens détenus qui se rendent dans les villes pour visiter leurs familles, la Milice organise une véritable chasse : en particulier à mon égard. Trois fois en trois mois, j'ai été détenu et menacé d'une nouvelle arrestation.

Quel sens, enfin, donner aux paroles de M. Soukharev lorsqu'il déclare « qu'au cours des années d'après guerre les condamnations dans notre pays ont diminué de plus de deux fois » ? Faut-il entendre qu'en 1975 deux fois moins de condamnations ont été prononcées qu'en 1945, ou bien qu'il y a en ce moment deux fois moins de détenus qu'il n'y en avait dans les premières années de l'après-guerre ? S'il en est ainsi, alors la situation paraît vraiment terrible.

Car à la fin des années 40 on considérait, selon les données les plus prudentes des experts occidentaux, qu'il y avait chez nous près de vingt millions de détenus. Après la guerre n'a-t-on pas vu défiler vers l'Est en colonnes interminables les anciens prisonniers, les « vlassoviens », « banderistes [50] », droits communs, prisonniers politiques, kolkhoziens en vertu de l'oukaze du 4 juin 1947, un nombre énorme de criminels et de personnes déclassées comme conséquence de près de trente années de ruine. Est-il possible qu'aujourd'hui, après trente années de bien-être relatif, après les réhabilitations massives, le nombre de détenus n'ait diminué que de moitié seulement ?

Le nombre total de prisonniers est chez nous un secret. Selon mes estimations personnelles, il n'y en aurait pas moins de trois millions — près de 1,5 p. 100 de toute la population. Mais M. Soukharev, dans son désir de faire valoir la « diminution des condamnations », fournit un tableau bien plus sombre : quelque chose de l'ordre de dix millions de détenus.

Comparant mes souvenirs de détention de 1965 avec mes impressions de 1970-1973, je désire souligner que le nombre de détenus a augmenté au cours de cette période plutôt qu'il n'a baissé. Bien que dans presque toutes les prisons où j'ai séjourné (Moscou, Sverdlovsk, Novosibirsk, Irkoutsk, Khabarovsk, Madagan), de nouveaux bâtiments ont été construits ou sont en construction, les cellules sont combles : pour 10 places, on compte quelquefois jusqu'à 30 détenus ; lors des transferts en wagons de chemin de fer on entasse jusqu'à 15 et 20 détenus dans les compartiments prévus pour 7.

Dans la région de Madagan [51], pour une population de 400 000 habitants, alors qu'en ce moment seuls les habitants de la région y purgent des condamnations et que déjà les femmes et les mineurs sont envoyés dans des camps situés au-dehors, encore un autre camp a été construit à l'époque où je m'y trouvais et ajouté aux deux prisons et cinq camps déjà existants.

La situation des prisonniers politiques est tragique : ils figurent parmi les plus sensibles et les plus honnêtes de la partie pensante de notre peuple et se fondent en même temps dans la masse des millions de prisonniers exténués et aigris, dont beaucoup, soit dit en passant, ont aussi été condamnés injustement.

J'espère que M. Soukharev et ses collègues qui les ont privés de liberté ne parviendront pas en outre à les calomnier aux yeux de ceux qui pourraient leur venir en aide.

Janvier 1976.
Moscou.

IX

Les idéologies dans la société soviétique

Définissons une idéologie comme un ensemble d'idées à portée sociale qui sont adoptées par tel ou tel groupe de la société et qui tendent à renforcer ou à modifier les rapports sociaux.

Une telle définition, qui s'applique aux idéologies politiques dont il va être question, est suffisamment précise pour les besoins du présent article.

Bien qu'on puisse parler d'une « désidéologisation » d'une partie de la société ou même de sociétés désidéologisées, il est difficile de se représenter non seulement un groupe social, mais même un individu isolé, dont la pensée et le comportement échapperaient à toute influence idéologique et qui d'aucune façon, à aucun moment, ne « politiserait » le monde qui l'entoure ni ne chercherait à s'y situer.

Les crises politiques font même apparaître un type effrayant d' « homme idéologique » : c'est, en règle générale, un homme d'action, aux opinions bien arrêtées, mais incapable d'y réfléchir jusqu'au bout, faute de cette faculté critique que seule confère la culture ; incapable aussi de tout jugement moral, faute de foi en des valeurs éternelles. Lorsqu'un tel homme se fait l'adepte d'une idéologie quelconque, qui tient lieu pour lui et de culture et de religion, elle finit par le transformer en automate impitoyable ; en lui l'idéologie va se figer en système de dogmes irréfragables. Nombreux sont les bolcheviks qui offrent de l' « homme idéologique » un excellent exemple.

La révolution bolchevique a entraîné la « prolétarisation » des couches inférieures de la société et la « bureaucratisation » des couches supérieures ; elle a ainsi donné naissance, progressivement, à une société d'un type particulier, caractérisée d'une part par une « désidéologisation » des masses, de l'autre par l'institution d'une idéologie officielle, servant obligatoirement de passeport à tous ceux qui aspirent à gravir les échelons supérieurs *.

---

* L'indifférence des masses n'est pas la seule conséquence de l'astreinte à une idéologie unique. Les effets en haut de l'échelle méritent également d'être relevés. Engagé avec ses semblables dans une lutte très réelle qui a pour enjeu l'avancement et le pouvoir, mais qui se déroule dans le cadre fermé que détermine l'idéologie unique, l'*apparatchik* de Parti est devenu incapable de concevoir l'idéologie comme doctrine politique traduisant les intérêts d'un groupe social déterminé face à d'autres groupes. Ce qui compte pour lui, ce n'est pas l'idéologie, cette vieille savate, mais ce qui se passe sur la scène : l'affrontement des hommes dans leur

Dans les années quarante et cinquante, c'est seulement au point de rencontre des masses désidéologisés et des cadres à idéologie ritualisée que s'est manifesté un courant idéologique vigoureux. Il s'agissait de groupes marxistes clandestins, qui se proposaient de rendre au marxisme russe son caractère révolutionnaire. Ainsi, il y a seulement vingt ans, on aurait encore été tenté de conclure qu'aucune idéologie d'inspiration non marxiste ne pouvait naître en Union soviétique.

C'eût été une erreur. La dernière décennie a en effet vu se former et se développer, au sein de la société soviétique, tout un ensemble de courants de pensée, les uns fort éloignés du marxisme, les autres plus proches, mais dont les préoccupations élargissaient sensiblement le cadre traditionnel du marxisme. De forme assez lâche au début, ces diverses tendances se sont peu à peu différenciées et structurées. Il est clair que leur apparition est la conséquence du développement et de la complexité croissante de la société soviétique, et plus précisément d'un certain relâchement de l'intolérance idéologique, comme du désarroi de plus en plus manifeste des idéologues officiels devant le change-

---

réalité. Ainsi se laisse-t-il envahir peu à peu par une vision démonologique des choses : dans tout événement, que ce soit dans son pays ou à l'étranger, il ne voit plus une résultante des forces sociales en présence — comme le lui commanderait la philosophie marxiste dont il se réclame — mais l'aboutissement des obscures menées de tels ou tels individus pleins de ruse. Je remercie E.I. Neizvestnyi d'avoir attiré mon attention sur la « démonologie chez les *apparatchiki* ».

ment dans « mon pays et dans le monde [52] ». Par les formes qu'ils se sont données et la manière dont ils s'expriment, ces courants nouvellement apparus chez nous s'inspirent, autant qu'on puisse en juger, et de traditions russes prébolcheviques et de tendances occidentales.

Mais dans un pays où il n'existe toujours qu'une seule idéologie autorisée et qu'un seul parti pour la représenter, il va sans dire que les autres tendances rallient bien peu de partisans déclarés. Aussi sont-elles loin d'avoir parcouru toutes les étapes qui devraient logiquement les conduire à la constitution de partis politiques.

Il est d'autant plus intéressant de commencer l'étude de ces mouvements à ce stade, si l'on peut dire, embryonnaire. Au sens vrai du terme, la lutte idéologique — c'est-à-dire la lutte des idées, la lutte dans les esprits et pour les esprits — précède toujours, et de beaucoup parfois, la lutte politique à proprement parler. Une étude attentive des idéologies qui prennent forme sous nos yeux devrait permettre, sinon de préciser l'articulation des forces politiques de demain, du moins de circonscrire certaines hypothèses.

Pour comprendre la réalité interne, sous-jacente, d'un pays comme l'Union soviétique, il ne faut pas oublier à quel point les données y sont altérées par l'uniformité de façade imposée par le pouvoir. C'est ainsi que si les partisans déclarés des courants idéologiques non officiels sont, comme je l'ai dit, peu nombreux, ces tendances peuvent compter de nombreux adeptes clandestins, en quelque sorte virtuels ; et à l'inverse, dans les rangs des prétendus partisans de l'idéologie régnante peuvent se trouver non seu-

lement des éléments indifférents, mais même nombre
d'adversaires.

La position privilégiée de l'idéologie officielle n'est
donc incontestée qu'à première vue : en réalité elle
est problématique. A.D. Sakharov et A.I. Soljenitsyne
ont diversement apprécié son rôle. Soljenitsyne estime
qu'elle continue d'exercer une influence déterminante
sur la politique gouvernementale, alors que pour
Sakharov elle sert simplement de paravent au pragmatisme d'une élite gouvernementale désidéologisée.
Personnellement j'estime que l'idéologie orthodoxe
joue au sommet un rôle en quelque sorte intermédiaire ; et aussi que dans le fond, cette idéologie
n'est pas vraiment monolithique. Il est certain qu'elle
sert de paravent, et je l'ai moi-même qualifiée de
« rituelle ». Mais il reste que sa force d'inertie est
très grande, si bien que rien ne permet d'affirmer
qu'elle ne conserve pour personne, parmi les hommes
au pouvoir, toute la valeur d'une idéologie au sens
strict.

Ma première tentative d'étude des courants idéologiques dans la société soviétique remonte à 1969.
En essayant d'en donner une représentation gra-
phique qui tiendrait compte de leurs connexions
et de leurs confluences, j'arrivai à ma propre surprise
à un résultat amusant : les divers courants avaient
fini par former un cercle fermé, une sorte de « roue
des idéologies »... Malheureusement ce premier
schéma n'était qu'une esquisse assez grossière, et
l'explication que j'en donnai n'était pas suffisamment
claire. Aussi mon schéma ne fut-il pas compris par
chacun. J'ai maintenant repris cette même idée, je
l'ai revisée et développée, et me propose ici de la
soumettre au jugement de ceux qui propagent les

idéologies en question comme à celui des spécialistes qui les étudient *.

*
* *

Le présent article est un simple commentaire de ce nouveau schéma. En voici le principe :

On distingue au départ trois « niveaux idéologiques », représentés par des anneaux concentriques : les super-idéologies ou philosophies sociales ; les idéologies proprement dites ou doctrines politiques ; et les sous-idéologies ou idéologies du sentiment.

Nous appelons libéralisme la philosophie sociale ou super-idéologie qui pose l'autonomie de l'individu. Chacun tend à s'identifier avant tout à lui-même et reconnaît ce même droit à autrui. On peut admettre qu'une telle philosophie attire les individus les plus indépendants, les plus sûrs d'eux-mêmes ; sur le plan social, il s'agirait notamment de ceux qui

---

* J'aimerais en revanche être dispensé de la soumettre au jugement de ceux qui estiment que le meilleur moyen d'apprécier la valeur d'une idée qui leur déplaît est d'en saisir un tribunal criminel. C'est au criminel qu'a été jugé en 1970 mon livre *L'Union soviétique survivra-t-elle en 1984 ?* paru à Amsterdam en 1969 ; et tout bien pesé les magistrats l'ont évalué à une peine de trois années de réclusion, à purger par l'auteur.

Pour se représenter les connexions entre les divers courants idéologiques et leurs chances respectives de développement, il ne faut pas perdre de vue à aucun moment le principe qui veut que la progression ou le déclin de toute tendance idéologique soit lié à l'expansion ou au recul du groupe social sur lequel elle s'appuie. On admettra cependant qu'en période de crise un groupe social peut renoncer — ne serait-ce qu'en partie — à l'idéologie qu'il adoptait précédemment.

La roue des idéologies

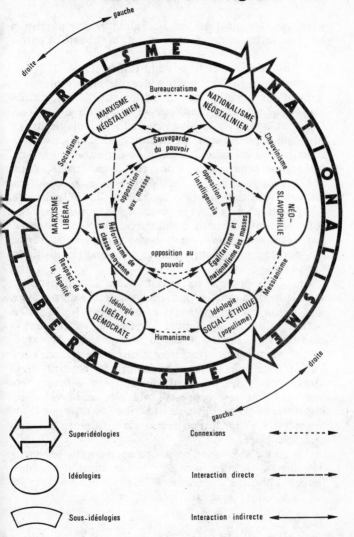

exercent des professions libérales et des partisans
de l'initiative individuelle et de la liberté d'entreprendre.

Le marxisme, selon la définition retenue ici, pose
au contraire que l'individu s'identifie en premier lieu
à la classe sociale dont il fait partie — les autres
classes devant être détruites, soumises ou assimilées.
On peut supposer qu'une telle super-idéologie attire
plus particulièrement les membres des classes dites
opprimées, les individus les plus dépourvus, envieux
ou aigris, ceux qui « n'ont rien à perdre », mais
aussi ceux parmi les intellectuels qui récusent la
culture traditionnelle et souhaitent la détruire de
l'intérieur. Une fois le pouvoir conquis par les
représentants de cette idéologie, celle-ci est adoptée
par les *apparatchiki* mal assurés de leur autorité
et incertains de leur valeur personnelle, et donc
aigris et agressifs.

Enfin on appelle ici nationalisme la philosophie
sociale selon laquelle l'individu s'identifie en premier
lieu à son groupe national et considère toute autre
nation comme une entité d'essence « étrangère »,
ou neutre ou hostile. C'est la philosophie par excel-
lence des sociétés traditionnelles, étroitement liées
à la terre, et elle séduit ainsi les esprits romantiques.
Mais bien entendu ce mode de pensée attire en
premier lieu les représentants des nations dites
opprimées, celles qui souffrent d'un sentiment d'infériorité à l'égard d'autres nations historiquement
plus favorisées.

Ces super-idéologies ne sont pas séparées les unes
des autres par des barrières infranchissables ; elles
tendent, bien au contraire, à se rapprocher. Dans le
schéma, elles forment l'anneau extérieur.

L'anneau intermédiaire groupe les idéologies proprement dites, en l'occurrence un ensemble de doctrines d'esprit moins universaliste que les superidéologies et qui présentent toutes un caractère spécifiquement soviétique. Si chacun de ces courants de pensée se distingue des autres, et parfois même de la façon la plus nette, on constate qu'il s'apparente à ses « voisins » par certaines idées qui servent de lien. Les principales connexions de ce type sont indiquées sur le schéma. C'est moi qui ai choisi les noms donnés aux diverses « idéologies » ; il est fort possible que leurs représentants ne soient pas d'accord avec ma terminologie. Comme je l'ai déjà dit, ces idéologies ne se présentent pas sous une forme précise *. Mais si flous que soient parfois leurs contours, on peut distinguer en chacune d'elles une aile « droite » et une aile « gauche », certaines présentant même des gradations intermédiaires. Par ces nuances chaque courant se rattache des deux côtés à ses « voisins ».

Nous commencerons par ce que j'appelle le « marxisme néostalinien ». C'est un marxisme passé par le chas du léninisme (conquête du pouvoir, méthodes staliniennes pour s'y maintenir), puis tamisé par le pragmatisme des successeurs de Staline. Le groupe social qui défend cette idéologie est celui que forment les *apparatchiki* du Parti et de l'administration, et plus particulièrement le « centre ». La

---

* Même le Parti communiste de l'Union soviétique, le seul qui soit légal, s'inspire d'au moins deux idéologies.

figure la plus représentative de cette tendance est
sans doute M. A. Souslov [53].

En allant dans le sens des aiguilles d'une montre,
on arrive ensuite au « nationalisme néostalinien »,
sorte de national-bolchevisme dont les militants se
rangent à la fois sous la bannière du marxisme et
sous celle de Souvorov [54]. Ce courant s'oriente vers
un nationalisme russe de plus en plus affirmé, où
l'aspiration à un pouvoir « paternaliste » fort se
nourrit de conceptions vieilles-moscovites habillées
au goût du jour. Comme la précédente, cette tendance attire les *apparatchiki* du Parti, peut-être
surtout les provinciaux. Elle s'apparente à l'autre
variante de l'idéologie officielle, le « marxisme néostalinien », en ce sens que tous deux reflètent l'idée
générale d'un bureaucratisme conservateur. Certes,
celui-ci est généralement considéré comme une pratique plutôt qu'un concept idéologique — mais justement il s'agit ici du bureaucratisme élevé au rang
d'une idée. En raison de la dépersonnalisation chère
aux dirigeants soviétiques, il est difficile de désigner
celui qui incarne le mieux le « nationalisme néostalinien ». On pourrait avancer, peut-être, le nom
de V. Grichine [55].

On en vient à présent à un premier courant non
officiel : la « néo-slavophilie » — que l'on pourrait
appeler aussi bien « conservatisme romantique ».
Cette école de pensée se nourrit de la croyance à
la mission privilégiée de la Russie et affirme la
nécessité d'un retour aux sources proprement russes
— prémarxistes donc et plus généralement « pré-
occidentales » ; elle se distingue également par un

intérêt prononcé pour la religion orthodoxe. La néo-
slavophilie révèle ainsi le germe d'une véritable
Weltanschauung et c'est à peine si cette vision
globale lui permet de tolérer les autres idéologies.
Malgré son hostilité manifeste envers les doctrines
officielles, son aile droite se relie, par le chauvinisme,
au « nationalisme néostalinien ». Mais alors que
celui-ci reste profondément étranger à tout idéal
humaniste, il n'en va pas de même chez les néo-
slavophiles, qui visent à une sorte de « nationalisme
à visage humain ». Les aspects nationalistes de cette
idéologie peuvent lui assurer un large appui social,
tant auprès de la *polou-intelligentsia* (demi-intelligentsia), les demi-intellectuels des villes et des
campagnes, que dans le peuple. Dans la mesure où
les idées de « nation » et de « tradition » sont inti-
mement liées à la langue, cette tendance trouve ses
meilleurs défenseurs chez les écrivains. Son porte-
parole le plus caractéristique est peut-être A. Soljénitsyne.

Je donne au courant suivant le nom d' « idéologie
social-éthique », mais le terme traditionnel de « populisme » » conviendrait tout aussi bien. On veut ici
définir une justice sociale qui serait fondée non
sur le déterminisme économique, mais sur des postulats d'ordre moral *. Ce courant confine à la néo-

---

* Dès lors que « marxisme » et « populisme » se préoc-
cupent tous deux de « justice sociale » et de « socialisme »,
il semble que leurs partisans devraient pouvoir passer sans
peine, et directement, d'une idéologie à l'autre ; et que cette

slavophilie dans la mesure où il participe lui aussi du messianisme russe traditionnel : la Russie est appelée à jouer dans le monde un rôle *particulier*, elle lui a donné ou lui donnera un modèle parfait et unique de ce que doivent être les rapports entre les hommes. Prolongeant elle aussi une tradition profondément ancrée dans le pays, l'idéologie « social-éthique » peut attirer de nombreux intellectuels déçus par le marxisme, mais fidèles à un idéal populiste. Elle répond aussi, de toute évidence, à des aspirations populaires toujours vivantes. Les idées répandues par l'Union panrusse social-chrétienne pour la libération du peuple, présidée par Iouri Ogourtsov [56], étaient certainement caractéristiques de l'aile droite de ce mouvement, tandis qu'à son aile gauche ce sont — du moins actuellement — les préoccupations d'ordre éthique qui dominent.

Par son humanisme — l'affirmation de la valeur de la *personne* — le populisme rejoint l'idéologie « libéral-démocrate ». Ce courant, qui a pris forme sous l'influence de l'Occident, est celui des partisans de la transformation progressive du système soviétique en une démocratie pluraliste de type occi-

---

concordance de but devrait faciliter un rapprochement tactique entre les deux tendances. Mais les expériences faites dans ce sens sont toujours aussi brèves que décevantes, car il s'agit en fait d'idéologies profondément opposées. Historiquement le marxisme dérive de l'économie politique libérale, alors que les *narodniki*, les populistes de Russie, sont des slavophiles de gauche.

dental ; sans bouleverser les structures existantes
de la propriété, on assurerait une maîtrise effective
de la société sur l'économie et on ferait une large
place à l'initiative privée. Le mouvement bénéficie
du soutien d'une fraction relativement importante
de la « classe moyenne » — désignation qui ne se
confond qu'en partie avec celle d' « intelligentsia »,
plus couramment employée en Russie — en l'occurrence tous ceux qui, forts de leur énergie et de leur
instruction, pourront non seulement survivre dans
une société libre, mais aussi, dans une certaine
mesure, y réussir. On peut considérer Andreï Sakharov comme proche de l'aile gauche de cette tendance, alors que Iouri Orlov se situerait à son aile
droite.

L'étape suivante nous conduit au « marxisme libéral », qui s'apparente au courant précédent par l'aspiration commune au « règne de la loi » *(rule of law)*,
c'est-à-dire la volonté d'instituer un ensemble de lois
garantissant, en particulier, les droits de l'homme —
et d'en assurer une application rigoureuse. Le
« marxisme libéral », c'est l'idéologie du « socialisme
à visage humain » appliquée à l'Union soviétique.
Il s'agit d'assurer la démocratisation et la plura-
lisation de la société tout en conservant le marxisme
comme idéologie dominante et le Parti communiste
comme force politique dominante. Cette tendance
s'appuie sur une partie relativement importante de
la classe moyenne — classe nourrie de marxisme
depuis l'enfance — et regroupe, si l'on en juge
d'après certains indices, nombre de fonctionnaires
du Parti et de cadres supérieurs de l'industrie. Piotr
Grigorenko est sans doute le personnage le plus
représentatif de l'aile droite de ce mouvement, Roy

Medvedev [57] jouant le même rôle à l'aile gauche *.
Le « marxisme libéral » se rattache au « marxisme
néostalinien » par une préoccupation commune :
la construction du socialisme. De même qu'entre
vases communicants le liquide s'écoule, si étroit
que soit le conduit qui les relie, de même la pas-
serelle du « socialisme à construire » permet aux
adeptes des deux marxismes de changer de bord au
gré des événements. Ainsi le cercle se referme sur
lui-même.

Il nous reste à examiner les sous-idéologies ou
idéologies du sentiment, représentées dans l'anneau
intérieur.

Commençons par l'idéologie de « sauvegarde du
pouvoir » — qui est la véritable idéologie régnante.
Il s'agit en somme de l'expression idéologique de
l'instinct d'autoconservation. Comme tout sentiment
lié au complexe d'infériorité, il est chargé d'agressivité. C'est la source affective des deux idéologies
néostaliniennes, marxiste et nationaliste, et celles-ci
à leur tour lui fournissent une partie de sa substance
idéologique. Mais l'idéologie de « sauvegarde du
pouvoir » se rattache aussi, indirectement, à la fois

---

* Les termes « droite » et « gauche » ne sont jamais
employés dans cet article que pour décrire le mouvement
circulaire des aiguilles d'une montre. C'est ce qui permet de
dire qu'en évoluant vers la gauche pendant près d'un siècle
— du marxiste libéral Struve [58] au national-stalinien Grichine
— le marxisme s'est retrouvé à droite ; ou encore que parti
du libéralisme de gauche, il a pris le chemin du nationalisme
de droite.

au « marxisme libéral » et à la « néo-slavophilie », qui l'un comme l'autre lui ouvrent des voies de retraite éventuelles.

Vient ensuite l' « égalitarisme et le nationalisme des masses », qui est celle des sous-idéologies où la part du sentiment est la plus forte. Elle ne se fait jour dans aucun texte théorique, dans aucune « instruction », ce qui n'empêche qu'on la découvre dès qu'on se penche sur les réactions des masses populaires. On pourrait la qualifier de « passive-explosive », en ce sens qu'à travers la résignation à l'ordre établi (« il faut bien vivre »), elle se manifeste par des éruptions soudaines, le plus souvent individuelles. Le jour où ces explosions deviendraient collectives, elles menaceraient la stabilité du régime. Entre l' « égalitarisme et le nationalisme des masses » et les idéologies proprement dites, les connexions sont nombreuses : il touche directement à la « néo-slavophilie » et à l'idéologie « social-éthique » — mais aussi, indirectement, au « nationalisme néo-stalinien », par l'idée populaire du pouvoir fort, ainsi qu'au courant « libéral-démocrate », par l'aspiration à une plus grande liberté individuelle et à l'élévation du niveau de vie, selon les modèles occidentaux.

La troisième idéologie du sentiment est le « réformisme de la classe moyenne », reflet du conformisme profond qui caractérise sa manière de saisir la réalité — et de s'en accommoder : « Oui, mais... en attendant il faut bien vivre, et d'ailleurs les choses finiront par s'arranger d'elles-mêmes, tant bien que mal... » Il s'agit aussi pour cette classe moyenne d'éviter tout bouleversement, tout changement brusque dans un sens ou dans l'autre. Le sentiment réformiste en question se rattache ainsi de façon

directe à l'idéologie « libéral-démocrate » et au
« marxisme libéral », mais aussi, indirectement, au
« marxisme néostalinien » (puisqu'une partie de la
classe moyenne est constituée par le corps des fonctionnaires du Parti et des administrations) ainsi qu'à
l'idéologie « social-éthique » (traditionnelle en Russie,
comme on l'a vu, et qui répond à certaines aspirations morales de la classe moyenne).

Signalons enfin, à propos de ces trois sous-
idéologies et pour achever la description du schéma,
les rapports antagoniques qui opposent ces sentiments les uns aux autres. La « sauvegarde du pouvoir » et l' « égalitarisme et le nationalisme des
masses » s'associent dans une commune hostilité à
l'égard de l'intelligentsia, couche considérée comme
étrangère au peuple et dangereuse pour le pouvoir.
De plus, de nombreux membres de l'appareil sont
d'origine paysanne, ce qui tend à renforcer la part
du sentiment dans cet antagonisme. Mais l' « égalitarisme et le nationalisme des masses » rejoignent le
« réformisme de la classe moyenne » dans une commune opposition au pouvoir, à l'égard duquel les
couches en question se sentent « aliénées ». Enfin,
le « réformisme de la classe moyenne » et la « sauvegarde du pouvoir » se retrouvent dans une même
opposition aux masses, qui menacent, aux yeux des
apparatchiki et des autres couches favorisées, les
privilèges dont ils jouissent.

Je tiens à souligner une nouvelle fois que le schéma
que je viens de décrire est un essai présenté avec
les réserves qui s'imposent ; que les idéologies dont

j'ai tenté de préciser les contours sont en réalité des plus floues ; qu'en U.R.S.S. la stratification sociale est imprécise ; et qu'enfin, dans ce pays où l'on ne peut faire un pas sans avoir les oreilles rabattues d' « idéologie », le degré d' « idéologisation » reste des plus faibles — exemple, sans doute, de synthèse dialectique des contraires.

Pour se faire une idée de l'état d'esprit d'une population, on prend souvent comme indicateur celui de la jeunesse. Or, dans son ensemble, la jeunesse soviétique se caractérise aujourd'hui par son indifférence à l'idéologie en tant que telle. Je dis bien « aujourd'hui », car à mes yeux il s'agit d'un phénomène passager, d'un « vide idéologique » séparant l'idéologie bolchevique agonisante de celle qui lui succédera. Il n'est pas impossible que la jeunesse des années 80 soit fortement « idéologisée ».

Je ferai encore la réserve qui suit. Le rôle social d'une idéologie donnée diffère profondément selon qu'elle est représentée par des fonctionnaires investis par le pouvoir ou par une poignée de dissidents. De plus, une idéologie dans l'opposition et la même idéologie au pouvoir, ce sont, à bien des égards, deux idéologies différentes.

On peut en dire autant des rôles respectifs d'une même idéologie dans une société pluraliste et dans une société totalitaire ; ils ne se confondent pas. Essayons néanmoins — sous cette réserve et simplement à titre de comparaison — d'appliquer mon schéma, établi sur la base des données soviétiques, à une société pluraliste où plusieurs partis entrent librement en compétition.

A titre d'exemple, prenons la République fédérale d'Allemagne et allons cette fois en sens inverse des

aiguilles d'une montre. Ici donc le « marxisme néostalinien » correspond évidemment aux communistes ; le « marxisme libéral » (à la frontière du
marxisme et du libéralisme), aux sociaux-démocrates ;
l'idéologie « libéral-démocrate » aux libéraux du
F.D.P. ; l'idéologie « social-éthique » (aux confins du
libéralisme et du nationalisme), aux démocrates-
chrétiens ; la « néo-slavophilie », aux nationalistes ;
le « nationalisme néostalinien » enfin (à la limite du
nationalisme et du marxisme), à l'extrême droite et
à l'extrême gauche. Dans une société stable et pros-
père, les idéologies extrêmes, fondées sur les haines
nationales ou les haines de classe, jouent un rôle des
plus minimes. En revanche, dans une société malade,
en état de crise permanente, elles peuvent passer au
premier plan, comme ce fut le cas du nazisme en
Allemagne.

Tentons à présent d'explorer, toujours sur la base
de notre schéma, quelques variantes du devenir
« idéologique » soviétique. Pour plus de facilité, nous
désignerons les différentes idéologies représentées
dans l'anneau intermédiaire par les lettres A, B, C,
D, E et F, en partant du « marxisme néostalinien »
et en allant dans le sens des aiguilles d'une montre.
Séparons d'abord les brebis des boucs — à raison
de trois de chaque côté. Pour de très bonnes raisons
nous pouvons supposer que dans une société stable,
ce sont les chances des « idéologies moyennes » —
soit A, C et E — qui augmentent ; on voit que
j'appelle « moyennes » les idéologies qui se situent
en quelque sorte *au milieu* des super-idéologies cor-
respondantes. Dans une société en crise, ce sont au

contraire les « idéologies extrêmes » — soit B, D et F — qui ont le vent en poupe ; et celles-ci se situent *aux extrêmes*, c'est-à-dire aux points de rencontre de deux super-idéologies. Regardons ce qui s'est passé en temps de crise en Tchécoslovaquie, c'est-à-dire dans un pays soumis à un régime politique comme le nôtre, mais qui a connu un passé démocratique. Dans les années 1967-1968, la prédominance idéologique est passée du « marxisme néostalinien », idéologie moyenne dans mon modèle, au « marxisme libéral », idéologie extrême. Si la situation s'était stabilisée sans l'intervention des troupes soviétiques, c'est, je pense, l'idéologie « libéral-démocrate » qui serait devenue dominante. La stabilisation imposée par l'intervention soviétique a remis en selle le « marxisme néostalinien ».

Faisons un pas de plus en retenant d'autres critères de classement. On peut ainsi distinguer les idéologies pluralistes (D, E, F) et totalitaires (A, B, C) ; les idéologies étrangères-occidentales (A, E, F) et autochtones-orientales (B, C, D) ; les idéologies éthico-politiques (C, D, E) et politiques pures (F, A, B). Il est parfaitement évident que si jamais il devait se produire en Union soviétique un cataclysme politique de quelque nature que ce soit (concevable ou non), les meilleures chances de survie et de victoire appartiendraient à ceux qui défendraient les idées totalitaires et non les pluralistes ; les autochtones-orientales et non les étrangères-occidentales ; les politiques pures et non les éthico-politiques, c'est-à-dire celles qui s'encombrent de ces considérations morales de toute sorte qui déplaisaient tant au grand Lénine.

Or, il se trouve qu'une seule idéologie répond aux

trois impératifs énoncés, à savoir le « nationalisme néostalinien » ou B. Etant donné que cette tendance compte déjà parmi les idéologies régnantes et qu'en outre elle fait partie de la catégorie des idéologies extrêmes — répondant ainsi à la condition stipulée plus haut —, on peut s'attendre qu'en cas de crise le régime s'oriente de plus en plus nettement dans ce sens.

Cela dit, je ne pense pas pour ma part que les chances du « nationalisme néostalinien » soient en fait aussi fortes, et il me semble que sa victoire complète pourrait bien marquer le début de l'effondrement du système. Il s'agit en effet d'une idéologie étroitement nationaliste. De ce fait elle ne pourrait prendre appui que sur les Russes proprement dits, qui ne représentent aujourd'hui guère que la moitié de la population totale du pays. Une telle résurgence du nationalisme russe heurterait profondément les autres nationalités, y compris leurs cadres dirigeants *.

Retenons cependant, un court instant, l'hypothèse d'une victoire du « nationalisme néostalinien ». Ce serait probablement sous forme d'une dictature militaire. Si la situation devait se stabiliser par la suite, le régime pourrait s'adoucir et dériver vers la « néo-slavophilie », idéologie « moyenne » stable.

Mais si l'on admet que cette hypothèse est peu vraisemblable, en raison de la réticence des autres nationalités, on est en droit d'envisager une autre variante de la situation de crise éventuelle, celle où

---

* Si l'on se trouvait dans une telle situation, les républiques d'Asie centrale, dont la population a très fortement augmenté, pourraient jouer un rôle décisif.

le déplacement se ferait vers le « marxisme libéral »,
donc une autre idéologie « extrême ».

Une situation de crise peut résulter notamment de
difficultés économiques : ralentissement de la croissance de la productivité du travail ; carence d'une
agriculture incapable de répondre aux besoins alimentaires du pays ; alourdissement de la dette
extérieure (Occident) et diminution des réserves d'or
et de devises ; impossibilité — en raison même de la
rigidité des structures politiques — d'améliorer la
planification et les méthodes de gestion ; et enfin,
apathie des classes laborieuses. Il n'est nullement
exclu qu'en cherchant à résoudre de telles difficultés,
la prochaine génération de dirigeants, plus pragmatique et plus patiente, soit amenée à considérer le
« marxisme libéral » comme un moindre mal, pré-
férable à une dictature militaro-nationaliste. Il est
difficile de dire jusqu'où irait un tel processus, si
jamais il se déclenchait. C'est que les traditions
historiques libérales, présentes en Tchécoslovaquie,
feraient cruellement défaut à une version moscovite
du « printemps de Prague ». Admettons toutefois
que l'expérience aboutisse. Nous verrions alors, au
fur et à mesure que la situation se stabiliserait,
grandir l'influence de l'idéologie « moyenne » voisine,
l'idéologie « libéral-démocrate ».

Mais ce ne sont là que des hypothèses.

7 février 1976.
Moscou.

Notes

établies par B. LAZITCH et G. LIEBERT-CARRERAS

Au rédacteur en chef des « Izvestia »

1. Les *Izvestia* (Les Nouvelles) sont l'organe quotidien du gouvernement soviétique, alors que la *Pravda* (La Vérité) est celui du parti communiste.

2. Il s'agit de la « révolution culturelle » déclenchée par Mao tsé-Toung en 1966, avec la promulgation le 8 août 1966, par la 11e session plénière du VIIIe Comité central du Parti communiste, d'une charte en seize points, dite de la « révolution culturelle », octroyant aux masses le droit de dénoncer et de renverser les autorités du Parti qui les opprimeraient. (Cf. Simon Leys, *Les Habits neufs du Président Mao*, chronique de la révolution culturelle, Paris, Bibliothèque asiatique, 1971.)
Sur le caractère antisoviétique de la « révolution culturelle », voir F. Fejtö, *Chine/URSS* (Le Seuil, 1973) [en particulier les chapitres 6 et 7 de la IIIe partie : « De la chute de Khrouchtchev à la grande révolution culturelle » et « La Chine change d'ennemi principal »] ; voir aussi l'étude de Chi Hsi-hu, « Révolution culturelle et conflit sino-soviétique » (*Revue française de science politique*, août 1971) qui montre que, pour les maoïstes, cette révolution et le conflit avec l'U.R.S.S. furent « les deux aspects du même combat ».

3. En 1976, de l'avis des experts occidentaux, la Chine était loin d'avoir rattrapé l'U.R.S.S. aussi bien dans le domaine

des armes conventionnelles que dans celui des armes nucléaires. (Voir, notamment, l'enquête parue dans l'*International Herald Tribune* du 4 décembre 1976, « China's armed forces assessed, found inferior to Soviet power »).

4. La *Literatournaya Gazeta* est l'organe hebdomadaire de l'Union des écrivains soviétiques.

La lettre de Andreï Amalrik n'a pas été publiée. Voir la note 1 de la première partie, *supra*, p. 143.

Lettre ouverte à Anatole Kouznetsov

5. Anatole Kouznetsov. Né à Kiev en 1929, membre du Parti communiste depuis 1955, romancier, deux de ses romans ont été traduits en français et publiés par la principale maison d'édition du P.C.F., Les Editeurs français réunis : *Le Retour de Galia*, en 1965, et *Babi Iar*, en 1967 — ce dernier livre étant consacré au souvenir des Juifs massacrés par les Allemands aux environs de Kiev. Sous prétexte d'aller étudier sur place des documents sur Lénine et sur sa vie à Londres, pour pouvoir écrire un ouvrage pour le centenaire de la naissance du fondateur du bolchevisme (en 1970), Anatole Kouznetsov fut autorisé à se rendre en Grande-Bretagne pendant l'été 1969. Il y demanda le droit d'asile, qui lui fut accordé. Afin de mettre en confiance le K.G.B. et d'obtenir son visa de sortie, Kouznetsov feignit de dénoncer les agissements imaginaires d'un confrère, pour se désavouer ensuite et rétablir la vérité dès qu'il eut « choisi la liberté » à Londres.

6. « Les écrivains russes et le K.G.B. » : dans cet article publié par le *Daily Telegraph*, Anatole Kouznetsov expose les méthodes de travail de la police soviétique au sein de l'intelligentsia et les compromis ou les compromissions auxquels consentent de nombreux écrivains. Ce texte a été traduit en français et publié dans *Le Figaro littéraire* (numéros du 18 et du 25 avril 1969). « Je ne connais pas un seul écrivain en Russie qui n'ait eu, d'une façon ou d'une autre, affaire avec le K.G.B., écrit notamment Anatole Kouznetsov.

« Ces rapports sont de trois sortes.

« Premièrement, vous collaborez avec enthousiasme avec le

K.G.B. Dans ce cas, vous avez toutes les chances de prospérer.

« Deuxièmement, vous reconnaissez vos devoirs envers le K.G.B., mais vous refusez de collaborer directement avec lui. Dans ce cas, vous vous privez de nombreux avantages et, en particulier, celui de pouvoir voyager à l'étranger.

« Troisième cas, vous repoussez toutes les avances du K.G.B. et vous entrez en conflit avec lui. Dans ce cas, vos manuscrits ne sont pas publiés, et vous pouvez même vous retrouver dans un camp de concentration. »

7. A l'occasion du Congrès international du Pen Club qui se tint à Menton en septembre 1969, Anatole Kouznetsov avait envoyé à M. Arthur Miller, le président de cette association, une lettre sur la situation des écrivains soviétiques, avec prière de la lire ou de la communiquer aux congressistes. Mais la lettre ne fut ni lue ni communiquée.

8. *Komsomol* : mot composé à partir de *Kommounisticheski Soyouz Molodezi* (Union des jeunesses communistes).

Fondée en octobre 1918, un an après la prise du pouvoir par les bolcheviks, cette organisation, dirigée et contrôlée directement par le Parti, le soutient en formant et en influençant la jeunesse. Y sont admis les garçons et les filles de quatorze à vingt-huit ans. En 1927, le Komsomol comptait deux millions de membres, en 1954 plus de dix-huit millions, et vingt-huit millions en 1971. Le Komsomol constitue une pépinière importante de futurs cadres du Parti.

9. *Pionniers* : organisation de la jeunesse communiste pour les jeunes Soviétiques âgés de dix à quinze ans. Dirigée et supervisée par le Komsomol — comme celui-ci est dirigé et contrôlé par le Parti —, cette organisation a pour objectif de donner une éducation communiste, en liaison étroite avec l'école. Elle sert de préparation à l'entrée au Komsomol comme celui-ci sert d'antichambre au Parti. En 1970, les *Pionniers* comptaient environ vingt-trois millions de membres.

10. Rappelons qu'Andreï Amalrik a fait des études d'histoire à l'université de Moscou d'où il a été exclu pour avoir écrit une thèse peu orthodoxe sur les origines de l'Etat russe : *Les Normands et la Russie de Kiev*.

11. La Loubianka est la célèbre prison centrale de Moscou que d'innombrables « pensionnaires » ont évoquée, y compris Soljénitsyne, qui a décrit, dans le chapitre v du premier tome de *L'Archipel du Goulag,* vingt-quatre heures de la vie dans une cellule commune de cette prison.

12. Né en 1925, Andreï Siniavsky publie à l'étranger des récits et des essais sous le pseudonyme de Abraham Terz. Jugé en février 1966, il est condamné à sept ans de travaux forcés. Après sa libération, il a obtenu le visa de sortie pour la France où il est arrivé pendant l'été de 1973. Il enseigne la littérature russe en Sorbonne et publie aux Editions du Seuil (*Une voix dans le chœur,* 1973).

Quant à Soljénitsyne, il a été privé de la nationalité soviétique et expulsé d'U.R.S.S. en février 1974. Il réside actuellement aux Etats-Unis.

13. Né en 1925, Youli Daniel, poète et traducteur, est arrêté en 1965 pour avoir publié des œuvres en Occident sous le pseudonyme de Arzhakk. Jugé en même temps que Siniavsky, il est condamné en 1966 à cinq ans de travaux forcés. Il a été relâché en septembre 1970. (Cf *supra,* note 5, p. 145.)

Pour plus d'informations, le lecteur pourra consulter : *Le Livre blanc de l'Affaire Siniavsky-Daniel,* Paris, 1967, La Table Ronde.

14. Rappelons que *Samizdat* est une expression russe — en forme de calembour — qui signifie auto-édition par opposition à *Gossizdat :* les éditions d'Etat. Le *Samizdat* désigne donc des « éditions » qui ne passent pas par la censure et qui diffusent, copiées à la main, dactylographiées ou photocopiées, des œuvres interdites ou qui sont censées l'être. Ce procédé n'est pas nouveau : de tout temps, des copies de poèmes interdits ou épuisés ont circulé chez les étudiants et les intellectuels de Moscou. La grande audience du *Samizdat* est venue de ce que de nombreux textes ainsi répandus depuis une dizaine d'années sont parvenus en Occident, y ont été édités ou diffusés à destination de l'U.R.S.S. par certaines stations de radio : *Radio Liberty* à Munich, la B.B.C. et la Deutsche Welle. *Voice of America* (La Voix de l'Amérique) a mis une sourdine à ses programmes pour ne pas nuire à la « détente »... (Cf. *supra,* note 4, p. 145.)

15. L'expression « villages Potemkine » date de l'époque de l'impératrice Catherine II. Lors du voyage que celle-ci fit dans le Sud de l'Empire en 1787, G. A. Potemkine, homme politique et feld-maréchal, bâtit tout un décor de villages et de parcs pour donner à l'impératrice le spectacle de la prospérité.

16. Né en 1912 et mort récemment, Vsevolod Kotchetov était un des piliers du Parti au sein de l'Union des écrivains soviétiques. *Apparatchik* de la littérature, auteur de plusieurs romans « dans la ligne » et peuplés de « héros positifs », il fut rédacteur en chef de la *Literatournaya Gazeta* (l'organe officiel de l'Union des écrivains) de 1955 à 1959, puis rédacteur en chef, à partir de 1969, de la très orthodoxe revue *Oktiabr* (« Octobre »), où il mena le combat des « dogmatiques » contre *Novy Mir* et les tendances littéraires nées du « dégel ». La fidélité de Kotchetov à la ligne du Parti lui valut d'être très décoré : ordre de Lénine (deux fois), ordre d'Octobre, ordre de l'Etoile rouge, etc.

17. Né en 1933, Evgeny Evtouchenko publie avec succès son premier livre en 1952. Après la mort de Staline, il a quelques difficultés avec la ligne officielle du Parti et en 1957, à la suite de la publication de son poème *Nihiliste*, il est exclu du Komsomol. Deux ans plus tard, il est à nouveau admis et devient même secrétaire de la section du Komsomol au sein de l'Union des écrivains soviétiques. Il écrit alors de nombreux poèmes dans la ligne du Parti : contre le stalinisme en 1962, à la gloire de Cuba et du Vietnam... Il est autorisé à se rendre dans de nombreux pays capitalistes : la France, les Etats-Unis, etc. Mais ses démêlés avec le pouvoir ne cessent pas complètement : en 1963, pour avoir publié *Une Autobiographie précoce* dans *L'Express* sans l'autorisation de la censure soviétique, il est à nouveau exclu du Komsomol. En 1968, il envoie aux dirigeants soviétiques un télégramme qui déplore l'invasion de la Tchécoslovaquie, et en février 1974 il proteste contre l'expulsion de Soljénitsyne. En tant que principal article d'exportation culturelle, Evtouchenko est certainement le poète soviétique le plus connu en Occident.

A la rédaction des journaux, New York Times, Washington Post, *etc.*

18. Cette pièce fait partie du recueil traduit en français et paru chez Gallimard (collection « Du monde entier ») sous le titre : *Les Quatorze Amants de l'affreuse Mary-Ann.*

19. Depuis lors (le 27 mai 1973), l'U.R.S.S. a adhéré à la Convention universelle de Genève sur le droit d'auteur. Ce geste a paru d'abord marquer la liquidation du passé stalinien, et a été interprété immédiatement en Occident comme un signe de « détente », « un moyen d'ouvrir le monde communiste à la culture du monde libre ». Une fois passé ce moment d'euphorie, la presse occidentale a montré la portée véritable de l'adhésion de l'U.R.S.S. à la Convention de Genève. — La presse américaine notamment, qui y a vu un moyen pour le gouvernement soviétique de « transformer sa sévère censure intérieure en efficace censure internationale ». La création à Moscou en octobre 1973 d'une agence pour les droits d'auteur détenant le monopole absolu d'intermédiaire entre l'auteur russe et l'éditeur occidental, a suscité les plus vives appréhensions. Il s'agit — comme l'ont rappelé dans *Le Monde* du 11 octobre 1973 vingt-deux intellectuels occidentaux, dont R. Aron, G. Grass, I. Silone, E. Ionesco — d'une tentative pour « renforcer le contrôle des autorités soviétiques sur les traductions et publications à l'étranger d'œuvres créées en U.R.S.S. ».

Pour plus d'informations, le lecteur peut se reporter au *Livre blanc sur l'adhésion de l'U.R.S.S. à la Convention universelle du droit d'auteur*, par Léopold Unger, édité par le Comité international pour la défense des droits de l'homme en U.R.S.S., 28, place Flagey, B 1050, Bruxelles.

Je veux qu'on me comprenne bien

20. Né en 1940, d'origine juive, Joseph Brodsky est l'un des premiers poètes de la jeune génération en U.R.S.S. Encouragé dans son activité littéraire par Anna Akhmatova,

il est inquiété par le K.G.B. en 1962. Tous ses travaux lui
sont confisqués. Accusé de « parasitisme » et d'écrire des
« vers pornographiques et antisoviétiques », après un court
séjour dans la fameuse « clinique » Kachtchenko, il est
arrêté, jugé et condamné à cinq ans de « travail correctif »
dans un sovkhoze de la région d'Arkhangelsk. Grâce au mouvement de protestation déclenché en sa faveur, Joseph
Brodsky revient à Leningrad l'année suivante. Expulsé
d'U.R.S.S. en 1972, il gagne les Etats-Unis où il réside actuellement, hôte de l'Université du Michigan.

Un premier recueil de ses poésies a paru en russe à
Washington en 1965 (la revue *La Table Ronde*, n° 7, 1967,
en a publié des extraits) ; un deuxième recueil à New York,
— *Selected poetry*, Harper and Row, 1973. Trois poèmes,
traduits par Nadia Blokh — « Sur la mort de Joukov »,
« La Fin d'une belle époque », et « Le Pays des lacs » —
ont paru récemment dans le premier numéro de la revue
Continent (Gallimard, 1975).

Pour plus d'information, voir « L'Affaire Brodsky » dans
La Vie littéraire en U.R.S.S., de M. Slavinsky et D. Stolypine,
Stock, 1971.

21. Vladimir Batchev : poète, membre du groupe littéraire
clandestin S.M.O.G., il est arrêté en décembre 1965 lors d'une
manifestation contre l'arrestation de Siniavsky et de Daniel.
Relâché, il est à nouveau arrêté en avril 1966 et condamné
à cinq ans de travaux forcés en Sibérie, pour délit de « parasitisme ».

S.M.O.G. : sigle composé avec les initiales des mots russes
Smelost (« Courage »), *Mysl* (« Pensée »), *Obraz* (« Image ») et
Glubina (« Profondeur »). Il désigne un groupe littéraire très
actif dès 1965-1966. Parmi ses nombreuses publications, le
recueil de poèmes *Les Sphynx* est sans doute le plus connu.
Plusieurs contestataires — comme Vladimir Boukovsky et
Alexandre Guinzbourg — ont fait partie de ce groupement.

22. Arrêtée et condamnée pour avoir signé une pétition en
faveur de Martchenko après la condamnation de celui-ci à
un an de déportation, en août 1968.

23. Né en 1907, le général Grigorenko est un des militaires
soviétiques les plus décorés de la seconde guerre mondiale.

Il a enseigné la cybernétique pendant dix-sept ans à l'Académie de Frounzé à Moscou et écrit plus de soixante ouvrages sur des sujets militaires. S'étant livré en 1961, au cours d'une réunion privée, à une critique acerbe de la politique de Khrouchtchev, il est dénoncé et transféré dans une garnison près de la frontière chinoise, puis à l'« hôpital spécial » de Leningrad, où il demeure interné quinze mois. Libéré après le limogeage de Khrouchtchev, il doit gagner sa vie comme manœuvre. Ayant participé à différentes manifestations — entre autres en faveur des Tatars de Crimée —, il est arrêté le 7 mai 1969, déclaré schizophrène et interné, sur ordre du K.G.B., à la clinique psychiatrique spéciale de Tcherniakovsk. Libéré le 26 juin 1974, il vit à Moscou. Son fils Andreï a quitté l'U.R.S.S. et s'est fixé en Allemagne.

Le général a réussi à transmettre son « journal » de détention, qui a été publié en Occident (en France, dans le recueil : *La Russie contestataire*, édité chez Fayard en 1971 dans la collection « Le Monde sans frontières », dirigée par F. Furet). La force d'âme du général Grigorenko lui a valu les plus beaux éloges de Soljénitsyne qui l'a placé au nombre des « héros russes ».

24. Né en 1936, étudiant à l'Institut de l'histoire des chartes et collaborateur du Musée de la littérature, acteur et journaliste, Alexandre Guinzbourg lance en 1959 la revue littéraire clandestine *Syntaxe* — l'une des premières manifestations du *Samizdat*. Arrêté en 1969 pour avoir distribué de la « littérature antisoviétique », il est condamné à une année de prison préventive et à être déporté dans un camp de concentration. Libéré, il rentre à Moscou et gagne sa vie comme électricien. Arrêté une deuxième fois en mai 1964, il est à nouveau relâché. Après le procès des écrivains Siniavsky et Daniel en février 1966, Alexandre Guinzbourg compose un *Livre blanc de l'affaire Siniavsky-Daniel*, mis en circulation en novembre 1966, et qu'il envoie aux membres du gouvernement, aux députés du Soviet suprême, et même au K.G.B. Alexandre Guinzbourg est arrêté deux mois plus tard, en même temps que Youri Galanskov, Alexis Dobrovolsky et Vera Lachkova.

Etudiant et jeune poète, Youri Galanskov, fonde en 1961 la revue clandestine *Phénix* dont la parution coïncide avec la clôture du XXIIᵉ congrès du P.C.U.S. Il est alors exclu de l'Université, mais poursuit son activité d'opposition, notamment au sein du mouvement littéraire non conformiste S.M.O.G. Le volume-recueil de *Phénix 66* paru en décembre 1966 contient une violente apostrophe au gouvernement soviétique de la plume de Galanskov. Celui-ci est arrêté le 21 janvier 1967.

L'instruction du procès de Guinzbourg, Galanskov, Dobrovolsky et Lachkova dure sept mois pendant lesquels les accusés sont soumis en « clinique » à des « expertises médicales » et à des traitements destinés à briser leur volonté. Ils sont finalement jugés en janvier 1968. Galanskov est condamné à sept ans de « privation de liberté dans des camps à régime renforcé », Guinzbourg à cinq ans, Dobrovolsky à deux ans et Lachkova à un an (dactylo, elle avait tapé à la machine des documents pour Guinzbourg et Galanskov). Les avocats des quatre condamnés se pourvoient en cassation. Les débats en cassation et au Tribunal suprême se déroulent le 16 avril 1968. La sentence est confirmée.

Souffrant d'un ulcère à l'estomac, Galanskov est mort, faute de soins, dans un camp mordovien en 1972. Libéré en 1972, Alexandre Guinzbourg, suspect d'amitié avec la famille de Soljénitsyne, a été de nouveau arrêté à Moscou en avril 1974 et assigné à résidence à Taroussa.

Pour plus d'informations, voir : *L'Affaire Guinzbourg-Galanskov*, Paris, Le Seuil, 1969 ; *La Russie contestataire*, documents de l'opposition soviétique, Paris, Fayard, 1971, coll. « Le Monde sans frontières ». (On trouvera notamment dans ce volume l'appel que Pavel Litvinov adressa le 11 janvier 1968, avec Larissa Daniel, à l'opinion publique au sujet des conditions dans lesquelles se déroulait alors le procès.)

25. A.P.N. : *Agentstvo Petchati Novosti*, appelée plus brièvement *Novosti* (Nouvelles). Considérée par les services de renseignements occidentaux comme une branche du K.G.B., cette agence de presse a été fondée en 1961 avec pour mission de présenter — moins en U.R.S.S. qu'à l'étranger — des nouvelles, des articles et des livres ayant un caractère moins officiel et moins monotone que ceux de l'agence Tass. *Novosti* a joué un rôle important dans la campagne contre Soljénitsyne.

26. Né en 1938 dans une famille ouvrière, ouvrier spécia-

lisé lui-même, Anatole Martchenko est arrêté une première fois en 1960 pour avoir tenté de franchir clandestinement la frontière soviétique. Condamné à six ans de déportation, il est libéré en 1966 et il écrit *Mon témoignage*, publié en Occident (en France, aux éditions du Seuil en 1970). En juillet, il proteste contre la possibilité d'une invasion de la Tchécoslovaquie ; arrêté, il est condamné, le 29 juillet, à un an de « travail correctif » mais, l'année suivante, sa peine est prolongée de deux ans. Libéré en juillet 1971, il a été de nouveau arrêté en 1975 et condamné à quatre ans d'exil à Tchouna. Voir son dernier livre : *Une grève de la faim* (Le Seuil, 1977).

27. Né en 1896 et mort en 1968, écrivain et journaliste, Alexeï Kosterine passa dix-sept ans dans les camps de concentration sous Staline. Libéré au temps de Khrouchtchev, il participa à l'activité et à diverses manifestations des groupes d'opposition. Lors de ses funérailles, le général Grigorenko et d'autres contestataires prononcèrent des discours très critiques contre le régime.

28. Ex-épouse de Youli Daniel, philologue elle-même, Larissa Bogoraz-Daniel a joué un rôle actif dans la contestation intellectuelle jusqu'à sa condamnation à quatre ans d'exil dans la région d'Irkoutsk, pour avoir manifesté sur la place Rouge en août 1968 contre l'invasion de la Tchécoslovaquie. Elle a été libérée en 1972 et a épousé Anatole Martchenko.

Petit-fils du vieux militant bolchevik Maxime Litvinov, commissaire du peuple aux Affaires étrangères de 1931 à 1939, Pavel Litvinov, né en 1940, est professeur assistant de physique à l'Institut Lomonosov de Moscou, lorsqu'il se lance en 1967 dans le combat pour les libertés individuelles. Il prépare en septembre 1967 le compte rendu des procès de Khaustov, Boukovsky, Delaunay et Kouchev (jugés et condamnés pour avoir organisé, le 22 janvier 1967, à Moscou, une manifestation pour protester contre l'introduction de nouvelles dispositions répressives dans le Code pénal soviétique et l'arrestation d'un groupe d'intellectuels).

Malgré un avertissement du K.G.B., Pavel Litvinov diffuse en décembre 1967 une lettre de protestation contre la procédure et le verdict du procès. Cet appel est publié le 27 décembre par le *International Herald Tribune* et diffusé les jours suivants, en russe, par des émissions radiophoniques occidentales à destination de l'U.R.S.S. A la suite de la diffusion de cette lettre, Pavel Litvinov perd son poste à l'Institut Lomonosov le 3 janvier 1968. Le 11 janvier, devant la salle d'audience où se déroule le procès de Guinzbourg et de Galanskov, il distribue aux journalistes étrangers le texte d'un deuxième « appel a l'opinion publique mondiale » qu'a signé avec lui Larissa Daniel, la femme de l'écrivain condamné en 1966. Le 25 août 1968, Pavel Litvinov participe à une manifestation sur la place Rouge contre l'intervention soviétique en Tchécoslovaquie. Arrêté, il est condamné à cinq ans d'exil en Sibérie, dans la région de Chita, près de la frontière chinoise.

Avant de partir purger sa peine, Pavel Litvinov parvient à transmettre en Occident un dossier comportant notamment la sténographie partielle et le compte rendu des procès de 1967. Ce dossier a été traduit en français et publié en 1971 aux éditions Arthème Fayard sous le titre *La Russie contestataire*. Ce volume que nous avons déjà cité comprend, outre le dossier rassemblé par Pavel Litvinov, deux autres documents inédits et le « journal » de détention du général Grigorenko, le « programme » d'un mouvement clandestin de l'opposition soviétique : le « Mouvement démocratique ».

Libéré en 1972, Pavel Litvinov a reçu le visa de sortie, avec sa femme, en mars 1974, pour se rendre aux Etats-Unis où il réside actuellement.

29. Née en 1936, poétesse, mère de deux enfants, Nathalie Gorbanevskaïa a été arrêtée et placée dans un asile d'aliénés en 1969, pour avoir rédigé un *Livre blanc* sur la manifestation organisée sur la place Rouge en 1968 pour protester contre l'invasion de la Tchécoslovaquie. Le livre qui retrace ces événements a été traduit en français : *Midi, place Rouge*, Laffont, 1970. Libérée en janvier 1972, Nathalie Gorbanevskaïa vit actuellement à Paris.

A la rédaction du Spiegel

30. Prêtre orthodoxe, agent de l'Okhrana (police tsariste), Georges Gapone (1870-1906) fut à l'origine de la formation des organisations ouvrières à Petrograd, où, en l'espace d'un

an, il rassembla environ dix mille ouvriers d'usine. C'est à son initiative que fut organisé le cortège du 9 janvier 1905 qui devait présenter une pétition au tsar. Mais l'armée ouvrit le feu sur les manifestants, faisant de nombreuses victimes.

31. Ouvrier, militant bolchevik, député bolchevik à la Douma en 1912, président du groupe parlementaire bolchevik, membre du Comité central du Parti, Roman Malinovski (1876-1918) était en même temps au service de l'Okhrana, ce que Lénine se refusait à admettre jusqu'au scandale public, en mai 1914, qui amena la démission de Malinovski du Parlement. Prisonnier de guerre en Allemagne, Malinovski fit de la propagande communiste parmi les prisonniers russes et correspondait avec Lénine. Rentré de captivité en 1918, il demanda l'ouverture de son procès. Lénine y assista sans prendre la parole. A la suite de l'audition de plusieurs témoins, Malinovski fut condamné à mort et exécuté.

32. Voir le recueil de documents que nous avons déjà cité : *La Russie contestataire*, Fayard, 1971, coll. « Le Monde sans frontières ».

33. *Le Festin des vainqueurs* est un drame en vers que Soljénitsyne a écrit en 1950, mais qu'il a renié sans l'avoir jamais publié. Le manuscrit de cette pièce, trouvé lors d'une perquisition chez un citoyen soviétique, servit d'argument important contre l'écrivain lorsque le pouvoir soviétique commença à l'attaquer. La *Literatournaya Gazeta* du 28 juin 1968 écrivait : « Soljénitsyne présente l'armée soviétique, qui a libéré le monde du fléau fasciste, comme un ramassis d'imbéciles, d'agresseurs, de voleurs et de vandales qui ne vivent que pour des intérêts ignobles. De plus, il parle avec sympathie des partisans de Vlassov. » Un an auparavant, Soljénitsyne avait écrit sur le même sujet : « La pièce *Le Festin des vainqueurs* que j'ai écrite en vers et de mémoire, dans un camp où je n'étais qu'un numéro de quatre chiffres [...], cette pièce, abandonnée depuis longtemps, est cependant présentée comme ma toute dernière œuvre. » (Lettre au IXe congrès des écrivains soviétiques, 16 mai 1967.)

34. Svetlana Allilouyeva : *Vingt Lettres à un ami*, traduction de Jean-Jacques Marie, Paris, Editions du Seuil, 1967.

35. Né en 1928, Victor Louis est le seul citoyen soviétique autorisé à être correspondant d'un journal étranger — l'*Evening News* de Londres ; le seul dont la femme soit autorisée à représenter à Moscou deux grandes firmes occidentales ; le seul journaliste soviétique à avoir pu visiter Formose ; le seul qui ait l'autorisation d'avoir des comptes bancaires en Europe occidentale et aux Etats-Unis... Victor Louis est aussi connu pour avoir vendu en Occident une version des *Vingt Lettres à un ami* de Svetlana Allilouyeva Staline — sans l'accord de l'auteur —, puis une version du *Pavillon des cancéreux*, également sans l'accord de Soljénitsyne. Celui-ci mit en cause Victor Louis dans une lettre au secrétariat de l'Union des écrivains, le 18 avril 1966.

Dans son livre, *The Russians* (traduction française *Les Russes, la vie de tous les jours en Union soviétique*, Belfond, 1976), Hedrick Smith parle de lui comme d'un « agent secret soviétique bien connu des services occidentaux », *(Op. cit.*, p. 53).

Correspondants étrangers à Moscou

36. Les journalistes étrangers accrédités dans les capitales occidentales n'ont aucun besoin d'évoquer, dans leurs articles, leurs conditions de travail, qui sont normales, comme chacun sait. Mais nombreux sont les journalistes occidentaux accrédités à Moscou (et à Pékin) qui eux non plus ne parlent jamais de leurs conditions de travail, comme si elles étaient également normales — alors qu'ils sont payés pour savoir qu'elles ne le sont pas. Quelques exceptions se sont cependant manifestées ces dernières années : Georges Bortoli qui a relaté son expérience dans son livre *Vivre à Moscou* (R. Laffont, 1970) ; le correspondant du *Times* en U.R.S.S., David Bonavia, expulsé en 1972, pour « activités incompatibles avec le statut de correspondant étranger » — et qui a raconté cette expulsion dans un article paru dans la revue britannique *Survey* (automne 1972) ; enfin et surtout, Hedrick Smith, chef du bureau du *New York Times* à Moscou de 1971 à 1974, dont le livre que nous avons déjà cité, *Les*

Russes, a figuré parmi les *best-sellers* aux Etats-Unis et en France, en 1975 et 1976.

Le texte de Amalrik est, à notre connaissance, le premier paru en France qui traite de l'ensemble du problème. Il a été publié par *L'Express* en 1971.

37. Décrivant son installation à Moscou en 1971, Hedrick Smith écrit notamment : « ... Comme pratiquement tous les autres diplomates, hommes d'affaires et journalistes appelés à résider à Moscou, on nous logea d'office dans un de ces immeubles qui forment la demi-douzaine de ghettos étrangers que les autorités soviétiques mettent à la disposition des résidents occidentaux. On ne nous donna même pas à choisir entre plusieurs appartements. Vivre où nous le souhaitions — c'est-à-dire parmi les Russes — était totalement hors de question.

Autour de notre communauté étrangère se déployait un « cordon sanitaire ». La cour de notre immeuble de huit étages... était brutalement séparée de l'immeuble adjacent, occupé par des Russes, par un mur de béton haut de trois mètres, si étroitement accolé à notre bâtiment qu'il rendait difficile l'accès des voitures entrant pour se garer. Il n'y avait qu'une seule entrée, par un portail en plein cintre, surveillée vingt-quatre heures sur vingt-quatre par des sentinelles, installées dans un poste de garde. Bien que vêtus de l'uniforme de la police ordinaire, c'étaient en réalité des hommes du K.G.B. [...]. Il ne serait jamais venu à l'esprit d'un Russe de s'aventurer aux abords de notre zone contagieuse. »

Parmi les autres entraves aux contacts avec les Russes (non officiels), Hedrick Smith cite « les téléphones sur table d'écoute ; les plaques minéralogiques blanc et noir pour les voitures des étrangers, les distinguant immédiatement des autres [...] ; l'interdiction de se déplacer librement à plus de 40 km de Moscou sans autorisation spéciale (procédure gênante, qui prenait au minimum une semaine, et, fréquemment, n'aboutissait pas »).

[...] « En raison des obstacles évidents, rares sont les étrangers qui font des efforts sérieux et soutenus pour rencontrer des Russes et parvenir à les connaître autrement qu'à l'occasion de rares contacts officiels et organisés [...] la plupart des étrangers — même ceux qui viennent de l'Est

— ne s'écartent pas des sentiers battus [...]. Hormis les relations officielles avec les Russes, la vie en vient bientôt à ressembler à une longue croisière sur un paquebot de luxe avec, tous les soirs, les mêmes partenaires de bridge », *(op. cit.,* p. 23, 24, 25, 26).

38. On trouve une description aussi critique du comportement des correspondants étrangers dans le livre *Un observateur à Moscou* (Le Seuil, 1970) ; l'auteur anonyme (mais il s'agit visiblement d'un diplomate britannique), écrit notamment : « Situation regrettable, mais très compréhensible, la plupart des journalistes passent quelque quatre-vingt-quinze pour cent de leur temps parmi les membres de la colonie étrangère ou avec leurs interprètes officiels et autres « assistants » locaux, qui bien sûr rédigent des rapports à l'intention des autorités. Les journalistes occidentaux ont perdu jusqu'à l'habitude de flâner dans les ruelles de Moscou ; plutôt que d'acheter un bocal de concombres dans une modeste boutique, ils préfèrent aller dans les grands magasins où l'on paie en monnaie étrangère, et dans les cantines des ambassades. Alors que le régime soviétique les condamne à un certain isolement, ils ont tendance à s'enfermer eux-mêmes dans un isolement encore plus étroit.

« D'autre part, il existe une poignée de correspondants occidentaux qui vivent ici depuis dix ou vingt ans, qui connaissent bien la Russie et de nombreux Russes. Parfaitement renseignés, ils pourraient écrire d'excellents articles d'information critique. Mais les membres de ce petit groupe sont encore plus prudents que leurs confrères envoyés à Moscou pour deux ou trois ans. Les journalistes bien renseignés doivent particulièrement veiller à ne pas mettre en danger les amis russes avec qui ils entretiennent des rapports de confiance réciproque ; en outre, ils redoutent l'imprudence qui mettrait terme à leur séjour (« installés » à Moscou, ils mènent une existence très confortable). Ils ne se sentent jamais libérés de la peur d'être expulsés — les expulsions sont fréquentes. Cette peur se manifeste clairement dans le contraste entre ce qu'ils disent au cours des conversations privées et ce qu'ils écrivent pour leurs journaux. Le chantage à l'expulsion est implicite dans l'ensemble des conditions de vie d'un étranger. Parfois, le chantage se fait explicite : les articles du journaliste sont minutieusement examinés, puis celui-ci est convoqué au ministère des Affaires étrangères, où on lui apprend en autant de mots que la durée de son séjour dépend directement de ce qu'il écrit sur la Russie. Ainsi donc, les hommes le mieux renseignés sur la Russie ne peuvent exposer ouvertement leurs connaissances, car ces connaissances sont une menace. »

39. Juif d'origine russe et de nationalité américaine, marié à une Russe, M. Henri Shapiro réside en U.R.S.S. depuis 1934 (presque sans interruption). Il lui a sûrement fallu bénéficier d'une protection particulière, ou témoigner d'une parfaite compréhension des événements pour avoir pu traverser sans dommages la grande purge, la guerre, puis la guerre froide... M. Shapiro a tenu — et plus longtemps qu'aucun autre journaliste étranger.

En janvier 1954, *Le Monde* a publié une série d'articles signés de lui sur l'U.R.S.S. (du 8 au 14 janvier). Reconnaissant quelques travers et crimes du régime stalinien, M. Shapiro montrait que les camps de concentration « étaient en voie de dépeuplement surtout depuis la guerre », parce que « beaucoup de détenus âgés condamnés à une longue peine étaient morts », et qu'« il n'y avait pas eu d'épurations ni d'arrestations massives depuis plusieurs années ». Les camps étant surtout peuplés, à cette époque, « des hommes ramassés dans la vague des crimes qui déferla sur le pays après la guerre »... Quant aux déportations des nationalités du Sud de l'U.R.S.S. — « des milliers de non-Russes », « de petits groupes d'éléments bourgeois des républiques baltes et d'Ukraine » —, « ces gens n'avaient pas été placés dans des camps de travail, mais réinstallés dans de vastes secteurs à l'intérieur desquels ils jouissaient d'une liberté « relative »...

Pour plus d'informations sur ce point, voir entre autres le livre de Robert Conquest : *La Grande Terreur*, Paris, Stock, 1970. L'auteur montre notamment (p. 458, 459, 460) que de 1945 à 1953 la population des camps ne cessa d'augmenter, et qu'à la mort de Staline « elle avait atteint le maximum prévu »...

40. Ce texte fait partie du recueil de documents : *La Russie contestataire*, que nous avons déjà cité.

41. Né en 1923, Piotr Yakir est le fils du général d'armée Iona Emmanouilovitch Yakir (1896-1937) qui commandait en 1937 la région militaire de Kiev et fut fusillé avec le maréchal Toukhatchevsky. Envoyé en camp de concentration à l'âge de quatorze ans, Piotr Yakir y resta dix-sept ans... Réhabilité en 1956, il devient historien et se lance dans la lutte pour les libertés individuelles ; il fait rapidement figure d'un des chefs de l'opposition intellectuelle. En 1967, il adresse aux intellectuels soviétiques une lettre intitulée : *Vers la renaissance du stalinisme ?* Il est renvoyé en 1968 de son poste à l'institut d'études historiques. Le 4 mars 1969, il écrit à la revue *Kommounist* pour suggérer que des poursuites légales posthumes soient déclenchées contre Staline. Il fonde en mai 1969 le « Groupe d'action pour les droits civiques » qui s'adresse par deux fois (sans succès), en mai, puis en octobre 1969, au secrétaire général de l'O.N.U., U Thant. Son autobiographie paraît à la même époque en Occident (en France, chez Grasset en 1971, sous le titre : *Une enfance russe*).

Arrêté en juin 1972 et jugé avec Krassine en août 1973, au cours du procès qui visait à démanteler la *Chronique des événements* et à en arrêter la publication, il fait partiellement son autocritique et plaide coupable, ce qui lui vaut une sentence relativement modérée : trois ans de privation de liberté, suivis de trois ans d'exil. Libéré après avoir fait appel, fin 1973, Piotr Yakir vit actuellement à Riazan.

Ayant, lui aussi, adopté une attitude « positive » au cours du procès, Viktor Krassine fut condamné le 1er septembre 1973 à trois ans de prison et trois années d'exil, et sa peine fut commuée en exil à Kalinine.

Evoquant le procès de Yakir et de Krassine dans l'interview qu'il a accordée le 23 août 1973 au correspondant de l'*Associated Press* et à Alain Jacob du *Monde*, Soljénitsyne a eu des mots durs pour les deux condamnés (dont les déclarations, après leur arrestation, auraient compromis beaucoup de leurs amis) : « Ils se sont conduits sans fermeté d'âme, consciemment et même de manière ridicule, répétant à quarante ans de distance et dans une situation incongrue, l'expérience peu glorieuse d'une génération perdue, de ces figures creuses de l'histoire, les capitulards des années 30 [...]. Amalrik pouvait lui aussi confirmer le témoignage de Krassine et de Yakir ; pour cela, on lui proposait la liberté.

Il a également refusé et a été envoyé à Kolyma pour une seconde peine » (*Le Monde*, 29 août 1973).

42. Ennio Lucon : citoyen italien, domicilié à Moscou et inscrit sur la liste des journalistes étrangers en qualité de correspondant du quotidien parisien *Paris-Jour*. Autant sa présence aux réceptions et manifestations officielles était notoire, autant ses articles et reportages étaient inexistants. (Dans le milieu des journalistes accrédités à Moscou, on disait de lui qu'il avait une femme légitime en Italie et qu'il avait épousé une Russe à Moscou. Bigame, et donc susceptible d'être jugé à son retour en Italie, il prolongeait son séjour en U.R.S.S., sans doute en rendant quelques services au K.G.B.) Ennio Lucon a continué à résider à Moscou après la disparition de *Paris-Jour*.

43. Andreï Amalrik n'est pas le seul « dissident » soviétique à avoir critiqué le comportement des correspondants étrangers à Moscou. Dans l'interview qu'il a accordée le 23 août 1973 à Frank Crepeau de l'agence *Associated Press* et à Alain Jacob du *Monde*, Alexandre Soljénitsyne déclarait notamment : « ... Nulle part à l'est de la Grèce un ministre exilé ne peut — comme Caramanlis — faire paraître un programme anti-gouvernemental dans les journaux. En Turquie, on ne peut — comme cela se fait en Albanie — exécuter un prêtre parce qu'il a baptisé un enfant. Et en Turquie, une centaine de personnes ne se jettent pas chaque jour à la mer — comme le font les Chinois autour de Hong-Kong — pour tirer au sort « la liberté ou la mort » parmi les requins. En Espagne, on ne brouille pas les émissions de radio de Cuba ou du Chili. Et le Portugal laisse les correspondants étrangers contrôler les informations. Ces mêmes correspondants étrangers ne recevraient jamais une telle invitation à l'autre extrémité de l'Europe. Ils ne la recevront jamais et n'en demeureront pas moins parfaitement satisfaits. Ils n'oseront même pas protester — et cela est tout à fait caractéristique. »

Le Monde du 29 août 1973 a reproduit de très larges extraits de cette interview. Les phrases citées ci-dessus n'y figurent pas, et, contrairement à l'usage, aucun signe typographique n'indique au lecteur que le texte a été coupé ; le texte intégral de l'interview a paru dans la revue britannique *Survey* (automne 1973) et a été traduit en français et publié aux Editions du Seuil dans la deuxième partie du volume : *Lettre aux dirigeants de l'Union soviétique*, 1974, p. 86-110.

Y a-t-il des prisonniers politiques en U.R.S.S. ?

44. Des extraits de cette interview ont paru dans *Le Monde* des 3 et 6 janvier 1976.

Après avoir déclaré que « l'U.R.S.S., dans le domaine de la garantie et de la défense des droits de l'homme, a atteint un niveau tel que les simples citoyens du prétendu monde libre ne peuvent qu'en rêver », M. Soukharev précise qu'il ne connaît pas « une seule loi soviétique prévoyant la poursuite en justice de citoyens pour leurs opinions politiques ou religieuses [...]. Chez nous n'existe même pas la conception de détenu politique [...]. Il y a simplement des criminels qui visent à affaiblir notre régime social et notre Etat par la haute trahison, l'espionnage, le terrorisme et des actes subversifs comme la propagande calomniatrice. »

Justifiant l'existence d'un système répressif par l'exemple du coup d'Etat chilien, M. Soukharev demande : « N'est-ce pas un exemple probant de ce que, quand les combattants pour la démocratie ne recourent pas à tous les moyens légaux à leur disposition pour défendre les droits du peuple et de l'homme, la réaction arrive à ses fins, détruisant tout sur son passage, sans tenir compte ni des lois, ni des normes de l'humanisme ?

« Tant que la violation des lois ne sera pas exclue, il y aura des organes de coercition et des attributs du pouvoir comme le tribunal, le parquet, la prison, le camp de travail et d'autres formes de contrainte. Toute l'affaire est de savoir contre qui, et au nom de quels objectifs ces organes opèrent. »

Quant aux camps de détention, « nous ne cachons pas nos lieux de détention », souligne M. Soukharev, « quoique nous ne les mettions pas dans les circuits touristiques. Ce ne sont ni des musées ni des monuments d'architecture. Mais nos collègues étrangers les visitent dans le cadre de la coopération spécialisée [...]. Notre règlement précise très nettement les droits des détenus : normes alimentaires, achats à la cantine grâce à l'argent gagné, rendez-vous avec les familles, réception des colis et de la correspondance. Il n'existe aucune limitation à l'acquisition de publications dans les camps ; on y trouve des établissements d'enseignement général et des cercles techniques ; le personnel est tenu de respecter toutes ces clauses. Bien que les camps de travail soient des établissements de coercition avec toutes les limitations que cela implique, beaucoup des droits dont jouissent les détenus sont inconnus dans la pratique de la plupart des pays de démocratie bourgeoise. »

Un point de vue semblable à celui de M. Soukharev a été développé par M. Samuel Zvis, vice-président de l'Association des juristes soviétiques dans une interview accordée au *Nouvel Observateur* (« Un juriste soviétique s'explique », *Le Nouvel Observateur*, 19-11-1976).

Des extraits de l'article de Andreï Amalrik ont paru dans *Le Monde* du 12 janvier 1976.

45. Voir le premier tome de *L'Archipel du Goulag* et le livre de Jacques Baynac, *La Terreur sous Lénine*, Le Sagittaire, 1975.

46. Il s'agit de Iakov Grigorevitch Bloumkine (1892-1929) ; socialiste révolutionnaire de gauche, il assassina le 6 juillet 1918 l'ambassadeur d'Allemagne à Moscou von Mirbach, lors de la brève révolte fomentée à Moscou par les socialistes révolutionnaires de gauche, hostiles à la politique des bolcheviks à l'égard de l'Allemagne, Epargné par Dzerjinski, il s'inscrivit au parti bolchévique et prit part à la lutte contre « les Blancs ». Il fit carrière ensuite dans la police politique, l'Oguépéou. En 1929, lors d'un voyage à l'étranger, il s'arrêta en Turquie et rendit visite à Trotski, installé dans l'île de Prinkipo après son expulsion d'U.R.S.S. A son retour à Moscou, Bloumkine fut arrêté et exécuté comme agent trotskiste.

47. Article 70 : Agitation et propagande antisoviétique.
« Est condamnée à une peine de privation de liberté pour un délai de six mois à sept ans, avec une déportation de deux à cinq ans ou sans déportation, la propagande menée dans le but de porter préjudice au pouvoir soviétique ou de l'affaiblir : soit en accomplissant des crimes d'Etat isolés parti-

culièrement dangereux, soit en diffusant dans ce même but des idées diffamatoires calomniant le régime politique et l'ordre social soviétique, ainsi que la diffusion, la confection ou la détention d'écrits ayant un tel contenu.

« Est condamné à la privation de liberté pour un délai de trois à dix ans, avec ou sans déportation de deux à cinq ans, d'après la loi de la S.F.S.R. du 25 juin 1962, et pour ces mêmes actes, une personne récidiviste ou si le crime a été perpétré en temps de guerre. »

Article 190-1 :

« La diffusion systématique sous forme verbale d'affirmations notoirement fausses calomniant le régime d'Etat soviétique et le régime social soviétique, ainsi que la diffusion et la confection sous forme écrite, imprimée ou autre, des ouvrages de même contenu, sont sanctionnées par la privation de liberté jusqu'à trois ans, ou par le travail rééducatif, ou par une amende pouvant aller jusqu'à cent roubles. »

Rappelons que l'article 125 de la Constitution soviétique précise : « Conformément aux intérêts des travailleurs, et afin d'affermir le régime socialiste, la loi garantit aux citoyens de l'U.R.S.S. :

a) la liberté de parole,
b) la liberté de la presse,
c) la liberté de réunion et de meeting,
d) la liberté de cortège et de démonstration dans la rue.

« Ces droits des citoyens sont assurés par la mise à la disposition des travailleurs et de leurs organisations, des imprimeries, des stocks de papier, des édifices publics, des rues, des P.T.T. et autres conditions matérielles nécessaires à l'exécution de ces droits. »

48. Par exemple : dans l'interview que nous avons déjà citée, le vice-président de l'Association des juristes soviétiques, M. Samuel Zvis, déclare :

« ... La critique contre le régime ou la constitution est parfaitement admise chez nous : il n'y a pas de délit d'opinion. Ces personnes que vous appelez politiques ont été condamnées en vertu des articles 70 ou 190-1 de notre Code pénal qui répriment « l'agitation ou la propagande menées dans le but de renverser ou d'affaiblir le pouvoir soviétique », et la « diffusion systématique de propos mensongers calomniant l'Etat ou le système social soviétiques ». Vous voyez qu'il s'agit de textes très précis visant des combinaisons de délits caractérisés.

Question : Cela peut ne pas sembler aussi évident que vous le dites ?

S.Z. — Ces personnes sont liées à des organisations qui ont lutté pendant la guerre contre l'U.R.S.S. et la société soviétique. Ce sont les successeurs des alliés du nazisme. Tenez (*Samuel Zvis sort de son attaché-case un dossier de coupures de presse française*), regardez les déclarations de Plioutch faites à la Mutualité au mois de février dernier. Que dit-il ? Que son but est la libération de Moroz, de Boukovsky et de Glouzman. Je cite.

Question : Où est le crime ?

S.Z. — Mais ce qui frappe notre opinion, c'est que Moroz est lié à des organisations fascistes, dont le siège est aujourd'hui à Munich. Voilà ce qu'il écrit. » (*Le Nouvel Observateur*, 19-11-1976.)

49. Il s'agit du parquet ou ministère public et non, comme certains « experts » occidentaux le disent ou l'écrivent, l'équivalent soviétique de l'*Ombudsman* scandinave ou du Médiateur français...

50. *Vlassoviens :* partisans du général Andreï Vlassov (1901-1946) qui commanda la XXXVII° armée en décembre 1941, lors de la bataille de Moscou. Fait prisonnier en juillet 1942, il se rallia aux Allemands et forma des unités russes antibolcheviques. Livré par les Alliés aux autorités soviétiques, Vlassov fut jugé et pendu en août 1946 (Voir le premier tome de *L'Archipel du Goulag*).

Bandéristes : partisans de Stéphan Bandéra (1909-1959), dirigeant nationaliste ukrainien qui dirigea l'Organisation des nationalistes ukrainiens (O.U.N.). Déporté en 1941 au camp de concentration de Sachsenhausen, il assura après la guerre la direction de l'O.U.N. à l'étranger. Il fut assassiné à Munich en 1959 par un agent soviétique, Stachinski, qui se constitua prisonnier en 1961 et fut condamné à huit ans de prison.

51. Magadan est la « capitale » du grand complexe concentrationnaire dont fait partie le célèbre camp de Kolyma.

Les idéologies dans la société soviétique

52. Andreï Amalrik fait allusion au récent ouvrage de Andreï Sakharov : *Mon pays et le monde* (Le Seuil, 1975).

53. Souslov, Mikhaïl Andreïevitch né en 1902. Fils de paysan du gouvernement de Saratov (aujourd'hui district d'Oulianovsk). De 1918 à 1920, fait partie du Comité contre la misère villageoise. De 1921 à 1924, suit les cours de la Faculté ouvrière, puis est diplômé en 1928 de l'Institut de l'économie populaire à Moscou. Etudie ensuite à l'Institut économique du professorat rouge de Moscou, est en même temps chargé de cours à l'Université d'Etat de Moscou et à l'Académie de l'industrie, également à Moscou. Travaille cinq ans dans les organismes qui contrôlaient alors le Parti (de 1931 à 1934, Commission centrale de Contrôle) et l'Etat. De 1937 à 1939, chef de service, secrétaire de district, second secrétaire dans le comité du Parti pour le district de Rostov. Depuis 1937, est membre du Soviet suprême. De 1939 à 1941, membre de la Commission centrale de Révision. De 1939 à 1944, chef du Parti pour la région de Stavropol. En 1941, est membre du Comité central. Pendant la guerre, est membre du Conseil de guerre du groupe d'armées Nord sur le front transcaucasien. Chef de l'état-major des partisans pour la région de Stavropol. De 1944 à 1946, président du Bureau lituanien du Comité central. De 1946 à 1952, travaille dans le Bureau de l'organisation du Comité central. En 1946, devient chef adjoint du service de l'*Agitprop* du Comité central. Chargé de cours à l'Académie des sciences sociales (qui dépend du Comité central). Depuis 1947, est secrétaire du Comité central à Moscou. De 1949 à 1951, est rédacteur en chef de la *Pravda*. De 1950 à 1954, est membre du présidium du Soviet suprême. Depuis 1954, est président de la commission des Affaires étrangères du Soviet suprême. 1952-1953 et depuis 1955, membre du Bureau politique. Lors du dernier Congrès du Parti communiste de l'Union soviétique (le XXVe), Souslov a été réélu membre du Bureau politique et du Secrétariat du Comité central, où il figure toujours en deuxième position, après Brejnev et devant neuf autres membres.

Trois ordres de Lénine, deux fois héros du Travail socialiste (1962, 1972), Souslov a été aussi décoré de l'ordre de première classe de la Grande Guerre patriotique. (La plus grande partie de cette note a été rédigée à partir de la fiche biographique établie par Michael Morozow dans son livre *L'Establishment soviétique*, Fayard, 1974, Collection « Le Monde sans frontières », dirigée par F. Furet.)

54. Andreï Amalrik fait allusion à *Sous la bannière du marxisme*, revue moscovite réputée pour son orthodoxie, et au célèbre général Alexandre Souvorov (1729-1800), une des gloires militaires de la Russie tsariste, incarnation du nationalisme grand-russien. (*Note des traducteurs.*)

55. Grichine, Viktor Vassilievitch. Né en 1914. Fils d'un cheminot de Zerpoukhov. Diplômé de l'Institut géodésique de Moscou en 1932. 1932-1933 : employé au remembrement des parcelles. En 1937, diplômé de l'Institut technique des locomotives, directeur suppléant d'un dépôt de locomotives, secrétaire des *Komsomols* de ce dépôt à Zerpoukhov. Service militaire de 1938 à 1940, puis de nouveau directeur d'un dépôt de locomotives. Etudes par correspondance, non terminées, à l'Université du Parti. En 1941, secrétaire du Parti de la ville de Zerpoukhov. De 1950 à 1952, directeur du département de la mécanique du Comité du Parti du district de Moscou. De 1952 à 1956, second secrétaire du Parti du district de Moscou. De 1956 à 1957, chef des syndicats de l'U.R.S.S. 1961-1971 : suppléant au Bureau politique du Comité central. Depuis le 9 avril 1971, membre du Bureau politique. De 1950 à 1954 et depuis 1958, membre du Soviet suprême. Membre du Comité central en 1952. En 1967, premier secrétaire du Parti pour la ville de Moscou et membre du présidium du Soviet suprême. Deux ordres de Lénine (1957, 1964), insigne d'honneur. (M. Morozow, *op. cit.*, p. 163.)

56. Andreï Amalrik évoque cette organisation dans la note 6 de *L'Union soviétique survivra-t-elle en 1984 ?* (Cf. *supra*, p. 145.)
Le professeur Youri Ogourtsov a été arrêté en mars 1967, à Leningrad, avec plus d'une vingtaine de personnes, toutes accusées d'avoir voulu « créer une organisation politique clandestine, entretenant des rapports avec l'étranger, l'Union panrusse social-chrétienne pour la libération du peuple ».
Au cours du procès, qui s'est tenu en décembre de la

même année, Ogourtsov, accusé d'être le chef de cette organisation, a été condamné à quinze ans de privation de liberté et à la déportation dans un camp de concentration.

57. Né en 1925, fils d'un communiste victime de la Grande Purge, Roy Medvedev étudie à la faculté de philosophie de Leningrad et devient professeur. Il représente, au sein de la dissidence soviétique, la tendance marxiste léniniste, très hostile à Staline et favorable à l'expérience tentée par Khrouchtchev. Son principal ouvrage, consacré à Staline, a été traduit en français et publié sous le titre : *Le Stalinisme, origine, histoire, conséquences* (Le Seuil, 1972).

Son frère jumeau, Jaurès, biologiste, privé de la nationalité soviétique, vit actuellement en Grande-Bretagne où il travaille comme chercheur à l'Institut national de Recherche médicale. Il a publié en 1974, chez Mac-Millan à Londres, puis chez Grasset : *Dix ans après une journée d'Ivan Denissovitch,* où il raconte, outre sa propre expérience du monde concentrationnaire sous Staline, comment Soljénitsyne perdit la faveur du Kremlin après avoir été couvert d'éloges pour son roman : *Une journée de la vie d'Ivan Denissovitch* (Julliard).

Les deux frères ont publié récemment (1976) un ouvrage sur Khrouchtchev, paru aux Etats-Unis (Columbia University Press) sous le titre : *Khrushchev, The Years in Power.*

58. Pierre Struve (1870-1944) fut l'un des premiers marxistes russes. Il rédigea le Manifeste du premier congrès du Parti social-démocrate (ouvrier) de Russie, en 1898. Mais il rompit rapidement avec le marxisme pour devenir un idéologue du libéralisme russe, dont le journal *Libération* (publié à Stuttgart), qu'il dirigea, fut le porte-parole. En 1905, lors de la fondation du Parti constitutionnel-démocrate (Cadet), il siégea dans sa direction, puis se situa à son aile droite. Après la victoire des bolcheviks, il participa au gouvernement contre-révolutionnaire du général Wrangel, puis vécut en exil en Yougoslavie et en France où il mourut.

Postface
d'Alain Besançon

QUAND le manuscrit de *L'Union soviétique survivra-t-elle en 1984 ?* arriva en Occident, nous ne savions rien d'Amalrik. Le manuscrit montrait une intelligence et une lucidité qui ne sont pas dans son pays de simples dons intellectuels mais, tant elles coûtent à acquérir, des vertus. Depuis, d'autres textes nous sont parvenus que nous publions.

Apologia pro vita sua. Il n'est jamais facile de défendre son honneur devant des gens sans honneur. Ceux qui ont attaqué Amalrik, lui, faible, malade, isolé, eux puissants, hors d'atteinte de la police, méritent assurément son mépris. Et comment se défendre, c'est-à-dire parler de soi, ouvrir son cœur, dire ce à quoi on tient, devant ces gens-là ? Faut-il se taire ou éclater ? Amalrik a pris sur lui de surmonter le dédain. Il a répondu, point par

point, sans élever le ton, avec toute la précision
requise, et sans que l'indignation se marque autrement que par ce qui fait vibrer et frémir ces textes
modérés. Il est de ceux qui préfèrent périr plutôt
que de manquer à la pudeur.

Ayant rédigé sa défense, qui parle assez par elle-
même, Amalrik a été arrêté, démentant ainsi par
une preuve matérielle les imputations de ses accu-
sateurs. Il a été condamné à trois ans de détention,
au *régime sévère*. Nous savons qu'il a contracté une
méningite dont il porte les séquelles. En 1972, puis,
de nouveau en 1973, on lui a demandé de rendre
un faux témoignage dans le procès fabriqué contre
Piotr Yakir. Il a refusé sur le seuil même de la
liberté. Il a été condamné à trois nouvelles années
de détention. L'opinion occidentale s'est émue.
Amalrik est sorti récemment de camp. Il reste
assigné en résidence dans un village sibérien. Au
XIXe siècle la langue russe distinguait *Katorga*, le
bagne, *Ssylka*, la déportation. Amalrik n'est donc
plus un bagnard. Il est un déporté.

PATRIE, LIBÉRALISME, DROIT.

Le nationalisme moderne, né en France avec le
jacobinisme, en Allemagne avec le romantisme, a
gagné la Russie au début du siècle dernier. Il s'y
est développé, comme partout, parasitairement aux
dépens du plus ancien et plus légitime patriotisme ;
car le nationalisme tourne régulièrement au malheur
de la patrie. En France, en Angleterre, il ne prenait
pas la peine de se justifier. Ces pays avaient une

conscience naturellement heureuse. En Allemagne,
il s'appuyait sur la philosophie. Mais, en Russie, sur
la religion. Seul en Europe le nationalisme russe
a mobilisé les puissances et les cohérences de la
théologie. En cela il corrompait la religion elle-même.
Le raisonnement du nationalisme russe — « chez
nous c'est pire mais au fond c'est meilleur puisque
nous sommes, de par notre souffrance, destinés à
sauver le monde » — ce raisonnement, transposé
dans le vocabulaire dostoïevskien, prenait une allure
doloriste, messianique, vaguement chrétienne. Inver-
sement, quand les révolutionnaires athées utilisaient
des raisonnements analogues (c'était le peuple, contre
le capitalisme, c'était la Russie, contre l'impérialisme
mondial, qui recevait la promesse rédemptrice), les
spiritualistes nationalistes les excusaient ou ne leur
opposaient pas de résistance. Berdiaev a beau mau-
dire les révolutionnaires, il ne peut s'empêcher de
trouver *généreux* leur projet et de préférer leur
sotériologie de cauchemar à l'acceptation du monde
tel qu'il va. Défendre l'Etat russe, même lorsqu'il
mettait la Russie à la torture, pour la seule raison
qu'il maintenait l'Empire et sauvait potentiellement
le rêve nationaliste, restait pour les héritiers du
slavophilisme, qu'ils fussent en Russie ou dans
l'émigration, un devoir incontesté. L'un d'eux me
disait de Tchaadev avec un ton peiné : « Il a dit du
mal de la Russie. » Comme si la pauvrette, qui fait
depuis cinquante ans le malheur du monde et qui
étend sa domination armée sur la moitié de l'Eurasie,
n'était pas en état de souffrir un mot dur. Qu'il faille
parler de la Russie sur le ton dont on use avec un
malade, un grand vieillard, une toute jeune fille,
est une convention à laquelle se sont ralliés la plupart

des observateurs étrangers. Sans doute par exotisme, ils ont épousé d'emblée le point de vue slavophile et chérissent en Russie la différence irréductible. Après tout, il est plus facile de se convertir à la culture russe que d'en prendre objectivement la mesure. La Russie, connaissant son « retard », a mis au point pendant deux siècles la théorie selon laquelle elle était en réalité « en avance ». On en riait chez nous sous Louis-Philippe. On s'attendrissait en 1900. Depuis, elle est devenue assez puissante pour nous faire croire qu'elle était « d'avant-garde », ou tout au moins pour que nous n'osions plus la contredire.

Si un patriote doit perdre le discernement du bien et du mal, du vrai et du faux en ce qui concerne sa patrie, Amalrik n'est pas patriote. Mais il l'est, si cela consiste à se reconnaître une solidarité avec sa patrie, à se réjouir du bien, à s'affliger du mal, à proposer des remèdes. Il est patriote parce qu'il n'est pas fier d'être russe.

Amalrik appartient à la famille politique libérale. L'attention des historiens de la Russie s'est concentrée exagérément sur les courants révolutionnaires, et, dans la mesure où ils étaient les secrets complices de ces derniers, sur les courants du messianisme religieux. Mais ils ont un peu négligé la tendance politique qui fut, jusqu'à la Révolution, la principale, le libéralisme. S'il y eut en Russie sous l'Ancien Régime des fonctionnaires éclairés, des notables soucieux du bien public, s'il y eut des écoles, des médecins, s'il y eut de la décence dans les mœurs, de la probité dans les décisions de justice, un début de vie politique vraie, des partis se consacrant à la préparation des élections et non à celle du soulèvement et du coup d'Etat, ce fut le fait des libéraux, des idées libérales, des partis libéraux. Ils ne se sentaient pas tenus de régénérer l'Univers. Leurs théories étaient courtes. Ils prisaient les œuvres. S'il faut leur donner un saint patron dans la culture russe, ce serait Pouchkine qui ne fut ni messianique, ni révolutionnaire, mais qui témoigna presque seul que la vie était possible, aménageable, même en Russie ; que le malheur n'était pas un devoir ; que l'élégance, l'amour des femmes, la plaisanterie, le bon vin n'étaient pas un mal mais un bien. Il mourut. La Russie, pour son malheur, lui fut longuement infidèle. Au moins n'a-t-il jamais cessé d'être son consolateur. Que la pensée russe révolutionnaire ait condamné ce libéralisme-là, rien d'étonnant, mais que la pensée russe qui se voulait chrétienne en ait fait autant, elle qui versait dans l'idolâtrie du Peuple, dans l'idolâtrie de la Russie, voire dans l'idolâtrie de l'orthodoxie, cela certes est scandaleux, et pour la Russie une source de maux qui n'est pas près de tarir.

La liberté placée au-dessus de la nation ; le sort des Russes préféré d'instinct à celui de l'Empire ; une méfiance nominaliste pour les doctrines qui placent l'être où il n'est pas : telles sont donc les originalités salubres d'Amalrik. Mais il rejoint par la voie directe un terrain où se retrouvent presque tous les opposants au régime actuel qu'ils soient de la famille socialiste ou slavophile : celui du droit.

J'ai avancé deux raisons pour lesquelles l'idée de droit avait eu du mal à naître en Russie : le despotisme et un émotionnalisme religieux qui tient le droit pour une imperfection, une inhumanité. Ajou-

tons que le droit russe au XIXe siècle a été marqué
par les conceptions romantiques qui en faisaient, à
l'instar de l'art, une sécrétion spontanée du génie
national. Il s'en suivait que le droit était soumis à
des entités supérieures à lui. Il devait être « russe »
ou « chrétien ». Le droit se développait mais subor-
donné, suspecté, concédé. Quand vint le régime
communiste l'idée de droit n'était plus en mesure de
résister à ceux qui voulaient la soumettre aux nouvelles entités, la « classe », le parti. Le droit ayant
perdu toute apparence d'universalité, n'était plus
que la légalisation de l'arbitraire, un arbitraire de
plus. Au demeurant l'esprit révolutionnaire est hostile
au droit. Son projet est de régler les relations entre
les hommes non par le droit mais par une harmonie
préétablie qui s'atteint automatiquement par la
régénération des consciences et la transformation des
structures sociales. Le droit n'est donc qu'une survi-
vance, au mieux une propagande.

Or aujourd'hui nous entendons retentir de tous
côtés en Russie, plus fortement qu'à aucun moment
de son histoire, un appel au droit. Ceux qui pensent
et écrivent mesurent enfin combien cher a été payé
l'orgueil de vouloir vivre sans ce droit. Pour la
première fois ils se rendent compte que le droit
ne consiste pas dans l'application du principe chrétien (il n'est pas le royaume de Dieu) ni du principe
russe (la Russie n'est pas ce royaume) mais dans un
partage correct, proportionné, entre les citoyens
libres d'une même cité. La distribution égalitaire
de la provende dans un poulailler n'est pas de la
justice. Il n'y a pas de justice s'il n'y a pas de débat
et accord libre sur le partage.

Ces principes simples sont redécouverts lentement

à travers l'expérience douloureuse du déni de droit. Posséder, acheter, vendre, se déplacer, parler selon sa pensée, avec son propre gosier, pratiquer sa religion ne sont pas des concessions qu'il faudrait arracher au pouvoir mais des droits antérieurs à ce pouvoir, dont l'organisation pratique lui incombe, ce qui constitue sa justification. Ainsi renaît la notion de bien commun sur le cadavre du principe de classe ou du principe de parti (*partiinost*).

Mais du même coup l'idée de droit peut purger la Russie de son vieux millénarisme — car le droit est le droit, abstraction faite de la religion — comme aussi de son messianisme — car le droit est universel — enfin de la fausse contradiction entre justice et liberté — puisque la justice suppose la liberté. Quant à l'équité que si longtemps la Russie rêva de substituer au droit, elle se définira simplement selon Grotius : « une correction apportée à la loi à cause de sa généralité ».

FAIRE COMPRENDRE

Amalrik s'est dévoué, au péril de sa vie, à faire savoir aux Occidentaux ce qu'ils refusent de savoir, à expliquer ce qu'ils refusent de comprendre. Qu'on n'allègue pas le secret russe. Depuis bientôt soixante ans les fuites sont innombrables, les témoignages suffisants. Aucun spécialiste n'a été surpris par le rapport Khrouchtchev, aucun par les faits rapportés dans *L'Archipel du Goulag*. Mais au moment où ce dernier livre paraissait (je cite le fait entre mille autres exemples), un dominicain professeur à l'Institut catholique déclarait à la « Semaine de la pensée marxiste » (oui, Amalrik, il se tient à Paris chaque année une semaine de la *pensée* marxiste), ce dominicain donc déclarait qu'il y avait un « lieu du dialogue » entre les chrétiens et les marxistes et que ce « lieu » était « une commune passion pour l'homme ». Ne lisez pas que l'homme subit en effet sous ce régime une passion, ni que la passion du « marxiste » pour l'homme doive s'entendre au sens de la passion du chasseur pour le gibier. Non, le prêcheur voulait dire que ce régime qui postule la permission de tuer son semblable s'il a le malheur d'être ennemi de classe, ennemi du peuple, etc. et qui en a tué, selon Soljénitsyne, soixante-six millions, était animé pour l'homme d'une passion de type amoureux. Chateaubriand l'écrit dans *Attala* à l'intention des Indiens Natchez : « Jusqu'où ne vont pas les dangers de l'enthousiasme et du défaut de lumières en matière de religion ! »

Cet aveuglement est la conséquence de l'idéologie. Elle caviarde la perception, opère un tri dans les données des sens, range les unes dans les mailles toutes prêtes du réseau idéologique, élimine les autres parce qu'elles peuvent s'y placer. Mais voici l'étonnant : on méconnaît la réalité soviétique parce qu'on est idéologue, mais on peut aussi la méconnaître parce qu'on ne l'est pas. Tel accepte les faits qui lui sont présentés, mais faute d'avoir percé la nature étrange de l'idéologie, ne peut les organiser en un ensemble cohérent. N'ayant pas fait l'expérience de ce biaisement général de l'esprit, il ne peut lui attribuer les effets qui sont les siens. Quand Soljénitsyne dans la *Lettre aux dirigeants de l'Union soviétique* [1] démontre que le régime et tout ce qu'il fait reposent sur l'*idéologie (idelogia)* le lecteur, qui ne sait pas ce qu'elle est, ne peut comprendre le reste et pense que Soljénitsyne exagère. Notre esprit n'est à l'aise que dans un monde homogène. Dérouté par le phénomène soviétique qui obéit aux lois radicalement *autres* de la pensée idéologique, il tend à le ramener au *même*. L'U.R.S.S. est pour lui une nation ordinaire, avec un expansionnisme de type wilhelmien, un despotisme de type tsariste, une industrie de type américain. C'est une illusion. Si la Russie soviétique reproduit beaucoup de traits de la Russie impériale, ce n'est pas à cause de la continuité d'une tradition, ni en vertu d'une assimilation. C'est parce que le pouvoir idéologique, pour se conserver et s'étendre, a pris partout, dans le passé russe principalement, des recettes et des formes de pouvoir, mais à des fins que celui-ci dans le passé ou ailleurs n'eut jamais. C'est parce que l'Union soviétique reste idéologique et garde tous ses buts utopiques qu'elle doit prendre l'apparence de l'ancienne Russie, c'est-à-dire d'une nation comme une autre [2].

Comme la plupart des Soviétiques, Amalrik connaît bien cette ordinaire méprise de l'Occidental. Il sait combien il est porté, dès qu'on ne croit plus que

---

1. Traduction française : Paris, Le Seuil, 1974. (La *lettre* a été écrite le 5 septembre 1973.) Le volume comporte d'autres textes (1972-1974), dont trois interviews accordées à des correspondants de presse occidentaux.

2. Je me permets de renvoyer le lecteur à mon texte « Présent soviétique et passé russe » paru dans le n° 14 de la revue *Contrepoint*.

l'U.R.S.S. est un pays à part au sens où le prétend la propagande, à croire que c'est un pays comme le sien. A cela contribue une littérature contre laquelle Amalrik décoche quelques flèches. A lire en effet certains romans, on dirait que les problèmes des jeunes Russes ressemblent à ceux des couples de la Nouvelle-Angleterre, sans qu'on se doute que les auteurs imitent tout simplement Bellow et McCarthy et qu'il n'y a pas entre les deux mondes d'autre rapport que stylistique. Rien de plus sournoisement menteur que ce vérisme semi-officiel.

Les barrages qu'opposent à la prise de conscience l'idéologie ou la naïveté pourraient tout de même céder devant une invasion massive de la réalité. C'est pourquoi le régime soviétique met tant de soin à contrôler les sources d'information le concernant. Il contrôle aussi les hommes que l'Occident délègue à Moscou pour lever le barrage et percer le secret, les journalistes.

Ouvrons nos journaux. D'une part, des articles d'une perspicacité confondante, déjouant tous les pièges, balayant les apparences, allant au fond. Ils sont écrits par les correspondants au Chili, aux Etats-Unis. D'autre part des articles pétris de respect, de bonne volonté, sans malice, sensibles au bon côté des choses, toujours ouverts au *dialogue*, pleins de sympathie vraie. Ce sont les correspondants à Moscou. Ils n'ont vu ni les famines, ni les massacres, ni l'abrutissement, mais ils n'ont pas manqué une visite d'usine, une crèche, un discours épris de paix. Aux causes ordinaires de la cécité journalistique s'ajoutent des causes d'un ordre moins relevé, plus humblement mécaniques, portant sur le confort, le standing, la connaissance des langues, l'argent. Elles ne sont pas moins efficaces, ces causes secondaires, elles font plier le journaliste le plus fier, le disposent assez vite aux concessions. Puis l'idéologie est convoquée pour anoblir lesdites concessions.

A la décharge des journalistes, reconnaissons qu'ils ne sont pas les seuls à être complaisants. Quand Amalrik a voulu envoyer son travail sur *Les Normands dans la Russie de Kiev* à un spécialiste danois, il le remit à l'ambassade du Danemark à Moscou. Celle-ci le donna au K.G.B. Quelquefois, conclut celui qui rapporte cette histoire, l'Occident se comporte d'une telle manière qu'il devient difficile pour celui qui appartient à la Russie non officielle de savoir qui est qui [3].

---

3. Karel Van het Reve, « *Unofficial Russia* », *Encounter*, février 1974. « L'attitude politique et culturelle de l'Occident à l'égard du régime soviétique provoque dans la Russie non officielle des réactions variées qui vont de l'amusement au désespoir. La meilleure manière, mais non la moins cruelle, de mettre en lumière ces réactions est d'évoquer — en l'adaptant un peu — le dernier paragraphe de *Animal Farm* (*La Ferme des animaux*) de George Orwell. Les porcs non officiels regardent par la fenêtre leurs chefs (les porcs officiels) et leurs ennemis en train de négocier. Les porcs officiels ressemblent tant aux fermiers que les pauvres créatures ont beau promener du dehors leurs regards des porcs sur les hommes, des hommes sur les porcs, il leur est impossible de distinguer les uns des autres... » (Traduction française : « La Russie non officielle, les dissidents et l'Occident », *Contrepoint* n° 14.)

CINQ ANS APRÈS

Cinq ans ont passé depuis la rédaction de ma préface. Elle appelle aujourd'hui certaines corrections.

Sakharov n'est plus marxiste. Il l'a expliqué publiquement à plusieurs reprises. Quelques contradictions que j'avais cru remarquer dans son livre *La Liberté intellectuelle en U.R.S.S. et la Coexistence* [4], qui étaient entièrement imputables à ce marxisme de façade, ne se retrouvent pas dans les déclarations postérieures les plus lucides et les plus nettes qui soient. Avec Amalrik il représente à son meilleur la tradition libérale russe.

Renseignement pris, Amalrik n'a pas eu de contact intellectuel suivi avec l'école américaine des historiens de la Russie. C'est par sa propre réflexion qu'il en a retrouvé les conclusions, comme Pascal enfant retrouvait la géométrie d'Euclide. L'exploit en est plus grand.

En chiffrant à dix ou douze millions le nombre des victimes du régime soviétique, j'étais loin du compte. Conquest parle de vingt-cinq millions [5]. Soljénitsyne, qui s'appuie sur les travaux d'un statisticien de Leningrad, Kourganov, avance soixante-six millions. Que la démesure ne nous entraîne pas vers l'indifférence d'abstraction. Ces hommes sont morts un à un. Chacun est mort seul. Pourquoi ai-je sousestimé ? Ces chiffres font peur. Nous ne sommes

---

4. Paris, 1968, Gallimard, Collection « Idées ».
5. *La Grande Terreur*, Paris, Stock, 1970.

pas faits pour vivre dans l'horrible. Nous l'oublions. Le spécialiste des choses soviétiques doit réapprendre périodiquement son U.R.S.S. Il a beau s'attendre à tout, il est à chaque fois dépassé. A peine a-t-il assoupi, apprivoisé dans son esprit l'insupportable, qu'il se renouvelle et se réveille. *L'Archipel du Goulag* qui factuellement n'est pas entièrement neuf est pour ceux qui le lisent, même les blasés, un violent réapprentissage sensible de la Russie léninienne.

L'avenir de l'U.R.S.S. n'est pas plus prévisible qu'il y a cinq ans. Toutefois, certains scénarios qui paraissaient probables quand Amalrik a rédigé son étude le sont moins aujourd'hui. Deux points surtout méritent attention : la Chine, l'Occident.

Je ne pourrais rien dire de la question chinoise qui ne me fasse sortir de ma compétence. Tout au plus dois-je constater que la croyance dans l'imminence ou dans l'inévitabilité d'une guerre était largement répandue en Russie jusqu'à une date récente. Soljénitsyne dans sa *Lettre aux dirigeants de l'Union soviétique* (septembre 1973) la craint. Il met le doigt sur l'essentiel : « La *première* cause de la guerre qui nous menace, plus insidieuse, plus importante et qui n'offre pas d'issue, est une cause *idéologique*. » Etablir « que la vérité essentielle se trouve à la page 533 d'un tome de Lénine et non à la page 355 », mettre fin au schisme dogmatique, restaurer l'Un (en fait le Nul), seraient les raisons suffisantes pour verser un torrent de sang.

Malgré tout je ne croyais et ne crois toujours pas

que la poussée principale du communisme russe s'exerce en direction de la Chine. Bien plutôt en direction de l'Occident européen. On peut raisonner ainsi :

Le régime soviétique dans sa forme essentielle (léniniste) est incapable d'évolution. S'il fait un pas en dehors lui-même, il éclate, se volatilise et disparaît. Dans sa *Lettre* programme Soljénitsyne explore avec précaution les issues possibles et serre le réalisme au plus près. Il n'espère ni une démocratie, ni un régime libéral qui seraient en effet de pures utopies. Il imagine que le Parti, tout en conservant le monopole politique, cesserait progressivement de reposer sur une idéologie totale et vide (vide parce que totale). Il pourrait adopter une idéologie partielle mais positive qui serait une sorte de nationalisme classique. De la sorte quelques libertés civiles (mais non politiques) pourraient être accordées : la fin du servage paysan, la restauration de l'artisanat et du petit commerce (soit, d'un seul coup, l'abondance !), la liberté de pensée, de religion, de déplacement. Peu à peu le régime soviétique se rapprocherait, *mutatis mutandis*, du régime de Franco, lequel, vu de Russie, apparaît comme une sorte de paradis. Hélas ! Franco même est une utopie. Une telle évolution aurait peut-être été possible dans la ligne de ce qu'il appelle à juste titre « le miracle khrouchtchevien ». Mais depuis dix ans il est clair que le régime a choisi une autre direction, la conservation à tout prix. C'est risquer d'aggraver le contraste avec l'Occident qui est une menace par son existence même. Il faut donc le neutraliser et le soumettre. Il ne peut être question d'acquérir une supériorité économique ou technologique. Même une supériorité militaire est fragile dans la mesure où sa base est technologique et économique. Bien que la considération du niveau de vie n'ait jamais tenu la moindre place dans les soucis du régime et qu'il soit beaucoup plus bas qu'en tout autre pays industriel et même non industriel, il peut être à la longue dangereux de consacrer à la chose militaire l'essentiel des ressources inventives et du produit national (ces estimations varient, selon les experts, de 20 à 40 %, contre 3,7 % en France et 10 % aux Etats-Unis).

Que faire ? Le brejnevisme pouvait se retrouver assez vite dans l'impasse. La surprise, la divine surprise qui déjoue tous les futuribles vint de l'Occident. Nul ne pouvait supposer en 1970 qu'il montrerait un aussi beau zèle pour se désagréger et se prêter aux plans de l'adversaire. Il a évité à la Russie une grave famine en 1972 sans qu'il en tire le moindre profit politique, encore moins économique. Il a accueilli favorablement ce qu'on pourrait appeler le nouveau système de Witte, du nom du ministre qui l'inventa au début du siècle aux dépens des épargnants français. De Witte gageait les emprunts par la puissance de l'armée russe et les rémunérait par de nouveaux emprunts. La France qui avait besoin de l'alliance russe ne faisait pas de son côté un marché déraisonnable. Mais le gouvernement soviétique s'est aperçu que la même opération pouvait réussir non seulement avec ses alliés mais avec ses adversaires. Il utilise la pression politique et militaire pour obtenir que ceux-ci subventionnent indirectement son armée et qu'ils se désarment politiquement, ce qui permet au gouvernement soviétique, à l'étape suivante, d'exercer une pression supérieure. A bon droit, Soljénitsyne salue ce tour de force diplomatique. Le moment vient, écrit-il, où les dirigeants européens « accepteront toutes les concessions uniquement pour s'attirer les bonnes grâces de la Russie de demain, où ils rivaliseront même pour gagner cette bienveillance pourvu seulement que la presse russe cesse de les invectiver[6] ». Le moment vient où la seule raison qui détournera ce gouvernement de pratiquer la soviétisation plutôt que la finlandisation sera la crainte des difficultés économiques et administratives[7]. Tant que le système fonctionne, peut-être en effet vaut-il mieux ne pas tuer la poule aux œufs d'or. Toutefois, je me demande si cette raison de bon sens constitue un frein efficace. Détruire a toujours été l'activité principale du régime bolchevik et il fonctionne mal quand il n'a plus rien à détruire. Il a mis une bonne douzaine d'années pour annéantir la société et la culture russes, encore autant pour traiter de la même façon l'Europe orientale. Broyer, moudre, stériliser l'opulente Europe occidentale demanderait plusieurs années. Cela l'occuperait. De toute manière, il sera plus facile, si la nécessité s'en fait sentir, de soviétiser ces pays désarmés et énervés. N'y a-t-il pas dans la France seule plus de léninistes croyants que n'en compte tout l'empire soviétique ?

Cinq ans ont passé. A la question posée : l'Union soviétique survivra-t-elle en 1984 ? pouvons-nous répondre avec plus de certitude ? L'U.R.S.S. n'a certes pas trouvé en son sein les ressources qui lui permettent d'échapper à son destin. Elle les a trou-

---

6. *Op. cit.*
7. *Ibid.*

vées chez nous. Aussi faudrait-il poser conjointement une autre question tout aussi hypothétique : l'Europe occidentale survivra-t-elle en 1984 ? [8].

Alain Besançon.
Avril 1974.

---

8. Voir le dernier livre de Alain Besançon : *Court traité de soviétologie à l'usage des autorités civiles, militaires et religieuses*, Hachette, 1976, avec une préface de Raymond Aron. *(Note de l'éditeur, 1977.)*

Composition réalisée par C.M.L. - LUXAIN

IMPRIMÉ EN FRANCE PAR BRODARD ET TAUPIN
7, bd Romain-Rolland - Montrouge - Usine de La Flèche.
LE LIVRE DE POCHE - 22, avenue Pierre 1er de Serbie - Paris.
ISBN : 2 - 2530 - 1647 - 0